农产品价格波动的形成机理及风险预警：以生猪价格为例

付莲莲　著

中国财经出版传媒集团
经济科学出版社
Economic Science Press

图书在版编目（CIP）数据

农产品价格波动的形成机理及风险预警：以生猪价格为例/付莲莲著. —北京：经济科学出版社，2018. 11
ISBN 978 - 7 - 5141 - 9917 - 8

Ⅰ. ①农…　Ⅱ. ①付…　Ⅲ. ①生猪市场 - 农产品价格 - 物价波动 - 风险管理 - 研究 - 中国　Ⅳ. ①F323. 7

中国版本图书馆 CIP 数据核字（2018）第 253534 号

责任编辑：周胜婷
责任校对：隗立娜
责任印制：邱　天

农产品价格波动的形成机理及风险预警：以生猪价格为例
付莲莲　著
经济科学出版社出版、发行　新华书店经销
社址：北京市海淀区阜成路甲 28 号　邮编：100142
总编部电话：010 - 88191217　发行部电话：010 - 88191522
网址：www. esp. com. cn
电子邮件：esp@ esp. com. cn
天猫网店：经济科学出版社旗舰店
网址：http：//jjkxcbs. tmall. com
北京财经印刷厂印装
710 × 1000　16 开　15. 5 印张　220000 字
2018 年 11 月第 1 版　2018 年 11 月第 1 次印刷
ISBN 978 - 7 - 5141 - 9917 - 8　定价：68. 00 元
（图书出现印装问题，本社负责调换。电话：010 - 88191510）

本书是由江西农业大学理学院付莲莲博士主持的国家自然科学基金项目“生猪价格波动的形成机理及风险预警仿真”(71561014)、江西省社会科学规划青年项目“结构突变视角下江西农产品价格市场形成机制研究”(16YJ34)、江西省教育厅科学技术青年项目“基于支持向量机和马尔可夫模型的江西省生猪价格预警研究”(GJJ160410)、江西高校人文社会科学青年基金“新常态下生猪价格的时空特征及波动机理研究：以江西为例”(GL162014)和江西现代农业及其优势产业可持续发展的决策支持协同创新中心课题“生猪价格波动形成机理和预警仿真——以江西为例”(XDNYA1502)的阶段性成果。本书的出版受到国家自然科学基金项目、江西省社会科学规划项目、江西省教育厅科技项目以及江西现代农业及其优势产业可持续发展的决策支持协同创新中心的联合资助，特此感谢!

前　言

生猪价格的频繁波动使生猪养殖户风险增大，“肉贵伤民、肉贱伤农”的现象突出，直接影响了养殖户和消费者的福利，生猪价格波动容易引起整个农产品市场的价格波动，其在居民消费价格指数（CPI）中占的权重大，更易影响整个国民经济的健康运行。各级政府对生猪价格的监测和调控问题日益重视，陆续出台多项政策措施以促进生猪生产、稳定市场价格。2009 年 1 月，国家发展改革委、财政部、农业部等 6 部门联合出台《防止生猪价格过度下跌调控预案（暂行）》；2016 年 4 月，农业部发布实施《全国生猪生产发展规划（2016—2020 年）》，国家发改委印发了《关于保障生猪生产供应稳定猪肉市场价格的通知》；等等。生猪价格波动成为社会关注的热点和焦点，从新视角剖析价格波动的形成机理并预警，是个亟待解决的科学问题。认清生猪价格波动的特征、厘清生猪（农产品）价格波动影响因素间的层次结构、从结构突变视角剖析生猪价格的时序空间特征、预测生猪价格、构建人工智能模型对生猪价格波动的风险预警，有助于保持畜产品价格稳定，有助于维持经济健康发展，也是关注民生的重要体现，是人民安居乐业、社会和谐的重要风向标，同时也响应了乡村振兴中提到的“不断提升农民的获得感、幸福感、安全感”。

本书以经济波动理论、系统科学理论、均衡价格理论、风险预警理论、结构突变理论等为基础，规范分析与实证研究相结合。以 FFHPW 模型为理论框架，按照“波动（fluctuation）—因素（factor）—层次结构（hierarchical structure）—路径（path）—预警（warning）”的思路逐一解剖生猪价格波动的影响因素和特征，利用 HP 滤波、GARCH 模型对整个样本期内生猪价格波动的周期性、趋势性、聚集性、非对称性进行研究。然后对农产品（生猪）价格波动的影响因素进行结构分析，借助于解释结构模型把影响因素分层；运用通径分析研究各因素对价格的影响途径，测算出各因素对价格的直接影响和间接影响大小。接下来，从结构突变的视角，结合 Bai - Perron 突变检验、非参数 Mann - Kendall 检验识别月度生猪价格的结构变点，运用协方差分离出价格的趋势成分、季节成分和不规则成分对生猪价格的贡献度以及贡献度的异质性，探讨不同样本期内生猪价格的形成机理的异质性，同时从时间、空间两个维度研究生猪价格波动的时空分异；最后，结合灰色关联法和逐步回归寻找生猪价格波动的成因，并建立 BP 神经网络模型对价格进行风险预警。

本书的主要研究和具体结论如下：

从系统论的角度，本书第 3 章构建了理论逻辑框架 FFHPW。按照“波动—因素—层次结构—路径—预警”这条路线详细解剖生猪价格波动的影响因素和特征，基于结构突变视角研讨价格的形成机理，最后运用人工智能方法构建合适的模型对价格波动的风险进行预警分析。

基于价格波动理论，本书第 4 章构建了 Census - X12、HP 滤波、ARCH 族模型研究了 2000 年以来国内生猪价格的波动特征，研究发现：生猪价格存在明显的季节性波动特征。2000 ~2018 年生猪价格波动经历了 8 个周期，经历了相对平稳、小幅度波动、急剧波动的显著转变。生猪价格收益率序列有明显的波动集聚性，生猪市场不存在高风险高回报的特征，但存在明显的非对称性特征。大米收益率序列有明显的波动集聚性，大米市场不存在高风险高回报的特征，也不存在“杠杆效应”。

基于系统结构论，本书第 5 章构建解释结构模型厘清了农产品价格波动影响因素的层次结构。构建解释结构模型，把农产品价格波动的影响因素分为 6 层。其中农产品供求关系、货币供应量、通货膨胀和人民币汇率是表层因素；农业生产成本、流通成本、国际农产品价格、技术进步、农产品生产周期、耕地面积、人口、城乡居民收入、生物质能源、经济增长和城镇化是中间层因素；国家农业政策、国际石油价格和自然灾害是深层次影响因素。

本书认为，影响因素对农产品（生猪）价格作用的途径并不都是直接的，有些因素是通过间接途径作用于价格的。借助于通径分析发现，通货膨胀对价格的直接作用和间接作用最大；货币供应量的直接作用为0.211，主要是通过通货膨胀这一中间变量传导给价格；国际农产品价格的直接作用为0.121，主要是通过生产成本和货币供应量传导给国内农产品价格；国际石油价格的直接作用很小，仅为0.0845，但其间接影响很大，城镇居民收入对农产品价格的影响很小。

基于结构突变理论，第7章第7.1节研究了生猪价格波动的形成机理的异质性。研究表明：2000~2017年，生猪价格数据是非线性的；变量对生猪价格贡献度从大到小排序为：猪肉价格>仔猪价格>玉米价格>疫情>替代品价格，猪肉价格和仔猪价格的贡献度高达97%；2007年6月~2017年3月，猪肉价格和替代品价格变成了生猪价格的主要影响因素，疫情对生猪价格的影响为负。

本书认为，生猪价格波动的特征具有异质性和非对称性。第7章第7.2节从结构突变视角研究了生猪价格波动的时空特征的异质性。基于时间维度，首先运用Census-X12和HP滤波方法探讨生猪价格波动的时序特征，接着，运用协方差测算趋势周期成分、季节成分和不规则成分对生猪价格的贡献度，最后构建GARCH模型探索了生猪价格波动的聚集性、风险性和非对称性。研究得出：不规则成分对价格的影响越来越大，季节性影响越来越显著。2007年5月之后生猪价格背后影响因素对其非线性作用更为突出；不规则因素对生猪价格的贡献度从第一阶段的0.004增加到第二阶段的0.014，季节因素对生猪价格的贡献度从0.029上升到0.065，但趋势周期因素的贡献度从0.967下降为0.921。

基于空间维度，运用空间计量剖析价格的空间统计特征，结果表明，全国生猪价格全局上存在较为显著的空间自相关性，两个地区距离越近，两地的生猪市场相关性越大，全国生猪价格具有空间分布的异质性。无论是在价格的稳定期还是高峰期，全国生猪价格存在明显的“高—高”聚集的特征，占总体的53.33%。在价格稳定期，生猪价格存在显著的地区差异。在价格高峰期，总体聚集特征向“高—高”型与“高—低”型特征迁移，结构变点两侧价格空间分异显著。

第7章第7.3节从非对称视角建立马尔可夫模型，研究了生猪价格在不同状态下的转移概率。结果得出：2000年1月~2017年6月的生猪价格波动情况可以用MSIAH（3）-VAR（2）模型描述。生猪价格处于上涨和下跌状态时，价格的波动程度剧烈，且上涨和下跌的波动幅度相近；仔猪价格、猪肉价格和牛肉价格显著影响着生猪价格的波动，其中生猪价格主要受自身的滞后期的影响。在不同状态下，因素对生猪价格的影响有异质性；生猪价格位于区制2的频率最高，达到55.29%，生猪价格仍以“价格稳定”状态为主；生猪价格进入“价格下跌”“价格稳定”“价格上涨”状态时，继续维持在相同状态下的概率分别为0.678、0.7553、0.5084。区制1转移至区制3、区制3转移至区制1的概率分别为0.1046和0.06，生猪价格从“价格稳定”状态转移到“价格上涨”状态的概率为0.1079，从“价格上涨”转移到“价格稳定”的概率为0.4315，价格波动具有明显的不对称性。

基于价格风险预警理论，第8章构建了组合预测模型对生猪价格进行预测，运用灰色关联法甄别生猪价格的影响因素，得到预警指标，构建BP神经网络对价格波动的风险进行预警分析。结果发现，玉米价格、仔猪价格、猪肉价格、生产者预期、牛肉价格和疫情显著影响着生猪价格；ARIMA+BP神经网络组合模型得到真实值和预测值的平均相对误差为3.28%；LS-SVM模型输出的价格预测值和真实值非常接近，平均误差为3.85%；将贝叶斯岭回归、普通线性回归、弹性网络回归和支持向量机模型的预测结果作为梯度提升回归模型的训练集，综合集成到梯度提升回归模型，预测得到最小相对误差为0.3432%，最大相对误差为3.495%。仔猪价格和生产者预期是生猪价格波动率的主要先行性指标，玉米价格、猪肉价格和活鸡价格是生猪价格波动率的主要同步指标，豆粕价格和疫情是生猪价格波动率的主要滞后指标；BP 神经网络预测的警度和实际警度基本吻合。

本书的创新之处在于：(1) 研究理论框架的创新。以 FFHPW 理论模型为框架，沿着“波动—因素—层次结构—路径—预警”这条主线逐一剖析生猪价格波动的形成机理及其异质性，并对价格进行风险预警。(2) 从系统论的角度剖析生猪价格波动的复杂性。构建农产品（生猪）价格影响因素的解释结构模型，找出根源性因素、中层因素和表层因素，并借助通径分析分解出影响因素对价格的直接作用和间接作用。(3) 从结构突变视角研究生猪价格波动的形成机理、时空特征的异质性。对生猪价格月度数据进行结构突变检验，研究价格形成机理的异质性。同时从时间和空间的视角探索生猪价格波动的特征。从时间维度，考察每个样本期内生猪价格波动的聚集性、风险性、非对称性和非线性转换特征。从空间维度来看，利用空间统计方法对中国生猪价格的空间集聚进行了划分与可视化，揭示了价格的空间相关性和空间异质性。(4) 综合集成了 BP 神经网络模型、ARIMA 模型、LS_SVM 模型、梯度回归等模型预测了生猪价格，并对价格波动的风险进行了预警分析。

在撰写过程中，笔者参考、借阅了大量中英文资料，均在参考文献、脚注和尾注中一一列出，如有遗漏，敬请作者谅解并表示诚挚的歉意。

由于作者学术水平有限，本书难免存在一些缺陷和不足，敬请读者批评指正。

付莲莲

2018 年 8 月

第1章

引　言

1.1 选题背景

2004年以来，中央连续15年发布以“三农”为主题的中央一号文件，而2008年以来的一号文件都有内容涉及农产品价格。2008年中央一号文件明确指出，要加强和改善农产品市场调控，保障国内农产品供给和生产发展，兼顾生产者和消费者利益，运用经济杠杆引导农产品价格保持合理水平。2009年中央一号文件指出，要密切跟踪国内外农产品市场变化，适时加强政府调控，灵活运用多种手段，保持农产品价格合理水平，防止谷贱伤农，保障农业经营收入稳定增长。2010年中央一号文件指出，要适时采取玉米、大豆、油菜籽等临时收储政策，保持农产品市场稳定和价格合理水平。2011年的政府工作报告指出，要把稳定物价总水平作为宏观调控的首要任务，这个问题涉及民生、关系全局、影响稳定。2012年中央一号文件提出，要加强国内外农产品市场监测预警，稳定国内农产品市场。2013年中央一号文件提出，完善农产品市场调控，充分发挥价格对农业生产和农民增收的激励作用，适时启动玉米、大豆、油菜籽、棉花、食糖等农产品临时收储。2014 年 1 月，中共中央、国务院印发了《关于全面深化农村改革加快推进农业现代化的若干意见》，粮食安全和保障农产品供给这一热点问题再次出现在中央一号文件中，文件指出要实施“以我为主、立足国内、确保产能、适度进口、科技支撑”的粮食安全战略，要让中国饭碗里面装着中国粮，严守耕地保护红线，确保谷物基本供给、口粮绝对安全。要完善粮食等重要农产品价格形成机制、健全农产品市场调控体系、合理利用国际农产品市场、强化农产品质量和食品安全管理。

上述文件均涉及农产品价格的稳定，充分说明了农产品价格的频繁波动引起了社会各界的关注。生猪作为特殊的农产品，它的波动关系到宏观经济的正常运行，其周期性运行和超预期波动所带来的巨大风险往往由弱势农产品生产者——农民来承担，是“三农”问题无解化的根源之一（许世卫等，2012）。现行 CPI 测算中，猪肉价格的权重约为 4.3%（Zhang et al.，2014），生猪价格高低关系着百姓的“钱袋子”和国民经济。党的十九大报告中提出的“乡村振兴战略”为近 6 亿中国农村人口擘画了宏伟而美好的蓝图，提到“促进农民持续增收，不断提升农民的获得感、幸福感、安全感”，生猪养殖和农民增收密切相关，价格波动关系到农民福利。

生猪价格波动呈现新态势，波动的频率、幅度、不确定趋势变大。近年来，生猪价格在上涨趋势中历经了数次飙涨、暴跌的不稳定状态。猪价在 2017 年上半年一路下跌，截至 6 月 2 日跌至 12.82 元/千克，较 2017 年年初下跌 29.33%，较 2016 年 6 月周期高点下跌 39.53%（见图 1－1）。2017 年新的一轮环保整治展开，截至 2017 年 6 月底，全国累计划定畜禽养殖禁养区 4.9 万个，累计关闭或搬迁禁养区内畜禽养殖场 21.3 万个，生猪价格呈现出季节性反弹的趋势，南方个别地区一度突破 15 元/千克[①]。

① 资料来源：2017 年十大关键词回顾环保和风险成为主旋律．猪场动力网 http：//www.powerpigs.net/e/action/ShowInfo.php？classid=7&id=13632.

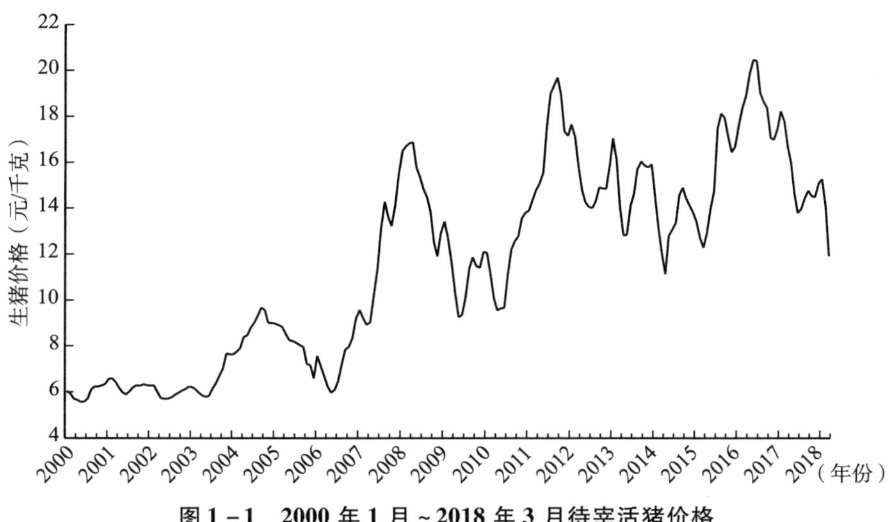

图1-1 2000年1月~2018年3月待宰活猪价格

资料来源：中国畜牧业信息网。

进入2014年以来，我国猪价运行出现了新的不确定趋势，不再遵循以往年度内两头高、中间低的特点。2014年和2015年的1~3月生猪市场均未受到春节消费高峰的影响，价格始终在低位徘徊，6~8月消费淡季反而高走，表明生猪价格波动不确定性加大、特征和成因更为复杂。

生猪价格波动成为社会关注的热点和焦点。生猪价格的频繁波动使生猪养殖户风险增大，“肉贵伤民、肉贱伤农”的现象突出，直接影响了养殖户和消费者的福利（董晓霞，2015），而且，生猪价格波动容易引起整个农产品市场的价格波动，其在CPI占的权重大，更易影响整个国民经济的健康运行。各级政府对生猪价格的监测和调控问题日益重视，陆续出台多项政策措施以促进生猪生产、稳定市场价格。2009年1月，国家发展改革委、财政部、农业部等6部门联合出台《防止生猪价格过度下跌调控预案（暂行）》；2016年4月，农业部发布实施《全国生猪生产发展规划（2016~2020年）》，国家发改委印发了《关于保障生猪生产供应稳定猪肉市场价格的通知》等。但是对于预案调控指标的单一以及调控指标、响应级别的设置等问题，仍存在诸多争议（刘芳，王琛，何忠伟，2013）。广大养殖户特别是中小规模养猪户，只能通过各种渠道发布的价格信息来自行把握未来行情走势，很难形成全面准确的判断，容易引起盲目跟风，做出错误生产决策，造成巨大损失，也给产业健康发展带来不稳定因素。另外，从江西德邦、江西省萍乡兰坡村等几个大型有代表性的生猪养殖基地调研的实际情况来看，生猪价格周期波动的问题已是一个不争的事实，对如何系统地理解生猪价格波动的成因、进行有效的生猪价格波动预警仿真有着迫切的需求。这需要我们去研究一个科学问题：生猪价格波动呈现怎样的波动特征？价格波动的机理如何？受到哪些因素的影响？因素的影响路径和影响程度又是怎样？未来生猪价格波动风险如何？

从现有文献来看。第一，国外研究更多集中在生猪价格波动周期的测定问题上。主要基于蛛网模型理论、价格预期理论探讨生猪生产、库存和生猪价格周期的关系。在探讨生猪价格波动成因时，主要从生猪供给、生猪疫情、养殖者行为等一个方面或几个方面展开研究。较少从生产成本、农业政策等方面展开系统研究。原因是，国外生猪价格调控机制较为完善，生猪产业保持有序生产，实现了高度规模化和组织化，此外，国外生猪产业链条长，有助于缓解生猪生产和价格波动，因此生产成本等因素对生猪价格影响不明显，所以他们更关注生猪价格波动周期的研究。当前许多研究把生猪价格等同于生猪价格波动，很多说法比较模糊，但价格和价格波动是完全不同的两个概念（Chang et al.，2011），因此，需要深入探索生猪价格波动的规律。另外，中国的情景决定了影响生猪价格波动的关键因素和生猪价格波动之间的关系不是简单的确定性关系，所以需要从生产成本、农业政策和疫情等方面系统研究生猪价格波动机理。第二，国内学者对生猪价格波动的成因还没达成共识。有些研究得出生猪生产周期、生猪养殖规模是生猪价格波动的主要原因，有些学者认为生猪饲料价格、人工成本、物流成本是生猪价格波动的驱动力。因为这些研究大部分是从一个或几个角度来分析，缺少对诸多因素共同作用的综合集成分析。农产品价格波动的影响因素是多元的，涉及农业生产成本、供给、居民收入、货币供应量、疫情等，这些因素有的是直接影响农产品价格，有的是通过其他变量间接影响农产品价格（Kim & Zheng，2014；付莲莲等，2014）。生猪是关系到国计民生的重要农产品，因此，需要我们摆脱长期以来以价格论价格的研究框架，从系统的、中介的、非对称性、非线性性的视角对影响因素之间的层次结构和影响路径做前瞻性研究。

综上，实践和学术两个方面都对生猪价格波动的形成机理和风险预警研究提出了迫切的要求。

1.2 研究目的及意义

1.2.1 研究目的

以 FFHPW 模型为理论框架，按照“波动（fluctuation）—因素（factor）—层次结构（hierarchical structure）—路径（path）—预警（warning）”这条路线详细解剖生猪价格波动的影响因素和特征，基于结构突变视角研讨价格的形成机理，最后运用人工智能方法构建合适的模型对价格波动的风险进行预警分析。具体目的如下：

（1）分析 21 世纪以来国内生猪价格波动的主要特征，用 Census - X12、HP 滤波分解和 ARCH 模型剖析其波动的周期、幅度、聚集性以及非对称性。

（2）从成本因素、供给因素、需求因素、金融因素、国际因素、政策性因素等方面分析农产品（生猪）价格波动的原因，借助解释结构模型找出农产品（生猪）价格波动的根源性因素、中间层因素和表层因素，探讨各因素之间的层次结构。

（3）研究各因素对农产品（生猪）价格的直接作用和间接作用。首先用逐步回归法识别农产品（生猪）价格波动的显著因素，然后构建通径分析模型，定量测算显著因素通过不同的途径传导给农产品（生猪）价格的直接效应和中介效应，从结构的角度明晰各因素对农产品（生猪）价格的传导途径和传导效应的大小。

（4）搜寻2000年以来生猪价格月度数据的结构变点，研究因素对生猪价格作用机理的异质性。对月度价格数据进行Bai－Perron结构突变检验和Mann－Kendall非参数检验，动态搜索突变点，根据结构变点把整个样本期划分为几个子样本期，考察样本期内因素对生猪价格的作用机理的异质性。

（5）测算趋势周期成分、季节成分和不规则成分对生猪价格的贡献度。比较生猪价格波动的趋势周期成分、季节成分、不规则成分对生猪价格贡献度的异质性。

（6）从时间维度和空间维度揭示生猪价格波动的周期性、聚集性、非线性、空间相关性和空间异质性，剖析生猪价格在不同状态下的转移概率。

（7）对生猪价格波动的风险进行预警，构建合适的生猪价格预测模型。

1.2.2 研究意义

1.2.2.1 理论意义

本研究的理论意义在于：

（1）研究生猪价格波动的特征，从系统的角度诠释农产品（生猪）价格波动，可以明晰因素对农产品（生猪）价格的直接作用和间接作用。中国农产品（生猪）价格波动的原因具有复杂性、系统性、层次性、非对称性，要探讨价格波动的机理，仅从一个或几个维度去论证是不够的，应该以系统的视角去挖掘农产品（生猪）价格波动背后的原因。本研究用解释结构模型和通径分析模型诠释各因素之间的层次性和传导的间接性，在一定程度上完善了农产品（生猪）价格波动理论的研究内容。

（2）从一个整体框架分析生猪价格波动的时空特征和形成机理，结合我国生猪业发展的内外部环境分析生猪价格形成机理、时空变化与非线性转化关系。结合我国生猪价格的现状，创新性地提出“波动—因素—层次结构—路径—预警”理论分析（FFHPW）模型，基于系统结构、经济波动、均衡价格、价格传导、转移概率原理等理论，分别采用空间计量、现代计量经济学、解释结构模型、通径分析、人工智能等方法，系统揭示生猪价格波动的产生、发展和演化的机理，为生猪价格问题研究建立一个全方位系统分析框架，也为农产品价格波动相关研究提供理论借鉴。

1.2.2.2 现实意义

本研究的现实意义在于：

（1）从结构突变的角度研究生猪价格波动的形成机理和风险预警，有助于完善农产品价格风险管理，保证生猪的有效供给。2016 年 4 月国家发改委印发了《关于保障生猪生产供应稳定猪肉市场价格的通知》，那么，该如何保障生猪供应、稳定价格呢？需要从结构突变视角研究生猪价格的形成机理，全面剖析价格的系统结构，并进行风险预警。本研究基于全新的理论框架，从结构突变的角度剖析生猪价格波动的形成机理、时空结构特征、非线性转移特征，并对其进行风险预警，有助于保持畜产品价格稳定，有助于维持经济健康发展，也是关注民生的重要体现，是人民安居乐业、社会和谐的重要风向标，同时响应了乡村振兴中提到的“不断提升农民的获得感、幸福感、安全感”。

（2）2014 年中央一号文件已明确指出，要让市场在资源配置中起决定性作用，完善生猪价格调控体系。如何完善生猪价格调控体系，迫切需要明晰生猪价格波动的特征和成因。本研究拟系统地、全面地剖析生猪价格波动的时空特征和结构性成因，并进行风险预警。其现实意义为“四个关乎”：关乎猪肉食品质量安全，关乎生猪产业的健康发展，关乎生猪生产者和消费者的福利，关乎宏观经济的稳定。

1.3 文献综述

1.3.1 农产品价格波动的特征

1.3.1.1 农产品价格波动的趋势性和周期性

武拉平（2000）采用变异系数法和格兰杰因果关系检验，以小麦、玉米和生猪市场为例，对农产品地区差价和地区间价格波动规律进行了分析，研究认为我国农产品的波动是需求导向型的，各地价格的联动主要还是受政府行为的影响。徐雪高（2008）将1978～2006年的农产品价格波动划分为五个周期，2007年农产品价格上涨是第六个周期的开始。毛学峰和曾寅初（2008）的研究发现1995年4月～2008年6月猪肉价格、生猪价格和仔猪价格波动呈现出明显的季节性特征。猪肉价格最高价出现在每年春节前后，随着天气的变热，消费者对猪肉的需求下降，因此带来价格的下跌，持续到中秋节前后，价格又呈现上升趋势；仔猪价格比生猪和猪肉价格波动更大。董玲（2010）的研究得出，我国猪肉价格表现出显著的线性增长趋势和周期性波动特征。从1996年1月到2008年9月，猪肉价格大致经历了3个较为完整的波动周期，周期长度在36～48个月，平均周期长度约为41.67个月。李干琼（2012）分析了2000年1月～2011年12月的144个月中，蔬菜、肉类、蛋类和水果价格的波动特征。研究得出，蔬菜价格（28种平均）有61个月的月间波动幅度超过10%，水果（12种平均）有46个月的月间波动幅度超过10%。猪肉和鸡肉价格波动经历了3个完整的周期，鸡蛋和水果价格波动经历了4个完整的周期，蔬菜价格波动经历了5个完整的周期；

在猪肉、鸡肉和禽蛋 3 种畜产品中，周期性波动的贡献率最大，对这三种畜产品的贡献率分别为 72.5%、63.8% 和 52.2%。其次为季节性波动。对于蔬菜和水果产品，季节性波动的贡献率大于周期性波动的贡献率，不规则波动的贡献率最小。宋长鸣和李崇光（2012）认为蔬菜价格季节性波动峰值之间的差距有缩小的趋势，说明蔬菜的季节性生产矛盾正趋于缓和。李正辉等（2013）运用小波分析理论对 1999 年 1 月 ~ 2012 年 12 月中国农产品价格指数进行去噪声处理，将农产品价格波动分为 5 个周期，当前我国农产品价格处于第 6 周期的上升阶段。罗超平等（2013）发现，2002 ~ 2011 年蔬菜价格波动的不规则因子较强，主要受到气候变动和突发事件的影响；季节波动明显，呈现 V 字形，2 月、3 月价格下降，6 月、7 月达到最低，于次年的 2 月、3 月达到最高点。张利庠，陈秀兰（2014）运用 HP 滤波方法对 1998 年 1 月 ~ 2011 年 2 月我国小麦价格进行分解，发现季节因素对小麦价格的作用不显著。2001 年下半年开始，小麦价格呈现上涨趋势，同时存在明显的周期波动，其平均长度为 30 个月，每个周期内影响价格波动的原因各异，但市场和国家政策的影响一直处于主导作用。宋长鸣等（2014）利用 X12—ARIMA 模型分离出蔬菜价格的长期趋势、季节因素和不规则因素，然后运用协方差测算出各因素对蔬菜价格波动的贡献率，发现白菜、西红柿和四季豆价格波动的主要来源是长期趋势，黄瓜和菜椒价格波动主要是因为季节性变动，不规则因素对这五类蔬菜价格波动造成影响较小。

1.3.1.2 农产品价格波动的集聚性、风险性和非对称性

辛贤和谭向勇（2000）以生猪收购价格到猪肉零售价格的传导过程为分析对象，研究结果表明食品零售价格的上涨幅度远远高于农民实际感受到的农产品收购价格的上涨幅度，即产生所谓的“农产品价格放大效应”。罗万纯和刘锐（2010）分析了 1997 年 3 月 ~ 2007 年 12 月的籼稻、粳稻、大豆、小麦和玉米的价格波动特征，发现：籼稻、粳稻和大豆没有异方差特性，小麦和玉米价格波动呈现较强的聚集性，小麦和玉

米没有高风险高收益的特征；小麦价格波动有明显的非对称性，小麦价格上涨信息引发的波动比价格下跌信息引发的波动要大，而玉米价格波动则没有显著的非对称性。董玲（2010）发现 1996 年 1 月 ~ 2008 年 9 月的猪肉价格波动具有较强的波动聚集性和持续性，且其当期方差冲击的 61.17% 在下期仍然存在。相同幅度的猪肉价格上涨比价格下跌对后期猪肉价格的波动具有更大的影响，且前者是后者的 6.1935 倍。唐江桥（2011）研究发现，2000 年 1 月 ~ 2009 年 12 月牛肉、羊肉、鸡肉的市场价格有显著的 ARCH 效应，而鸡蛋价格不存在明显的异方差效应，鸡肉和羊肉没有高风险、高回报的特点，牛肉市场则有这种特点，四类畜产品的价格波动不具有非对称性。罗永恒（2012）分析得出，1979 ~ 2010 年中国农产品价格经历了 6 个完整波动周期阶段，周期最短为 3 年，最长为 9 年，平均周期长度为 4.4 年，从 1979 年开始波动幅度逐渐加大，1992 ~ 2001 年，波动幅度达到 52.1%。农产品价格波动特点具有"尖峰厚尾"、非对称性、波动聚集性、零均值等特征。姚升和周应恒（2012）证实了 2004 年 1 月 ~ 2012 年 2 月的大蒜的周批发价格具有明显的波动集聚性，不具有高风险高收益特征，但具有非对称性，相同情况价格下降比价格上升将导致更高的波动性。邱书钦（2013）把 2004 年 1 月 ~ 2012 年 10 月大蒜市场批发价格波动分为 5 个周期，研究发现，2009 年之前价格趋势平稳，受周期影响较大，之后波动剧烈，说明投机的因素更为明显，大蒜价格波动具有集聚性、高风险性但不具有非对称性。

1.3.1.3 农产品价格波动的非线性特征和空间特征

高齐圣、路兰（2015）用符号动力学建立了农产品价格传导的复杂网络模型，考察了籼稻、粳稻、玉米、大豆和小麦的网络波动幅度、聚集系数、强度和聚集系数相关性，发现 1997 年年底到 2012 年年底，籼稻、粳稻、大豆和小麦的价格波动幅度比较稳定，玉米波动幅度较大；通过模态图发现籼稻、粳稻、大豆和小麦价格波动幅度序列模态分布大概相同，有一定的幂律性质，但玉米价格的波动幅度序列模态分布不规律，没有呈现出线性关系。纪龙、李崇光等（2016）利用修正的 Gini 系数、Moran 指数和协方差分析等方法研究得出蔬菜生产有显著的地理聚集效应，蔬菜生产西移，但聚集程度高。地理聚集增加了流通成本从而推动蔬菜价格上涨，蔬菜生产的空间分布特征对价格波动的影响存在显著的地区差异，主产区蔬菜价格波动比主销地剧烈，主产地蔬菜价格波动主要来自季节变动，主销地蔬菜价格主要来自趋势变化。

1.3.1.4 文献述评

以上文献涉及粮食、生猪、水果、蔬菜、大蒜和水产品等农产品价格波动的特征，所用方法主要有变异系数法、小波分析法、季节调整方法等。在研究农产品价格的趋势性和周期性方面，大部分学者认为国内农产品价格波动周期越来越短、波动幅度越来越大、价格波动存在多个周期；在高风险高回报研究上，有的学者得出农产品价格存在高风险高回报特征，有的研究则不支持这种结论；在非对称性研究方面，一些学者认为农产品价格不存在非对称性，一些则认为存在非对称性，但有的认为价格上涨比等量价格下跌引起的波动更大，有的则相反。之所以会出现这样有差异性的结论，一是因为学者大多数都是针对某一种农产品展开研究，品种不同，样本段不同，因此得出的结论有差异；二是学者们在应用 ARCH 族模型的时候，大部分假设残差项服从正态分布，而实际很多月度或日度农产品价格具有明显的“尖峰肥尾”特征，其回归的残差一般不服从正态分布，在 t 分布或 GED 分布下应用 ARCH 族模型得出的结论才更加可信。

因此，本书第 4 章首先利用 Census - X12 和 HP 滤波分解探讨 21 世纪以来国内生猪价格波动的季节性和周期性，然后构建 ARCH 模型族，研究不同种类农产品价格波动的聚集性、风险性和非对称性，同时假设残差服从正态分布、t 分布和 GED 分布，分别进行估计，比较模型的 AIC、SC 值。

1.3.2 农产品价格波动的影响因素

1.3.2.1 国外研究现状

自20世纪90年代以来，有关农产品价格波动成因的研究一直是经济学研究的热点和难点问题。早在20世纪初，亨利·L. 穆尔（Herry L. Moore）就利用美国农业部的资料，研究了农产品价格，是最早实证研究农产品价格的经济学家。1914年和1917年分别撰写了著作——《经济周期》和《棉花收益和价格的预测》，直接推动了美国关于农业需求、供给和价格的研究。“蛛网模型［又称蛛网定理（cobweb theorem)］”理论是关于农产品价格波动的最经典的理论。1930年美国舒尔茨（Schultz）、荷兰丁伯根（Tinbergen）、意大利里西（Ricci）一起提出了“蛛网模型”理论，1934年英国卡尔多（Kaldo）、1938年美国伊齐基尔（Ezekiel）把它进行了扩展，解释了价格变动影响了下一个周期的产量，伊齐基尔假设了供给由上期价格决定，提出了递归模型，详细地说明了发散、收敛和长期震荡的条件。

国外许多学者从供给、需求、库存、自然条件、气候等方面论述农产品价格波动的成因。假定需求非随机扰动，在农村农产品市场不完善的条件下，法肯姆普斯（Fafchamps，1992）用多元风险模型论证了农产品价格的波动与农产品产量之间高度相关。依据供需均衡理论，亚历山德拉托斯（Alexandratos，2008）认为农产品种植面积、相关产品价格（替代品价格和投入品价格）、人口、天气冲击、美元贬值和金融市场的动荡、经济增长速度等因素影响着农产品供求，从而影响农产品价格。在供求关系方面，更多学者倾向于认为供给因素才是农产品价格上涨的主要动因（Zhang & Reed，2008）。此外，众多学者认为库存是“价格稳定器”，还有少数学者认为库存对价格的变化存有两方面的影响。索菲·米特拉（Sophie Mitra，2012）在研究中发现：库存是价格变动的有效影响因素。哈桑（Hassan，2012）在研究易腐烂产品的库存对产品价格的影响时，将易腐烂产品划分为三种类别进行分析。他建立了一个关于价格、库存及生产计划的约束模型，该模型的目标是实现企业利润总额最大化，并应用非线性规划和遗传算法进行模型求解。结果表明：在生产计划不变也就是产量有限的前提下，产品的价格和库存之间存在相互影响关系。德雷萨（Deressa，2009）用李嘉图方法研究得出产量、温度和降水之间存在非线性关系，在一定范围内，降雨或温度有利于产量的增加，超过特定的限度将会对农作物造成损害，抵御气候变化风险能力较弱的发展中国家更容易受到气候因素的影响。

随着国际农产品市场的逐步开放，学者们对国际农产品价格、货币、汇率和贸易性政策等因素越来越关注。德里克·拜尔李等（Byerlee et al.，2006）指出国际粮价是影响国内粮食价格的重要原因，其影响的程度和范围与各国的粮食消费习惯等密切相关，国际粮食价格对消费单一农产品的国家的影响更大。除了农产品种植面积、相关产品价格（替代品价格和投入品价格）、人口、经济增长速度、国家政策等因素外，农产品期货价格、国际金融市场对农产品价格有着重要的影响。罗森（Rosen，2008）指出食物价格上涨对依赖农产品进口的低收入国家有着重要的影响，需要增加国际粮食援助，农产品价格在短期内存在不可预见性。在农业贸易自由化背景下，穆罕默德等（Mohammad et al.，2012）运用协整检验和误差修正模型探讨了孟加拉国大米价格和世界大米价格的动态关系。结果表明：二者之间存在长期均衡关系，世界大米价格单向影响着孟加拉国大米价格。农产品价格波动的最根本的原因是宏观经济因素，具体包括货币、汇率、贸易政策、通货膨胀以及投机等因素。通过构建包含农产品市场、制造业产品市场和货币市场的理论模型，弗兰克尔（Frankel，1986）的研究证实了货币非中性，并且说明了粮食价格确实存在超调行为。拉普和史密斯（Lapp & Smith，1992）用计量模型衡量了 1962 ~ 1987 年通货膨胀、货币政策等宏观经济的不稳定性对 47 种农产品的相对价格的影响，研究表明，当实际的通货膨胀率更高时，农产品相对价格更易变。汇率变化也对农产品价格起到一定的影响作用。克鲁格曼（Krugman，1989）认为，汇率变动对国内物价的传递效应是不完全的；麦卡锡（MacCarthy，2000）则认为汇率变动对消费物价指数有微弱的影响，并且与经济体的开放度有一定的联系，汇率对多边因素的调整过程最好描述为非线性过程（Bailliu et al.，2007）。罗彻（Roache，2010）用 spline GARCH 模型测算了食品价格波动的频率，发现美国通货膨胀和美元汇率是 20 世纪 90 年代中期食品价格上涨的两个主要原因。此外国家农业贸易壁垒、农产品质量检测手段和标准等贸易壁垒是影响价格稳定性的重要因素（Anderson & Nelgen，2012）。

近期的研究侧重于生物能源发展对农产品价格的影响，大多数研究者认为生物能源的发展通过影响农产品需求，拉高了农产品价格（Banse et al.，2008）。通过研究美国生物质能源的发展战略，韦斯科特（Westcott，2007）指出，美国玉米生产受到生物质能源发展的直接影响，大豆等农产品生产受到生物质能源发展的间接影响。特尔（Trostle，2008）对影响农产品价格波动的生物质能源发展、美元汇率等外部冲击因素进行了重点分析后提出，从中长期来看，农产品价格将会持续上涨。托克格斯（Tokgoz，2009）讨论了生物质能源发展对欧盟农业的影响，并进一步通过对不同方案的模拟得出相应结论：随着石油价格上涨，生物质能源的不断发展不仅会对欧洲谷物价格产生影响，也将进一步给畜牧业和养殖业发展带来冲击。

随着生物燃料的出现，石油价格影响着生物质能源的发展。陈荣等（Chen et al.，2010）对肉类、大豆、玉米的价格和石油价格的关系进行了研究，结果发现，2005 年第 3 周到 2008 年第 20 周期间每种农产品价格都受到石油价格的影响。借助于世界一般均衡模型，戈安和尚特雷（Gohin & Chantret，2010）研究了全球食物指数和能源产品之间的关系，结果显示，能源价格通过成本膨胀正向影响着全球食物指数。埃斯梅林和肖库希（Esmaeilin & Shokoohi，2011）运用主成分分析探讨 1961 ~ 2005 年食物价格和宏观经济指标（尤其是石油价格）之间的协同性。

借助于 Scree 检验和方差分解方法确定共同因子的最优系数，得到蛋、肉、牛奶等七种农产品价格的主成分，记为 PC1。PC1 和消费价格指数的相关系数最小，和 GDP 相关性最大，食物生产指数对各宏观经济变量有直接的影响，而石油价格间接影响着食物生产指数，因此石油价格对食物价格存在间接影响效应。

1.3.2.2 国内研究现状

国内学者在研究农产品价格波动的影响因素时，大部分也是围绕着农产品供求关系的变化进行深入分析。我国著名经济学家张培刚先生指出：考察农产品价格波动的影响因素，自然是供求关系，也就是生产和消费的关系；农产品的需求弹性小，故农产品价格波动因素主要在于供给方面（张培刚，2002）。

（1）供给因素。从供给层面来看，农业生产成本、流通成本、自然条件、技术条件、农业风险等因素影响着农产品产量，进而影响农产品价格。

• 农业生产成本。生产成本是农产品价格的基础，其变化决定着农产品价格变动的基本趋势（周姁，张建波，2008）。农产品生产成本主要包括农业生产资料价格、劳动力成本、土地成本和流通成本。

在城镇化的热潮中，原油和原材料等初级产品价格上涨，向下传导到农业生产资料价格，引起投入农产品生产的物质，如农用机油、饲料、化肥、种子、农用薄膜等费用显著增长（周姁，张建波，2008）。根据成本推动理论，如果农业投入无法抵消因其价格上涨而带来的成本费用上涨，这时，农业投入成本费用的增加，最终必然会带来农产品价格的上涨（李国祥，2011；张明，谢家智，2012）。

2010 年我国粮食生产成本平均上涨 10.89%，其中，劳动力成本上涨幅度最大，平均上涨 20%（周敏丹，金建华，2011）。我国人口红利正处于刘易斯拐点，局部地区出现“用工荒”结构性短缺。近年来农村劳动力以每年数百万人的速度向城市流动，目前农村劳动力转移甚至出现低龄化、老龄化的特点（杜两省等，2012），劳动力素质低下，土地的有效劳动力不足，使得家庭用工折价和农业雇工费用上升，由此导致人工成本大幅上升，从而影响了农产品价格。据相关预测，从“十二五”到“十三五”期间，我国农民工工资年平均增速不会低于13%，可能会持续到“十三五”的中期（金三林，朱贤强，2013），在江西、湖南等地，现在聘请一个农业务工人员日工资平均为100～150元[①]。土地资源的稀缺性决定了其价值逐渐走高，在城镇化的过程中，土地征收款不断地被推高，农业用地的价格必然也会被逐步推升，促使农产品的土地成本上升。

我国农产品流通大部分遵循着“生产者→收购商→一级销售商→二级销售商（甚至三级、四级）→超市或者零售商→消费者”的流通程序，价格形成链条长，物流环节多，路线长，多次装卸搬运和包装，中间损耗大，因此增加了物流成本。根据商务部新闻发言人姚坚的介绍，我国蔬菜流通成本是世界平均水平的2～3倍[②]。央视财经频道也报道：在目前的农产品销售中，流通环节拿走的利润为40%，菜农得到的地头收购价仅为零售价的20%～30%，批发价则约为零售价的一半，农民从涨价中获取的收益甚微，还要承担自然灾害和降价等风险，因此造成农产品供应量异常变化，从而影响农产品价格非理性波动（王家显，2011）。

● 自然灾害和疫情。突发的自然灾害和动物疫情短期内先影响农产品产量，进而影响农产品价格的短期剧烈波动。自然灾害通过两条途径影响农产品价格，一条是直接效应，另一条是间接效应。直接效应是指，自然灾害导致农产品产量减少，本应该当季上市的农产品，可能颗粒无收，出现衔接空当，农民的信贷一时之间无法到位，导致农产品供给减少，从而促使价格阶段性上升。间接效应是指，市场预期间接受到自然灾害的影响，为投机资金提供了炒作机会，因此就会出现“蒜你

---

① 资料来源：国家统计局网（http：//www. stats. gov. cn/）。

② 马继鹏．菜价高主因流通贵［N］．国际金融报，2010－5－18.

狠”“豆你玩”“姜你军”“苹什么”“不蛋腚”等网络新词。此外，重大动植物疫病频繁发生也是一个突出问题。重大疫病比以前多、比以前重，还比以前的影响更深刻，这提高了农产品生产中的疫病防治成本。这些极端天气灾害和重大动植物疫病很容易导致农产品产量和质量明显下降，并增加价格波动的不确定性，因此容易从供给上推动农产品价格波动走向幅度放大、频率增加的状态（姜长云，2011）。

• 农业技术条件。农药、化肥、种子等投入都体现了技术进步的力量，但是农村农田水利设施落后，先进技术使用率低（杜两省，周彬，段鹏飞，2012），单位农业生产资源所承载的农产品消费需求远高于世界平均水平（我国耕地的复耕指数大约在 1.3 以上，而耕地丰富的国家仅为 0.7 左右）（曹协和等，2011），这些都制约我国农产品国际竞争力的提升，从而影响到农产品价格。

• 农产品生产周期。小麦、玉米等粮食作物一般都需要半年左右的生长周期，畜牧业的生长周期也比较长，这其中的时间成本就需要一定的溢价，再加上生产过程中的自然灾害和意外事故的风险溢价使得农产品价格存在一定的上升预期。同时，农产品的上市时间比较集中，供给量的增加造成价格下行的压力（杜两省，周彬，段鹏飞，2012）。

• 耕地面积。在当前城镇化的热潮中，农村劳动力转移到城市，城市面积增加，土地资源具有稀缺性，在稀缺资源的配置过程中，会带来利益的追逐，使得耕地面积减少。根据国家统计局数据，1996～2005 年我国耕地面积减少 1.2 亿亩，其中 1999～2002 年三年减少 4900 万亩，2003～2006 年，净减少耕 6009.15 万亩，年均减少耕地在 1000 万亩以上。按目前趋势，到 2020 年，中国耕地缺口将达到 1 亿亩以上（周姁，张建波，2008）。我国人均耕地面积只有 1.4 亩，还不到世界人均耕地面积的一半，在我国的一些省区市，人均耕地面积甚至低于联合国相关组织所确立的人均 0.8 亩警戒线，耕地面积减少影响了我国农产品的供给量，进而影响农产品价格（周敏丹，金建华，2011）。

● 农业风险。农户经营土地面积小、地块细碎和生产过于分散，没有规模经济的效果，加上我国农村居民居住分散分布范围广，信息来源少，生产经营停留于低水平状态，同时我国农产品市场信息体系不健全，农产品现货市场区域分割，期货市场发展滞后，生产环节与流通环节信息严重不对称，信息不透明、不公开，农户索取新信息速度慢，对农产品的市场供求状况等关键信息掌握不够充分。分散的小农户经营方式和不完善的农产品市场信息体系使得农户抗风险能力差，很容易在决策时模仿和从众，在农产品供给上形成放大或缩小效应，价格剧烈波动在所难免（姜长云，张晓敏，2009）。

（2）需求因素。在需求方面，人口的增加、收入增加带来的消费结构升级、生物燃料等工业需求增加了对农产品的需求。

● 人口。在人口快速上涨的同时，农产品是关乎国计民生的战略性基础物资，属于必需品，因此农产品的需求弹性较小，即使涨价，消费者对于农产品的需求的数量也不会大量减少，为涨价提供了硬性指标（程泽宇，杨靖世，2012）。根据全国第六次人口普查，2010 年年底，中国人口总量将近 14 亿人，根据专家预测，2020 年将达到 14. 45 亿人，到 2040 年前后人口峰值也将达到 15. 8 亿人左右，仅为满足新增人口的粮食需求，平均每年就需要增加 24 亿公斤粮食（曹协和，黄革，石海峰，2011）。

● 收入。随着我国经济的飞快发展，城乡居民收入增加，居民消费结构升级，人们更偏爱于肉、蛋、油料、奶类、水果等高品质的农产品，对农产品价格上涨具有一定推动作用。西方国家在揭示居民食品消费结构转变时，经常引用本尼特（Bennett）定律，即随着居民收入水平提高，人们热量需要中来自动物源性食品的比重趋于提高，而动物源性食品的生产要消耗更多的植物源性产品。自 2003 年以来，我国的一些主要农产品中，食用植物油、猪肉和奶类生产价格波动幅度更大。2007 年，豆类、油料和生猪生产价格上涨幅度超过 20%，明显高于其他农产品生产价格。2008 年，除了这三类食用农产品外，奶类生产价格上涨幅度达到了25.5%（李国祥，2011）。

• 生物质能源。近几年来生物质能源的快速发展加速了工业对农产品的需求。汪寿阳（2007）提出，近年来在原油和一些资源性原材料价格的持续上升影响下，能源、化肥等农资的价格普遍上涨，导致了生产成本的增加，随之推动了农产品价格的上涨。随着农产品加工业的发展和生物质能源的开发，农产品的中间需求迅速扩大。2000～2011年，我国玉米的工业消费从990万吨增长到5300万吨，增长了4.4倍，农产品加工需求的扩大通过中间环节的作用推动了农产品价格的上涨。

• 工业化进程。随着工业化和城镇化加速推进，城乡居民收入明显增加，带来了食物消费结构的升级，导致生产食用油的油料作物和生产肉禽蛋奶的饲料原粮需求大幅增加（周姁，张建波，2008）。此外，随着中国工业化和城市化步伐不断加快，工业部门和城市在吸纳了大批农村剩余劳动力的同时形成大量的农产品需求缺口，造成大批优质劳动力从农村流失，农产品供给市场因需求缺口过大而力不从心，农产品价格上升也将是必然趋势（裴辉儒等，2011）。再者，伴随着城市化的推进，工业和服务业部门在国民收入和就业人口中所占的份额逐渐加大，农业部门劳动生产率增长相对缓慢，使农产品价格呈现出长期缓慢上升的态势（刘冠宏，张清正，2012）。

（3）国际因素。随着中国加入WTO，国际农产品价格、国际石油价格、汇率等国际因素对国内农产品价格的影响越来越明显。

• 国际农产品价格。一种观点认为，中国加入世贸组织以来，随着农业对外开放的扩大，国际市场与国内市场的联动效应都显著增强（姜长云，张晓敏，2009）。国际农产品通过国际贸易以及农产品期货等不同渠道影响着中国国内农产品价格（李国祥，2008；税尚楠，2008），长期来看国际农产品价格传导到国内的压力将会越来越大（李国祥，2008；罗锋，牛宝俊，2009）。基于2002年1月～2010年12月的月度数据，王少芬和赵昕东（2012）运用Granger检验、误差修正模型及脉冲响应函数等分析工具分析了国际农产品价格（以棉花、玉米、大豆、小麦为代表）和国内农产品价格之间的关系。结果表明，棉花、玉米、大豆和小麦国内价格对国际价格的长期弹性分别为1.08、0.8、0.943和0.636，国际价格传递效应显著，国际、国内市场整合程度比较高。但国内农产品价格对国际农产品价格的反向影响有限。在控制了人均GDP、工业增加值、消费者信心指数等因素的条件下，王孝松和谢申祥（2012）使用2002年1月~2010年11月月度数据考察国际农产品价格是否影响中国农产品价格，以及影响程度和可能的影响机制，结果表明，国内外农产品市场存在着高度的整合关系，无论在长期还是短期，国际农产品价格对国内农产品价格都具有格兰杰因果作用。

另一种观点则认为国际农产品价格对国内农产品价格的影响并不明显，或者存在时滞效应。张唯婧（2011）建立VAR模型探讨了1994年1月~2010年9月国际农产品价格对国内农产品价格的影响，当国际农产品价格受到一个正向冲击后，当期中国农产品价格不会产生明显变动，传递有一定的时滞。王锐和陈倬（2011）测算出国际农产品价格对国内农产品价格的影响时滞约为4个月，而高帆和龚芳（2012）测算出粮价传导存在1~5个月的时滞。

- 国际石油价格。国际油价对中国农产品价格的影响引起了国内学者的广泛关注。2007年国际金融危机和油价大涨之后，国际油价对国内农产品价格的影响正在逐步扩大（纪敏，2009）。黄季焜等（2009）通过对中国大米、小麦、玉米和大豆价格上升原因的分解得出，在2005~2008年期间，生物质能源的发展对以上四类主要农产品的价格变化影响分别为16.7%、16.1%、20.6%和24.5%，国际能源价格上涨是通过推高国内农产品生产成本带动农产品价格上升，生物质液体燃料发展则通过提高玉米、大豆等能源作物的需求量推高农产品价格。罗锋（2011）运用SVAR模型探讨了2001年8月~2010年12月各种外部冲击因素对中国农产品价格波动的影响路径及其贡献，发现国际石油价格冲击对国内农产品价格的冲击一开始处于负向影响状态，在第3期开始产生正向影响，随后一直处于负向影响状态，直到第 20 期影响趋于稳定。石油价格对国内农产品价格波动产生了影响，由于国内外石油价格的定价机制不同，所以响应过程表现出较复杂的态势。卢福财和何文章（2013）运用协整理论、脉冲分析和方差分解等分析工具研究了 2002 年 1 月～2011 年 12 月间世界原油价格对我国大豆、玉米、小麦和生猪价格的冲击，研究表明，自身的供需关系是影响农产品价格的主要因素，国际原油价格对大豆和小麦价格影响较大，对猪肉价格和玉米价格影响不显著。

但是王锐和陈倬（2011）认为“十一五”期间国际石油价格波动对我国农产品价格的影响并不显著。在考虑货币供应量、国际粮食价格指数和国内消费者价格指数变量的基础上，陈宇峰（2012）构建了两个 LSTAR 非线性模型，研究 1998 年 1 月～2012 年 1 月国际油价波动对中国农产品价格的直接影响和间接影响。研究结果表明，国际油价波动与国内农产品价格之间的关系长期处于线性与非线性的转换过程之中，国际油价对国内农产品价格的直接影响并不显著，而其间接影响显著，主要是通过国内货币发行量、国际农产品价格和通货膨胀率的中介变量来实现。

• 国际贸易。邵威豹和崔寅生（2011）运用 VAR 模型探讨了 2007 年 1 月～2010 年 5 月中国农产品的对外贸易额对中国农产品价格的影响，结果表明，第 1 期的时候农产品出口对农产品价格的响应最大，第 2 期以后基本上处于稳定状态，总的响应是正影响。说明农产品的出口对农产品价格的上涨有一定的促进作用，并且出口时期对农产品价格的影响更大，以后对农产品价格的影响力度会有所降低。

（4）宏观经济因素。农产品价格波动的最根本的原因是宏观经济因素，具体包括货币供应量、汇率以及通货膨胀等因素。

• 货币供应量。2000 年前，国内学者较少关注货币供应量对农产品价格的影响，但是近几年，全球性流动性过剩的背景下国内农产品价格出现异常波动，越来越多的学者关注货币供应量对价格的作用。一种观点认为货币供应量对农产品价格有着显著的影响（王艺明，2009）。胡冰川（2010）利用VAR模型分析了2001年10月~2009年12月货币供给、汇率、农业生产要素价格、农产品价格和消费价格指数等变量之间的关系，结果表明，货币扩张是农产品价格和消费价格指数上涨的根源，且滞后两期的消费价格指数对农产品价格产生了显著影响。另一种观点认为货币供应量对农产品价格影响不显著。张利庠等（2010）通过H-P滤波分析法研究了2002~2009年大蒜季度批发价格的波动周期。长期来看，大蒜价格上涨是大蒜价格波动的周期性表现，游资不是大蒜价格波动的主要原因。邵威豹和崔寅生（2011）运用VAR模型探讨2007年1月~2010年5月通货膨胀、货币供给量、农产品的对外贸易额对我国农产品价格的影响，发现货币供给量的整体贡献率不是很高，到了第12期才仅为0.415%。

● 汇率。汇率变动可通过直接和间接两种效应传递至中国农产品价格，直接效应是通过农产品相对价格和国内外居民的相对收入水平的改变，直接改变市场的供求关系。间接效应是通过改变我国农产品的国际市场竞争力来实现（王阿娜，2012）。我国实施的由管理浮动汇率制度产生的国际金融冲击和汇率平价的调整行为都会影响国内农产品价格（王艺明，2009）。人民币汇率升值将显著提高农产品价格水平（刘艺卓，吕剑，2009），人民币汇率变动对农产品价格的传递效应具有由短期波动到长期均衡的自我修正的动态机制。而王阿娜（2012）的研究表明，农产品价格与汇率之间存在负相关关系，人民币升值降低了进口商品和原材料的价格，同时也使国内市场农产品价格表现为下降的趋势，汇率对农产品价格的影响具有长期效应。

学者们在研究汇率对农产品价格的冲击时会出现正效应和负效应两种结论，主要是由于人民币升值后会出现两重效应，即需求效应和成本效应。从短期看，随着人民币的升值，降低了相关原材料的进口成本，从而刺激了国内需求，需求拉动使得农产品价格上升。但是长期来看，随着进口农产品成本的降低，相应地也会降低国内农产品批发价格指数，成本效应使得农产品价格下降。

● 通货膨胀。居民消费价格指数（CPI）反映的是一国的价格环境，体现了整体消费需求水平，是判断通货膨胀的一个代表性指标，由于农产品被包含于食品消费一项而计入 CPI，因此，通货膨胀率和农产品价格是整体和部分的关系，不少学者对通货膨胀引起农产品价格上涨的问题进行了研究。

农产品价格的上涨会通过推高工资水平，进而诱发一定程度的通货膨胀；当期的农产品价格上涨也可能是上一期通货膨胀或者货币发行而导致的结果。因此，在理论上两者之间的关系是相当复杂的（胡冰川，2010）。卢锋和彭凯翔（2002）利用 1987～1999 年的中国粮食价格与消费价格指数数据，得出了通货膨胀是粮食价格波动原因的结论。同样地，李国华（2011）和王小宁（2011）也认为农产品价格上涨仅仅是 2010 年以来国内通货膨胀的表现形式之一，不是导致通货膨胀的动因，而是其结果。

（5）其他因素。中国农产品价格的形成机制非常复杂，除了上述影响因素外，投机炒作、羊群行为等不确定因素对中国农产品价格的影响越来越大。

2008 年以来，游资炒作对农产品市场的控制的趋势越来越凸显。由于国家的宏观调控政策的影响，原来的房地产、矿产品资本投资风险加大，部分游资瞄准了农产品市场，加剧了供求不平衡，推高了农产品价格。大蒜、绿豆等农产品，产地集中、季节性强、市场信息不对称，很容易被游资市场操纵。对于这样的炒作，农民并没有从中获取利益，而是中间商和投资者获得高昂回报，“游资”大举进入的结果就是加剧农产品价格波动（陈灿煌，2010）。在实证研究游资炒作对农产品价格的影响时，国内学者们大部分用热钱规模①指标来描述游资炒作（张唯婧，

① 中国国家外汇管理局简明定义热钱为：资本逐利，快进快出，为追求高回报而在市场上迅速流动的短期投机性资金。

2011；张琼，赵杰强，2011）。

羊群行为（herd behavior）通常指在不完全信息环境下，行为主体因受其他人行动的影响而从众的决策行为。由于羊群行为具有传染性，把存在于多个行为主体之间的羊群行为现象又被称为羊群效应（李平，曾勇，2004）。在市场经济条件下，农民也是理性人，追求个人利益最大化。但是在不完全信息市场，农民盲目追求利益最大化，一窝蜂地进入市场，又潮水般退出，使得有些农产品的价格剧烈波动。农产品流通环节的中间商一味地囤积行为更深一步加剧了农产品价格波动，2009 年 10 月的绿豆价格上涨就是一个典型的例子，吉林玉米中心批发市场有限公司等多家企业在吉林洮南市召开第一届全国绿豆产销行情研讨会，散布了绿豆大幅减产等涨价信息，同时，有人宣扬绿豆能治百病，更为市场绿豆涨价提供了依据（王文涛，2012）。

1.3.2.3 文献述评

这些研究较好地分析了农产品价格波动的原因，在探讨农产品价格波动的影响因素时，国内外学者的研究既有共同点，又有不同的侧重点。二者的共同点是：在研究视角方面，国内外关于农产品价格波动的影响因素的研究，都是围绕供求关系来展开。其次，学者们在关注供求关系这些长期影响因素的同时，更加关注生物质能源、投机等短期因素的影响。不同之处在于：从研究内容上来看，国外研究侧重于生物质能源对全球农产品价格波动的影响，而国内研究近期侧重于从成本推动和中间加工运输环节的视角探讨国际农产品价格、国际石油价格等外部冲击对国内农产品价格的影响。从研究方法上来看，国外研究运用局部均衡模型、空间价格均衡模型、非线性蛛网模型、动态随机一般均衡模型和非线性门限回归等一些新模型工具，得出了比较详细、可操作的结论和对策。而国内研究以定性为主，也有一些实证研究，以回归分析、协整理论、格兰杰因果检验、向量自回归、脉冲分析等现代计量经济学方法为主。

现有文献对农产品价格波动的成因已经展开了较多研究，但上述研究在以下两个方面还可以更深一步地被探讨。

从研究视角来看，国内学者们对农产品价格的影响因素的研究以定性分析为主，一些定量的分析大部分是从一个或几个角度来分析，缺少对诸多因素共同作用的综合定量分析。从文献回顾可以看出，农产品价格的影响因素是多元的，涉及农业生产成本、国际农产品价格、国际石油价格、货币供应量、汇率等，这些因素有的是直接影响价格，有的是通过其他变量间接影响农产品价格，因此，研究这些影响因素之间的层次结构，找出影响价格波动的根源性因素和直接因素显得尤为迫切。此外，在不同的环境下，因素对农产品价格作用的大小应该是随时间变化的，有些因素在某一阶段对价格的影响很大，在另一阶段的影响程度可能变得很弱，因此从结构的角度分层次、分阶段来研究价格波动影响因素的强弱程度和时空演变机理是有必要的。

从研究结论来看，有些因素对农产品价格作用的大小和方向存在不一致。例如通货膨胀与汇率对中国农产品价格波动的影响效应等方面，国内学术界至今未达成一致意见，其中的原因很复杂，例如样本的选择、环境变量的选择等，但影响途径的不同是最主要的原因。社会学中的中介效应和调节效应有助于厘清其演变趋势和内部规律，是未来探讨的趋势之一。

因此，本书第5章~第6章首先构建解释结构模型，把影响农产品价格的因素进行分层，找出根源因素、中层因素和表层因素；其次借助通径分析测算出各个因素对农产品价格的直接作用和间接作用。

1.3.3 生猪价格波动的特征、影响因素及风险预警

从一个崭新的视角——FFHPW系统性视角，先述评生猪价格波动的特征，接着述评生猪价格波动的成因，最后述评生猪价格波动的风险预警（见图1-2）。

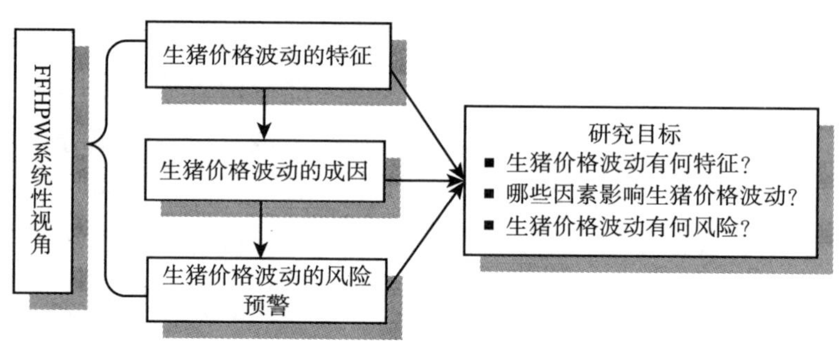

图 1－2　文献探讨思路

1.3.3.1　生猪价格波动的特征

国外学者早期主要以蛛网理论、适应性预期理论来探讨生猪价格波动的周期，主要从价格标准差、变异系数、移动平均、Coppock 指数等对生猪价格波动进行测量（Ezekiel，1938；Harlow，1960）。拉尔森（Larson，1964）利用调和运动理论分析了生猪周期，认为周期和“反馈”有关，并进一步分析得到：生产决策是关于改变生产水平的决策，而不是针对生产一定数量的决策，除了新的进入者，所有生产者都处于生产过程中，要想达到生产目标，就必须经常考虑生产的调整是否合理。塔尔帕兹（Talpaz，1975）则提出了多频率蛛网模型，该模型综合考虑了蛛网模型、调和运动模型和滞后分布模型，并在此基础上对生猪生产者各种不同层次的决策中涉及的复杂性问题进行了分析。安得烈·施密茨（Andrew Schmitz，1987）提出一个悖论：如果生产者知道生猪价格符合一定的可预测模式，那么生产者采取反周期行为（扩大或减少存栏量）应该能够减缓周期的存在，然而事实却正好相反。对此，提出了两种可能的解释：第一种解释是生产者忽略了可公开获得的信息，并根据近期价格运动模式来进行决策和价格预期；第二种可能的解释是市场是有效的，这种情况下不可能通过获得信息来获取经济利润。福特雷尔等（Futrell et al.，1989）分析了美国生猪生产和价格周期的特征以及生产者如何运用周期知识做销售及定价决策，他认为获利能力是决策的关键决定因素，变化的生产成本与生猪价格预期一起成为解释因素。关于扩大或进入生猪经营的决策通常并不是在回报变得有利时马上做出，正常地，需要在取得 3 ~6 个月的利润后，种猪群才会出现普遍扩张。生产的减少要比扩张更快，扩张过程中，生产者需要一段时间才能增加种猪群的存栏量。此外，文献还考查了价格周期，发现价格周期的运动与生产周期相反，虽然价格周期趋于比生产周期更短。

一些学者将研究视角转换到非线性、谱分析上面。鲁斯（Ruth，1998）提出了一个生猪周期的全新非线性和动态合成模拟模型，认为市场信息的缺乏和生产的延迟都是影响周期的重要因素。道森（Dawson，2009）用谱分析的方法得出英国 1989 ~2008 年猪肉价格存在显著的 3 ~4 年周期。帕克和肖克威尔（Parker & Shonkwiler，2013）建立带时变振幅振荡的正弦周期时变序列模型，研究得出德国生猪价格波动周期为 4 年，且波动越来越大。郝苗等（Hao et al. ，2014）分析了四川生猪价格波动的蛛网模型现象，发现 2000 ~2003 年生猪价格波动符合封闭性蛛网模型，而 2004 ~2012 年价格波动呈现发散型蛛网模型。养殖户规模对价格波动最为敏感，因此，养殖者生产行为必然加剧生猪价格波动。

毛学峰等（Mao et al. ，2016）等应用希尔博—黄（Hilbert - Huang）变换分析了 1994 ~2013 年中国猪肉价格周期的分解情况。结果表明，存在一种趋势和 4 种主要模式的周期，包括 4 个月的周期、8 ~9 个月的周期、17 ~19 个月的周期以及 42 ~43 个月的周期；还指出猪肉价格控制应该尊重价格周期的规律而不是任意干预。

在研究生猪价格波动聚集性和非对称性时，学者运用的工具大多数是 ARCH 族模型。自从恩格尔（Engle）开创性地提出 ARCH 模型后，产生了大量研究 ARCH 模型的拓展的相关文献，一个经典的 ARCH 模型拓展就是波勒斯列夫（Bollerslev）提出的 GARCH 模型，ARCH、GARCH 模型成为研究市场波动群集性的较为成熟的方法，且能够处理价格过程的可预测与不可预测成分，被大量运用到农产品价格波动的研究中（Bollerslev et al. ，1988）。夏夫利（Shively，1996）对加纳粮食价格、斯瓦赖（Swaray，2005）对次撒哈拉非洲国家农产品出口价格、乔丹等（Jordaan et al.，2007）对南非牛肉价格等波动的研究都运用了ARCH、GARCH模型。

近期，生猪价格波动的非线性和结构突变性引起了学界的关注。霍尔特和克雷格（Holt & Craig，2006）运用STAR模型对美国生猪—玉米循环进行了实证研究，发现了其存在明显的非线性、时变参数特点。乌比拉瓦（Ubilava，2012）运用STAR模型证实了美国大豆—玉米价格比率存在非线性、非对称转换的特点。安东尼等（Anthony et al.，2010）运用马尔可夫局面转移向量误差修正模型（MS—VECM）研究了希腊羊肉价格波动的机制转换特征。

与国外相比，国内有关生猪价格的研究起步较晚，直至20世纪80年代，部分学者才开始研究生猪价格问题。这主要是因为1985年以前，我国生猪市场一直实行的是国家定价制度，在此政策的作用下，生猪价格一直相对稳定。1985年开始，国家调整了生猪价格调控政策，从过去的国家定价改为了自由上市、自由交易的价格管理体制。因此，生猪价格开始在市场机制发挥主导作用的情况下出现反复波动的现象，这引起了学者们的关注。有关生猪价格波动研究的成果则主要形成于2007年。

2006年后，在生猪价格高位运行时涌现出一部分关注我国生猪周期、解析生猪周期及如何消除生猪周期的文献（冯永辉，2006；李秉龙，何秋红，2007）。吕杰和綦颖（2007）对1984~2005年我国生猪市场价格分析结果表明，年度内生猪价格一般呈现两头高中间低的趋势，1984~2005年间，全国生猪市场价格共经历了四个大周期的波动。毛学峰和曾寅初（2008）用时间序列分解法对中国1995~2008年的生猪月度价格资料进行分析，发现生猪价格存在周期约为35~45个月的显著周期波动，外部冲击（疫病等）往往对生猪市场的价格波动起到推波助澜的作用。王明利、李威夷（2010）运用Beveridge－Nelson分解的方法把1995~2009年生猪和猪肉月度价格分解为5个完整周期，平均周期长度为30个月，并于2009年下半年进入第6轮周期的下行期。吴登生等（2011）利用EMD分解算法研究了2000年1月~2009年5月我国生猪价格波动的内在规律和外部事件对其产生的影响。结果表明生猪价格主要由长期趋势模态、17 个月为尺度的经济周期模态、51 个月为尺度的养殖周期模态等构成。生猪疫情、自然灾害、政府宏观调控等外部事件只对生猪价格的养殖周期模态和短期自调周期模态有影响，对长期趋势模态和经济周期模态影响不大。于少东（2012）用 X12 季节调整法和 HP 滤波法对北京市 2000 ~2011 年的去皮带骨猪肉月度批发价格数据进行波动实证研究与分析，结果发现，猪肉价格周期波动与生猪生产周期波动趋于一致，波动周期大致为 3 年。宋长鸣（2016）尝试采用可变参数模型实证分析了非线性非均衡蛛网理论模型框架下猪周期是否满足稳定的条件，研究表明该分析框架下猪肉价格缺乏稳定性条件，并有发散的趋势，且相对于猪肉市场需求，供给对猪肉价格变化更为敏感，以致猪周期反复出现；乔爱玲等（2017）基于变异率测得 2009 年 11 月 25 日 ~2016 年 11 月 25 日的白条猪肉周批发价格经历了 7 个周期的波动，除第 2 周期外均呈现强幅型，整体来说，周期振幅为强幅型、波动高度为中峰型、波动深度为负值，呈现古典型波动。

近年来，我国学者主要用 ARCH、GARCH 方法探索价格波动是否具有聚集性、非对称性和风险性（杨朝英，徐学荣，2011）。李威夷（2011）运用 GARCH 族模型对生猪价格波动进行实证分析，研究表明生猪价格的波动具有集聚性，外部冲击幅度越大，价格的波动就越剧烈。庄岩（2012）利用广义误差分布的 ARCH 类模型发现生猪价格波动具有显著的集聚性，但没有非对称性。吕东辉、杨祚和金春雨（2012）基于 MS—ARCH 模型研究得出生猪价格波动具有较高的持续性且三种波动状态差异性显著，生猪价格变动序列的中高波动状态无条件方差分别是低波动状态无条件方差的 15. 5 倍和 28. 7 倍。生猪价格在上行区间波动率最高，价格平稳期波动性最低，价格下行期波动性居中，生猪价格在三种波动状态的转移较频繁。冯明（2013）运用 GARCH 簇模型对猪肉价格波动的异方差性进行了研究，发现猪肉价格波动除了波动幅度大、呈明显的周期性外，还存在显著的非对称性。潘方卉等（2016）借助于马尔可夫转移模型对中国 2000 年 1 月 ~2014 年 2 月之间生猪价格周期波动的特征进行了分析，发现生猪价格波动周期中存在着显著的非对称性特征。生猪、猪肉和猪仔价格处于“上涨阶段”的波动性明显高于其他两个阶段。从区制转移概率来看，生猪价格易呈现出“暴涨暴跌”的态势，猪肉和猪仔价格出现“暴涨缓跌”和“缓涨暴跌”的概率水平最高。

价格波动的非线性特征引起了国内学者的极大关注，但主要涉及的是股票价格、石油价格等金融市场的价格波动非线性特征，关于生猪价格波动的非线性特征的文献较少。毛学峰和曾寅初（2009）采用 STAR 模型发现生猪市场上价格均呈现非稳定状态，在样本区间内呈现非线性调整。张宇青等（2015）运用门限自回归探讨了 2003 年 7 月 ~2013 年 8 月生猪出栏价格波动的非线性特征，估计出门限值为 -0.58，接着用马尔可夫模型得出生猪出栏价格波动量从长期看会逐渐收敛于［0，1］区间，即低负型正向波动状态。赵畅锦和熊涛（2017）运用 EEMD 模态分解的方法对生猪价格进行多尺度分解，得到生猪价格主要由趋势成分和低频分量组成，并用 Bai - Perron 结构突变检验法与事件分析法分析得出调控政策主要作用于生猪价格的低频分量。

1.3.3.2 生猪价格波动的影响因素

国外学者主要从生猪供给、需求、石油价格、生产成本、货币、生物质能源、疫情、汇率、气候、国际畜产品价格等方面论述生猪（食品）价格波动的成因（Parcell et al.，2000；Nikos，2008；Chen，Kuo & Chen，2010）。陈荣和萨帕塔（Chen Jr. & Zapata，2015）构建 MGARCH - BEKK 模型研究 1996 年 6 月 ~2013 年 12 月美国生猪价格和中国生猪价格的波动和溢出效应，发现中国生猪价格是美国生猪价格的单向格兰杰原因，中国生猪价格波动主要是因为自身价格波动和前期价格波动。

谭瑛和萨帕塔（Tan & Zapata，2014）发现美国和欧盟生猪价格波动较小，而中国生猪价格自 2006 年以来剧烈上升，主要是因为饲料、人工和土地等生产成本的飞速上涨。欧盟生猪价格对中国生猪价格影响很不显著；中国生猪价格是欧盟生猪价格的单向格兰杰原因，中国生猪价格主要受到自身的影响，其他国家生猪市场对其影响很小。此外，货币扩张政策对农产品价格有着直接或间接的影响（Harri et al.，2009），生猪是居民日常消费的主要肉类，故或多或少会受到货币供应量的影响（Yu，2014）。希瓦等（Shiva et al，2014）构建VAR模型研究能源和农产品之间的价格发现功能，研究发现乙醇通过玉米价格间接影响着生猪价格的波动。阿宝等（Abao et al.，2014）运用误差修正模型和历史事件分解的方法测算了1995～1999年手足口病对菲律宾吕宋岛生猪价格的影响，得出1995年1月暴发的手足口病通过改变肉类供应链不同节点之间的动态依赖性，使得生猪出场价格和猪肉零售价格分别下降11.8%和15.7%。

国内学者主要从供给、需求、随机因素等方面对生猪价格波动的原因进行了探讨。从生猪供给的层面来看，引起我国生猪价格剧烈波动的因素包括生猪生产、生产成本、饲养模式、养殖主体行为（宁攸凉，乔娟，2010；徐雪高，2008；李治国，2009；王明利，王济民，2007；李明等，2012；郭利京等，2014；李秉龙，何秋红，2007）。从生猪需求的层面来看，引起我国生猪价格剧烈波动的因素包括居民收入、替代品的价格、人口、国际生猪价格（徐小华等，2011；李秉龙，何秋红，2007）。张瑞娟（2016）基于2008年1月～2015年中美猪肉月度价格数据，采用Granger检验，带外生变量构建VAR模型，发现美国猪肉价格是中国猪肉价格波动的单向格兰杰原因。随机因素包括自然灾害、生猪疫病和经济政策等不确定性冲击，同样会对生猪价格产生影响（毛学峰，曾寅初，2008；宁攸凉，乔娟，2010）。王明利和李威夷（2010）测算出随机因素对猪肉价格的冲击高达90%。

1.3.3.3 生猪价格波动的风险预警

国外预警研究最初均始于宏观经济预警，如从20世纪初期的美国巴布森统计公司的“经济活动指数”，到股票等各个产业的景气指数，再到“哈佛指数”的出现。1950年开始，摩尔（Moore）的扩散指数（DI）和J. 仕斯基（J. Shiski）合成指数（CI）等监测预警方法被广泛采用。斯托克和马克（Stock & Mark，1988）提出了SWI景气指数，认为变量的共同变动背后，存在着一个单一的、不可观测的、代表总经济状态的基本变量，它的波动才是真正的景气循环，是建立在严密的数学模型基础上的，与 DI、CI 等传统的景气循环的测定方法相比有了很大的进步。基于季节调整法，美国的 J. 仕斯基进一步提出了 X11、X12 等季节调节法，被广泛应用。从 20 世纪 60 年代开始，监测预警已经在农业上得到应用。比如：粮农组织开发研制的“粮食与农业的全球信息和预警系统（GIEWS）”。还有一些国家也相继建立了粮食安全预警系统，如美国、印度等。进入 80 年代以来，信息统计预警系统已明显趋于应用的综合化和集成化。有机地结合了专家、统计信息、经济理论、研究方法和计算机技术等，相应地建立了数据库、知识库和方法库，最终通过人机对话、实证模拟和一定的判断规则，预测出经济运行状态的各种数量界限和未来经济运行的轨迹等。

关于生猪价格波动风险预警的研究，仅有极少数学者涉及。凯伦（Kaylen，1988）较早研究生猪价格预警，把贝叶斯估计和剔除变量法运用到向量自回归模型，对美国生猪价格进行 1977 ~ 1984 年样本外预测，发现该方法预测精度高于单一的剔除变量法。博诺等（Bono et al. ，2014）运用动态广义线性模型开发一个动态监测系统，对母猪和仔猪的死亡率进行预测监控。特鲁希略—巴雷拉等（Trujillo - Barrera et al. ，2013）运用组合密度预测法对 1975 年第 1 季度 ~ 2010 年第 4 季度美国生猪价格进行预测，通过线性和对数函数组合形式，外加一些简单的加权方案，发现组合密度预测方法的拟合优度和预测精度优于单一的预测方法。

国内方面，学者采用了计量模型、TEI@ I、系统动力学、Hilbert - Huang 变换等预警方法针对粮食、外汇汇率、有色金属价格和石油价格等建立预警系统。也有个别研究涉及生猪等畜牧产业。如赵瑞莹、陈会英和杨学成（2008）基于 BP 人工神经网络建立了生猪价格风险预警模型，并利用年度数据进行了验证，根据模型的输出画出了风险预警信号图。杨璐（2011）利用结构方程模型中的 MIMIC 模型构建了我国生猪价格波动预警系统，并利用 2006 年 1 月 ~ 2011 年 7 月的月度数据进行模型的估计。发现2010年4月至今，生猪价格波动强度有进一步增强的趋势，2011年6月达到最高位，之后又形成新的上升曲线，需要积极预警和监控。刘芳、王琛和何忠伟（2013）以生产、市场和价格传导机制等6个一级指标、18个二级指标构建了生猪市场价格预警体系，以2009年1月~2011年5月的数据作为学习样本，运用BP神经网络模型预测2011年6~8月数据，得到生猪价格预警指数的预测为0.405、0.413、0.413，根据预警指数的划分标准，2011年6~8月的预测值全部处于过热区域。蔡超敏（2016）提出EMD-SVM集成预测模型，先用经验模态分解法把猪肉市场月度价格分成高频、低频和残余三大模块，接着用支持向量机对三个模块进行预测，同时比较EMD-SVM、SVM、EMD-BP的预测结果，发现EMD-SVM模型最优。魏珠清和黄建华（2017）选择中上游的仔猪价格和饲料价格、下游的替代品价格居民收入水平以及市场的供需关系构建了多因素影响下的生猪供应链价格传导的系统动力学模型，仿真得出，供求关系是导致生猪价格波动的最根本原因，疫情政府补贴政策等外生变量对生猪市场的影响具有实效性，且近期影响较大；玉米价格对生猪价格影响显著，且变化方向一致；牛肉价格对生猪价格影响较小。

1.3.3.4 文献述评

在生猪价格波动特征方面。首先，现有研究主要是讨论生猪价格波动的周期性、聚集性，对价格波动的非对称性的研究比较缺乏。仅有的少数研究的结论也没有达成共识，有些研究认为生猪价格波动非对称性、风险性，而有些研究则不支持生猪价格波动的非对称性、风险性，其主要原因有多种，但最重要的是因为样本和研究方法的不同，生猪价格波动的特征在不同的样本具有不同的特征（Chang et al.，2011）。一些重大事件，如中国加入WTO、重大生猪疫情等，会使得生猪价格波动的特征发生改变，所以本书试图从结构突变的视角寻找全样本期内的结构变点，根据结构变点把全样本分成几个样本，以此来研究生猪价格波动特征的异质性。其次，对价格波动的空间特征关注度不够，难以全面地诠释生猪价格波动的特征。我国各省区市生猪价格间日益呈现出相互依赖和相互影响的特征（许世卫等，2010；刘芳等，2012；彭程，2014），各省区市生猪价格间可能存在着显著的空间交互作用和空间溢出效应。从生猪价格的区域分布特征来看，不同省区市或不同城市的生猪价格间存在一定差异（武拉平，2000），可能会导致生猪价格的空间数据分布特征，即“地理学第一定律”中所指出的强或弱的空间自相关性和空间异质性。为此，我们拟利用空间统计方法分析生猪价格数据，揭示生猪价格的时空分布特征、动态变化过程。空间计量不仅能够充分利用价格的空间信息，有效地处理数值型的价格数据，挖掘生猪价格的分布格局，并且借助 GIS 的空间数据可视化功能，能够直观地展示分析结果，具有独特的优势。最后，绝大多数研究只是局限在讨论中国生猪市场波动或某一个省份生猪价格波动的特征，缺少省际视野，通过比较中国各省份的差异来研究中国生猪市场的波动特征，有助于我们更深入全面地认识中国生猪市场的波动特征。

本书将用结构变点检验去寻找样本期内的特殊点，据此把整个样本期分为几个子样本期，运用现代计量经济学探讨生猪价格波动的周期性、聚集性、风险性和非对称性；构建马尔可夫模型从动态和非线性的视角研究生猪价格波动的状态转移特征。

在生猪价格波动的影响因素方面，国内外学者的研究既有共同点，又有不同的侧重点。二者的共同点是，国内外关于生猪价格波动的影响因素的研究，都是围绕供求关系来展开。在关注供求关系这些长期的、市场内部影响因素的同时，更加关注疫情、突发事件等短期、外部因素的影响。不同之处在于：从研究内容上来看，国外研究更多涉及货币、石油价格对生猪价格的影响，而国内研究近期侧重于从成本推动、国家政策等的视角探讨国内生猪价格波动的成因。从研究方法上来看，国外研究运用局部均衡模型、空间价格均衡模型、非线性蛛网模型、动态随机一般均衡模型和非线性门限回归等一些新模型工具，得出了比较详细、可操作的结论和对策。而国内研究以定性为主，也有一些实证研究，以回归分析、协整理论、格兰杰因果检验、向量自回归、脉冲分析等现代计量经济学方法为主。在生猪价格的“影响因素集”内涵方面，学术界已达成共识。这些因素的研究为我们理解生猪价格的形成提供了良好的基础（图1－3）。基姆和郑燮（Kim & Zheng，2014）认为生猪价格的形成是一个由多个层次、多维因素同时决定的复杂系统。系统是由元素集和关系共同决定的，这种相互关系与元素本身一样重要，割裂开研究是不准确的。那么这个复杂系统应该如何构建？是否可以通过研究这些因素之间的相互作用关系来构建理论模型？这个联系是否有助于我们深刻理解这些因素对生猪价格的影响结构？变量之间的关系是否稳定，是否存在非对称性和非线性结构转变？这些都是现有研究很少涉及的内容，所以，从一个系统的、结构性、中介的角度思考影响因素之间的相互关系，是一个有价值的工作，可以为生猪价格波动的结构性机理分析提供逻辑基础。

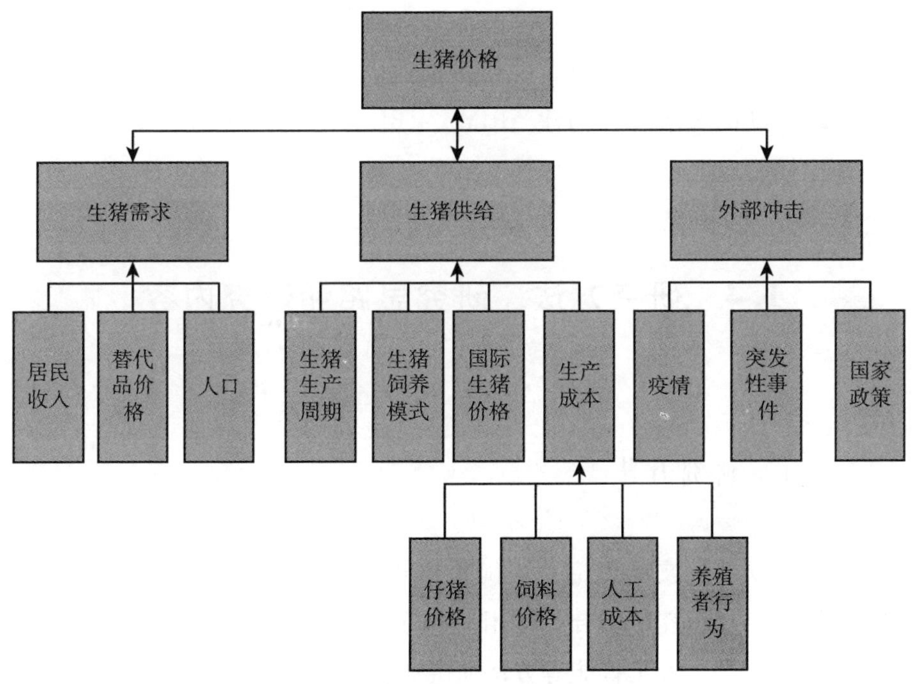

图1－3　生猪价格波动影响因素的结构

为此，本书从系统结构的角度，构建价格的层次结构，并测算因素对价格的直接效应和间接效应；同时，从结构突变的视角，结合 Bai - Perron 突变检验和 Mann - Kendall 非参数检验，搜索价格的结构变点，探讨不同样本期内生猪价格的影响因素的异质性。

在生猪价格波动预警方面。国内对畜产品价格预警模型主要是采用 ARIMA、结构方程模型等方法，但计量经济学模型在非平稳发展和缺乏规范行为理论的经济过程中显得心有余而力不足。生猪生产、销售是复杂的社会经济活动，价格月度数据具有非线性、不平稳性、时变性等多个特点，一般的预警模型很难满足构建生猪价格风险预警模型所需的要求。而 BP 人工神经网络，是一种非线性的建模过程，不需要分清非线性关系，便能从学习样本集中隐式地抽象出各个因素数据之间的规律，从相似的、不确定的甚至相互矛盾的环境中做出准确决策。

本书在取得生猪价格波动的主导结构的基础上，运用时差相关法确定生猪价格波动风险预警模型的指标体系，构建 BP 神经网络模型仿真生猪价格波动的风险，并构建 ARIMA + BP 神经网络模型、支持向量机组合预测模型对生猪价格进行预测。

1.4 研究方法、研究思路和研究内容

1.4.1 研究方法

本研究以经济波动理论、均衡价格理论、系统科学理论等为基础，规范分析与实证研究相结合。运用时间序列分析、解释结构模型、通径分析、空间计量、人工智能等方法研究生猪（农产品）价格波动的特征和成因，主要有以下几种方法：

（1）文献研究法。按“中西结合、古今结合、理论探索与实证检验结合”的“三结合原则”，本研究团队主要从诸如 *Economic Modelling*、*American Journal of Agricultural Economics*、*Review of Agricultural Economics*、*Journal of Agricultural and Applied Economics*、*Mathematics and Computers in Simulation*、《管理世界》《经济研究》《中国农村经济》《农业技术经济》《数量经济技术经济研究》等期刊中，从经典著作中，扎实研习了200多篇文献。了解国内外对农产品（生猪）价格特征和影响因素相关的研究现状，了解农产品（生猪）价格波动特征、价格波动机理的基本情况，使本研究的内涵和外延更丰富、更明确、更科学，为下面构建计量经济学模型、解释结构模型、通径分析、空间统计、人工智能等模型打下基础。

（2）现代计量经济方法。运用 HP 滤波分解、GARCH、TARCH、EGARCH 模型探讨农产品（生猪）价格波动的周期性、趋势性、聚集性、风险性和非对称性；借助 Bai - Perron 突变检验、非参数 Mann - Kendall 检验识别生猪价格月度数据的结构变点；构建空间计量研究省域之间生猪价格的空间相关性和空间异质性；运用马尔可夫体制转移模型探索生猪价格波动的非线性转换特征。

（3）解释结构模型（ISM）。在文献研读的基础上，提取出农产品（生猪）价格波动影响因素，然后以问卷的形式请专家甄别农产品（生猪）价格波动的影响因素，给出因素之间的关联矩阵，利用 MATLAB 软件编程计算可达矩阵、骨架矩阵和分解结构矩阵，最后绘制出多级递阶有向图，找出国内农产品（生猪）价格波动的表层因素、中间层因素和深层次影响因素。

（4）通径分析。借助于通径分析识别出哪些影响因素对因变量有直接作用，哪些有间接作用，以及一个因素如何通过另外一个因素的影响传递到因变量。通过对相关系数的分解，能够定量得出到各变量对价格的直接作用和间接作用的大小，从结构路径的角度探讨各因素对价格的作用机制。

（5）灰色关联法。借助灰色关联法测算出影响因素和生猪价格的关联度，结合逐步回归法，解析生猪价格波动的成因、构建生猪价格风险预警的指标体系。

（6）机器学习方法。建立 BP 人工神经网络模型，对生猪价格波动风险进行预警分析；取得生猪价格影响因素的前提下，构建支持向量机对生猪价格进行预测。

1.4.2 研究思路

本书的基本思路是：以 FFHPW 模型为理论框架，按照"波动—因素—层次结构—路径—预警"这条路线详细解剖生猪价格波动的影响因素和特征，基于结构突变视角研讨价格的形成机理，最后运用人工智能方法构建合适的模型对价格波动的风险进行预警分析。

首先利用 HP 滤波、GARCH 族模型对整个样本期内生猪价格波动的周期性、趋势性、聚集性、非对称性进行研究。然后对农产品（生猪）价格波动的影响因素进行结构分析，借助于解释结构模型将影响因素分层，同时运用通径分析研究各因素对价格的影响途径，测算出各因素对价格的直接影响大小和间接影响大小。接下来，从结构突变的视角，结合 Bai – Perron 突变检验、非参数 Mann – Kendall 检验识别月度生猪价格的结构变点，运用协方差分离出趋势成分、季节成分和不规则成分对生猪价格的贡献度以及贡献度的异质性，探讨不同样本期内生猪价格的形成机理的异质性，同时从时间、空间两个维度研究生猪价格波动的时空分异性；结合灰色关联法和逐步线性回归寻找生猪价格波动的成因，并建立 BP 神经网络模型对价格进行风险预警。最后总结文章的结果并给出相应的政策建议。具体的技术路线图如图 1 – 4 所示。

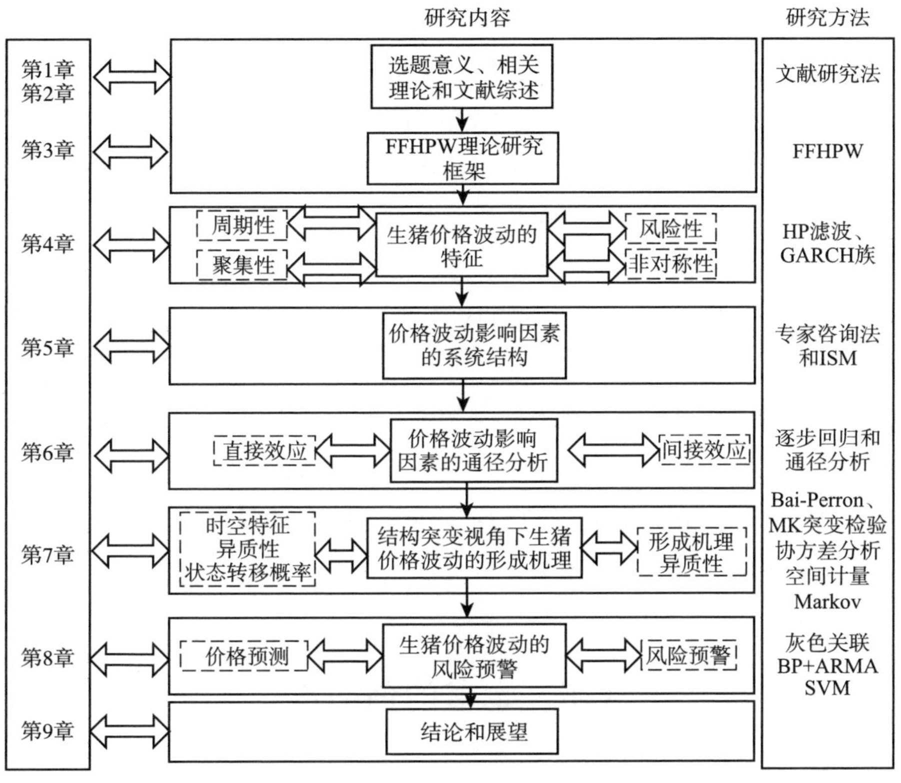

图1－4 技术路线

1.4.3 研究内容

（1）基于FFHPW模型分析生猪价格的波动。以特殊的农产品——生猪为例，基于FFHPW框架剖析生猪价格波动的形成机理并进行风险预警。

（2）研究生猪价格波动的特征，比较不同种类的农产品价格波动的周期性、聚集性、风险回报特征、非对称性的差别。

（3）构建农产品（生猪）价格波动影响因素的层次结构，探讨各因素影响价格的途径；识别农产品（生猪）价格波动的显著性因素，定量分析显著性因素对价格影响的直接效应和中介效应。

（4）从结构突变视角探讨生猪价格波动的形成机理、时序特征和空间特征的异质性。第一，借助 Bai - Perron 突变检验、非参数 Mann - Kendall 检验识别生猪价格月度数据的结构变点，探讨不同样本期内生猪价格波动形成机理的异质性；第二，运用协方差分析测算价格的趋势成分、季节成分和不规则成分对价格贡献度的动态变化；第三，从时间维度，构建（G）ARCH 模型探索生猪价格在结构变点不同侧波动特征的异质性；从空间维度，构建空间计量模型研究生猪价格空间特征的异质性。

（5）对生猪价格进行预测，并预警价格波动的风险。基于灰色关联法明晰生猪价格的影响因素，构建 BP + ARIMA、支持向量机模型，梯度回归模型对生猪价格进行预测；同时，建立 BP 人工神经网络模型，对生猪价格波动风险进行预警分析。

1.5　本书的创新点

（1）基于全新的理论框架——FFHPW 分析生猪价格波动的形成机理并进行预警，理论分析框架新颖。影响因素的来源辨析、因素间的结构和路径的形成、波动的产生、响应机制，这四个方面在一个完整的生猪价格波动过程中相互关联、相互影响，缺一不可。本书沿着“波动—因素—层次结构—路径—预警”这条主线逐一剖析生猪价格波动的形成机理及其异质性，并对价格进行风险预警分析，夯实、创新了研究的理论模型。

（2）首次构建农产品（生猪）价格影响因素的解释结构模型，通过矩阵的运算绘制出影响因素间的层次结构，从系统科学的角度诠释农产品（生猪）价格波动。通过文献的检索和研究，得知学者们主要从供求关系、国际农产品价格、生产成本、货币供应量、汇率、生物质能源、投机等一个或几个角度探讨价格波动的机理，缺乏系统性的分析。农产品（生猪）价格波动的诱因具有高度复杂性、不确定性、多层次性和开放性，影响因素之间存在着多重关联的相互依存、相互作用关系。运用解释结构模型可以清晰影响因素之间的系统结构，明确这些因素之间的传导机理，找出根源性因素、中层因素和表层因素。

（3）构建农产品（生猪）价格影响因素的通径分析模型，分解出影响因素对价格的直接传导机制和间接传导机制。已有研究一般基于回归分析、协整理论、VAR 模型等分析工具，研究的只是各变量对农产品价格的直接作用，但解释变量之间会存在相互影响关系，为了刻画这种间接作用，本书构建通径分析模型测算显著性因素对农产品价格的直接作用和间接作用，明晰影响因素是否是直接影响农产品（生猪）价格波动；如果是间接效应，其间接效应多大；又是如何传导到价格的。解决了这些问题，就为生猪价格的风险预警提供了方法和理论支持。

（4）从结构突变视角研究生猪价格波动的形成机理、时空特征的异质性。生猪价格可能具有结构突变性，对生猪价格的时间序列数据进行结构突变检验，找出结构变点，根据结构变点把整个样本期划分为几个样本期，研究价格形成机理的异质性。同时，从时间和空间的视角探索生猪价格波动的特征。从时间维度考察每个样本期内生猪价格波动的聚集性、风险性、非对称性和非线性转换特征。从空间维度来看，利用空间统计方法对中国生猪价格的空间集聚进行划分与可视化，并进一步以空间计量经济学方法对生猪产业空间相邻效应、集聚效应和空间溢出效应进行估计，揭示价格是否具有空间相关性和空间异质性。

第 2 章

相关理论基础

2.1 概念界定

2.1.1 农产品

农产品是指来源于农业的初级产品，也就是指通过一定的农业劳动所获得的未加工或只经过初级加工的农、林、牧、渔、矿等产品，我们常见的鲜活产品（水果、蔬菜等）和小麦、玉米、大豆等都属于农产品范畴。日本《农林产品标准和正确标识法》第二条第一款中所提到的“农林产品”是指：饮料、食物、油料和脂类；农产品、林产品、畜产品和水产品，以及用这些产品作为原料或成分的加工产品。美国农业部把“农产品”定义为：耕作和放牧活动所形成的产品，如乳品业、养蜂、水产业、家禽和禽蛋的生产，以及任何同类活动或类似活动所形成的副产品。值得注意的是，在世界贸易协议中，把来源于农业的未加工和已加工的产品，全部以农产品的形式加以命名和进行贸易上的谈判。

根据《中国农业统计年鉴》，农产品包括粮食作物、经济作物、畜牧产品、水产品及林产品五大类。第一大类是农作物产品，主要包括粮食、棉花、油料、甜菜、水果和甘鹿等农产品；第二大类是林产品，主要包括木材、橡胶、松脂、生漆、油桐籽和油茶籽等农产品；第三大类是畜产品，包括肉类（如牛肉、猪肉、羊肉）、奶类，绵羊毛等农产品；第四大类是水产品，包括海水产品和淡水产品等农产品。根据我国2006年11月1日正式实施的《中华人民共和国农产品质量安全法》（以下简称《农产品质量安全法》）的规定，农产品是指“来源于农业的初级产品。即在农业活动中获得的植物、动物、微生物及其产品”。

本书把农产品界定为“来源于农业的初级产品”，界定于第一大类和第三大类，主要包括生猪、粮食作物和主要食品。根据本书实证部分的需求，如果选取的指标是农产品价格指数，则是按照《农产品质量安全法》关于农产品的定义；如果取的是集贸市场价格，主要是指粮食作物，其他的均指生猪价格。

2.1.2 生猪价格

生猪价格是指待宰杀的除种猪以外的家猪出栏时的单位价格，即生猪生长到一定重量后，农户愿意而且能够出售的价格，既反映农户的出售意愿，也反映生猪被市场接受的价格。它区别于猪肉价格，即活猪育肥出栏后经过产业链过渡，包括运输、屠宰、流通等直接出售给消费者时的零售价格，正是由于猪肉价格包含生猪商贩、屠宰场以及零售商的成本，所以不利于反映价格与成本之间的关系。本书选择生猪价格作为主要研究对象，指标用的是待宰活猪月度价格。

2.1.3 价格弹性

价格弹性是指一种商品的变量对其价格变动的反应程度。价格弹性反映的是商品价格的变化对供求变化的影响程度。市场上商品供需的变动受到很多因素的影响，如消费习惯、收入、个人爱好等，价格弹性是指在这些因素一定的条件下，供需的波动仅受价格波动的影响。价格弹性主要取决于某种商品的可替代商品的供给量、该商品的作用及可替代的程度。可分为预期价格弹性、供给价格弹性、需求价格弹性、交叉价格弹性等类型，这里主要阐述的是供给的价格弹性和需求价格弹性。

（1）需求价格弹性是需求变动率与引起其变动的价格变动率的比率，价格变化1%引起需求量变化的百分比。通常用需求量变动的百分数与价格变动的百分数的比率来表示，其表达式为：

需求的价格弹性系数 = －需求量变动率/价格变动率

假定需求函数为 $Q=f(P)$，ΔQ、ΔP 分别表示需求量的变动量和价格变动量，以 e_d 表示需求的价格弹性系数，需求价格弹性表达式为：

$$e_d = -\frac{\Delta Q/Q}{\Delta P/P} = -\frac{\Delta Q}{\Delta P} \cdot \frac{P}{Q} \tag{2-1}$$

农产品的需求与价格变化是反方向变化的，所以$\frac{\Delta Q}{\Delta P}$小于零，因此式（2－1）中加入了负号，这样 e_d 为正。

（2）供给价格弹性是供给变动率与引起其变动的价格变动率的比率，阐述的是价格与总供给量之间的关系，说明在价格上升或下降的时候市场上商品供给总量的变动程度，通常用供给量变动百分数与价格变动百分数的比率衡量；供给价格弹性用 e_s 表示，供给价格弹性的公式和类型与需求价格弹性类似就不具体说明了。

2.1.4 价格波动

2.1.4.1 价格波动的定义

马克思价格理论认为价格是物化在商品内的劳动，受商品供求关系的影响，价格围绕价值上下波动。关于价格波动的定义起源于风险概念的提出。艾伦·H. 雷特（Allan H. Willet）认为，所谓风险就是关于不愿发生的事件发生的不确定性之客观体现；奈特（Frank Heyneman Knight，1921）定义风险为"可测定的不确定性"；著名风险管理学家小阿瑟·威廉姆斯（C. A. Williams，Jr.，1990）认为风险是在给定情况下特定期间内可能发生的损失的变动。这些风险的定义强调一些共同的特点，如不确定性等。农产品价格有风险性，因此也就有了不确定性。

笔者把生猪价格波动界定为：由于供求关系、货币供应量等因素和不确定性因素的影响，价格围绕其市场均衡价格波动。

2.1.4.2　价格波动的衡量

（1）价格波动的集中程度。

衡量价格波动集中程度的常见指标有众数、中位数和均值等。这些指标反映了农产品价格向某一个中心值聚拢的程度。

• 众数。众数是在价格数据中出现次数最多的价格，用 M_0 表示。众数是一个位置代表值，不受数据中极端值影响。从统计的角度看，在一组数据的中心点附近，价格值出现的频率较高，这样就可以确定中心点的位置。

• 中位数。中位数是一组数据先按照从大到小（从小到大）排序后，处于中间位置的变量值，用 M_e 表示。中位数将全部数据分成两部分，其中一部分数据比中位数小，另外一部分数据比中位数大。每部分各包含50%的数据。

设价格序列 X_i，$i=1, 2, \cdots, N$，按照从小到大排序后为 $X_{(i)}$，$i=1, 2, \cdots, N$，若 N 为奇数，则中位数为 $X_{\frac{N+1}{2}}$；若 N 为偶数，则中位数为 $X_{\frac{N}{2}}$ 和 $X_{\frac{N}{2}+1}$ 的平均数。

• 均值。价格指数收益率序列均值反映指数收益率序列分布的集中趋势和一般水平。均值即序列的平均值，用序列数据的总和除以数据的个数，描述了一定时期内收益率序列平均波动状况。计算公式为：

$$\bar{X} = \frac{1}{N}\sum_{i=1}^{N} X_i \tag{2-2}$$

众数是一组数据分布的最高峰值，中位数是处于一组数据中间位置的值，而均值则是全部数据的平均。如果数据对称分布，则众数、中位数、均值相同，即 $M_0 = M_e = \bar{X}$；如果数据呈左偏，表明数据有极小值，有 $\bar{X} < M_e < M_0$；如果数据呈右偏，表明数据有极大值，有 $M_0 < M_e < \bar{X}$。

（2）价格波动的离散程度。

数据离散程度越大，说明波动的幅度也越大。常见的指标有极差、标准差和变异系数等。

• 极差。极差也称全距，是一组数据中最大值与最小值之差。它是描述数据离散特征的最简单测度值。极差的计算简单、容易理解，但容易受到极端值的影响。由于极差只利用了一组数据中的两个极端值，不能反映中间数据的离散情况，因此不能准确描述数据的离散程度，计算公式如下：

$$R = \max(X_i) - \min(X_i) \tag{2-3}$$

• 标准差。标准差反映收益率序列的离散程度或变异状况，衡量了收益率序列数值对均值的偏离程度，值越大，表明收益率波动越大。

$$\hat{s} = \sqrt{\frac{1}{N-1}\sum_{i=1}^{N}(X_i - \bar{X})^2} \tag{2-4}$$

• 变异系数。极差、标准差等指标反映数据分散程度的绝对值水平，即数值大小跟原变量均值大小有关。如果计量单位选择不同，就不能用上述指标直接计算比较，为消除单位的影响，可以采用变异系数。变异系数也称为标准差系数，是测量数据离散程度的相对指标，计算公式如下：

$$V_\sigma = \frac{\sigma}{\bar{X}} \tag{2-5}$$

（3）价格波动分布特征度量。

要全面反映数据分布的特征，除了要清楚集中趋势和离散程度外，还要了解数据分布的偏度和峰度等特征。

• 偏度。偏度反映收益率序列分布围绕其均值的非对称性或偏斜程度，是收益率方差的有偏估计。如果序列的分布是对称的，S 值为 0；若序列分布有长的右拖尾，则 $S>0$；若序列分布有长的左拖尾，则 $S<0$。

$$S(r) = \frac{1}{N}\sum_{i=1}^{N}\left(\frac{r_i - \bar{r}}{\hat{\sigma}}\right)^3$$

$$\text{其中，}\hat{\sigma} = s\sqrt{(N-1)/N} \tag{2-6}$$

• 峰度。峰度是数据分布集中趋势高峰的形状衡量指标。它通常与正态分布比较，计算公式为：

$$K(r) = \frac{1}{N}\sum_{i=1}^{N}\left(\frac{r_i - \bar{r}}{\hat{\sigma}}\right)^4 \tag{2-7}$$

正态分布的 $S=0$，$K=3$。若 $K>3$，则收益率分布比正态分布更集中，分布的凸起程度大于标准正态分布，呈尖峰厚尾分布；若 $K<3$，序列分布相对于正态分布更分散，分布曲线更平坦。

• J－B 统计量。Jarque－Bera 统计量反映了收益率序列是否服从正态分布，计算公式为：

$$JB = \frac{N-k}{6}\left[S^2 + (K-3)^2/4\right] \tag{2-8}$$

N 为样本容量，k 为自由度。在正态分布的原假设下，J－B 统计量服从自由度为 2 的 χ^2 分布。如 J－B 统计量下显示的概率值（P 值）很小，则拒绝序列服从正态分布的原假设。

2.1.5 系统、结构和层次

在研究社会经济这类系统的时候，在进行系统分析之初，有时连问题是什么都不清楚。经过反复研究讨论，初步弄清了目标是什么，问题在哪里，所研究的系统包括哪些因素，系统所处的环境是怎样的，逐步形成概念模型。这种对于系统问题不断认识的过程可以用图 2 – 1 描述。本书第 5 章厘清了农产品价格影响因素的系统结构、层次。

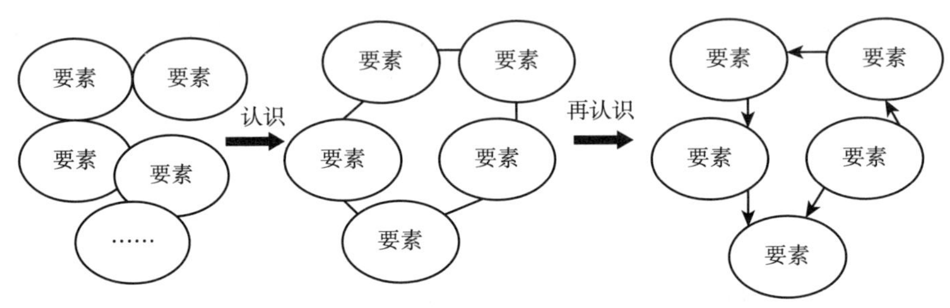

图 2 – 1　系统的认识过程

2.2　相关理论

2.2.1　经济波动理论

波动是物理学名词，指物体有规律上下往复运动的过程，和物体运动的周期性有着密切的关系。而经济波动，是指在一定的条件下，原来的经济运行状态受到影响而偏离之前均衡状态的一种现象。它反映了经济发展中的周期性变化规律。经济波动比经济周期的概念更广，因为经济波动既有周期性波动，也有非周期性波动，所以经济周期只是经济波动的表现形式之一。经济波动按照形态可划分为长期趋势、循环波动、季节波动、随机波动。长期趋势是指在一段相当长的时期内，某种社会经济现象按照一种基本趋势或方向发展；可能某一个特定时间点上一些经济量的实际变化偏离了长期趋势，但基本上偏离的差之和是零。循环波动是指在一个较长的时期内，社会经济从繁荣走向萧条，又从萧条回到繁荣的周期式的波动。季节波动，是指受到一些因素的影响（例如自然因素及生产条件等）社会经济现象出现季节性的更替，表现出稳定并有规律的周期性的变动。随机波动也称不规则波动，随机波动有两种情况：一种是纯粹的由许多原因综合导致的随机波动，另一种波动是由某些偶然性因素（战争等突发性事件）导致的波动。按照时间序列的长短，经济波动又可分为长期波动和短期波动。短期波动是经济实际观察值相对其长期趋势的偏离，偏离的幅度越远，经济波动的幅度就越大，经济运行的稳定性就越低，反之稳定性就越高。长期波动是指经济变量在一段较长时期内所表现出的总体波动水平及特征，其含义和增长的不稳定性（instability of growth）或增长的变异性（variability）大致相同。长期波动的强度一般用变异系数来进行衡量。

本书第 3 章借助于经济波动理论，运用 Census - X12、HP 滤波分解、ARCH 模型族研究生猪价格和其他农产品价格波动的周期特征，考察价格的波动幅度、波动频率、上升期等特征。

2.2.2 均衡价格理论

2.2.2.1 静态均衡理论

商品的价格由价值决定，同时受到市场供给和需求的影响。供给指厂商（生产者）在一定时期内，在某一价格水平下愿意且可以出售的商品数量。影响供给的主要因素有商品自身的价格、生产技术水平、生产要素价格、相关商品的价格、生产者的预期、政府的宏观经济政策和自然环境等。假设供给数量为被解释变量 Q_s，影响因素为解释变量，则供给函数用公式表示就是：

$$S = Q_s = F(X_1, X_2, \cdots, X_n) \tag{2-9}$$

X_1，X_2，…，X_n 分别代表影响供给量的各种因素，在各种因素中，商品自身的价格是最重要的因素。假设其他因素不变，只讨论供给和价格 p 的关系，则式（2-9）可简化为 $Q_s = f(p)$。一般而言，其他条件不变时，商品的供给量和其价格正相关，价格上涨，供给量增加，反之，供给量减少。用图表示供给函数，则是一条关于价格的向右上方倾斜的曲线（见图 2－2 中的 S 曲线）。

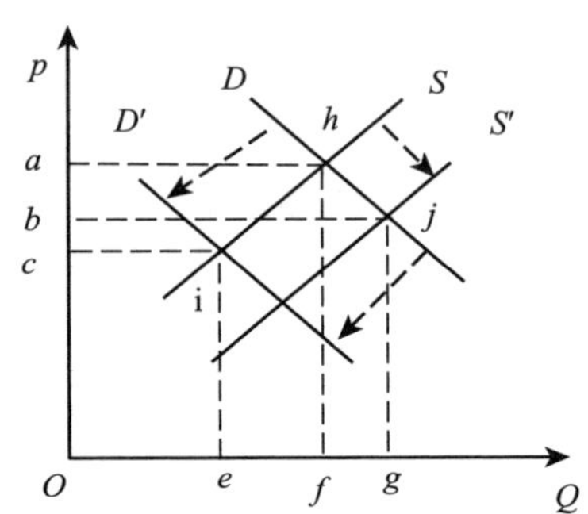

图 2－2　供求变化与均衡价格形成

需求指消费者在一定时期内，在某一价格水平下愿意且可以购买的商品量。影响需求的主要因素有商品本身的价格、消费者的收入、偏好、相关商品的价格、消费者的预期、人口和政府的经济政策等。假设需求为被解释变量，影响因素为解释变量，需求函数用公式表示就是：

$$D = Q_d = F(X_1,\ X_2,\ \cdots,\ X_n) \tag{2-10}$$

Q_d 表示需求，X_1，X_2，…，X_n 分别代表影响需求量的各种因素。假设其他因素不变，只讨论需求和价格 p 的关系，则式（2－10）可简化为 $Q_d = f(p)$。一般而言，其他条件不变时，商品的需求和其价格负相关，价格上涨，需求减少，反之，需求增加。需求函数是一条关于价格的向右下方倾斜的曲线（见图 2－2 中的 D 曲线）。

均衡是经济学中经常使用的一个概念，指的是在一定条件的相互作用下经济事物中所达到的一种相对稳定的状态。如果市场上供给量和需求量相等，则称达到了市场出清状态，即市场到达均衡，这时候的价格 p 和商品数量成为均衡价格和数量。图 2－2 中均衡价格就是供给函数和需求函数曲线的交点 h。

静态均衡价格的形成可以用以下数学模型表示：

$$\begin{cases} D = a + bP \\ S = a_1 + b_1 P \\ D = S \end{cases}$$

$$P_e = (a - a_1) \div (b_1 - b) \tag{2-11}$$

令 $q_e = a + bP_e = a_1 + b_1 P_e$ 为静态均衡需求量（供给量）。在均衡价格和均衡产量处，消费者和生产者的利益都达到最大化。

2.2.2.2 动态均衡理论（蛛网模型）

蛛网模型理论指的是随着市场价格的变动，农产品的供给量和需求量围绕供求平衡点呈蛛网形波动，属于一种动态均衡理论。1930 年美国舒尔茨、荷兰丁伯根和意大利里西提出了“蛛网模型”理论，1934 年英国卡尔多将其命名为蛛网模型理论。古典经济学认为，破坏市场的均衡供给量和价格，经过竞争，市场可以自动恢复到均衡。而蛛网模型理论认为，在古典经济学的完全竞争的假设下，均衡如果被打破，经济系统不一定能自动恢复到均衡状态（祁民，2008）。

蛛网模型理论有三个前提：首先是农产品从生产到产出需要一定的时间，而且在这时期农产品生产规模改变不了；其次是农产品市场本期的价格由本期的产量决定，即 $P_t = f(q_t)$；最后，农产品市场本期的价格决定下一期的产量，即 $q_{t+1} = f(p_t)$，用方程表示如下：

$$\begin{cases} Q_t^d = a + bP_t \\ Q_t^s = c + dP_{t-1} \\ Q_t^d = Q_t^s \end{cases} \tag{2-12}$$

式中，Q_t^d 为第 t 期农产品的市场需求量，Q_t^s 为第 t 期农产品的市场供给量，P_t 为第 t 期农产品的市场价格，P_{t-1} 为第 $t-1$ 期农产品的市场价格，a、b、c、d 为常数项，其中对于普通商品而言，有 $b<0$，$d>0$。

这是一个差分方程，求解得到模型的通解为：

$$P_t = A\left(\frac{d}{b}\right)^t + P^e$$

模型的特解为：

$$P_t^e = \frac{a-c}{b-d} = P^e \text{ （}P^e\text{ 为静态均衡价格）}$$

假设初始价格为 P_0，则蛛网模型的通解可以表示为：

$$P_t = (P_0 - P^e)\left(\frac{d}{b}\right)^t + P^e$$

当且仅当 $|d| < |b|$ 时，有 $\lim\limits_{t\to\infty} P_t = \lim\limits_{t\to\infty}[P_A(t) + P^e]$。

根据 $|d|$ 和 $|b|$ 的大小关系，蛛网波动分为三种情形，即收敛型蛛网、发散型蛛网和封闭型蛛网。收敛型蛛网：农产品供给弹性小于需求弹性（即 $|d| < |b|$），即价格变动对供给量的影响小于对需求量的影响。当市场由于受到干扰偏离原有的均衡状态后，实际价格和产量会围绕均衡水平上下波动，但波动的幅度将逐渐减弱，蛛网向里慢慢趋于均衡点，被称"收敛型蛛网"（见图 2－3）。

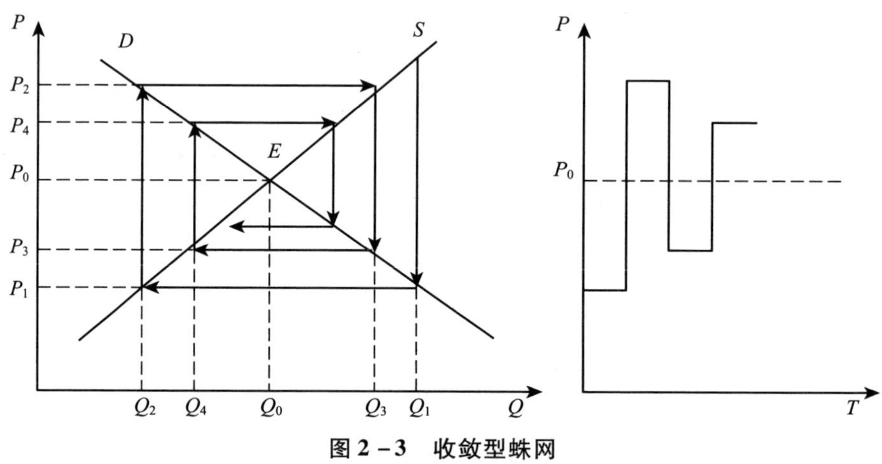

图 2－3　收敛型蛛网

发散型蛛网：供给弹性大于需求弹性（即 $|d| > |b|$），即价格对供给量的影响大于对需求量的影响。当市场受到干扰偏离原有的均衡状态后，实际价格和产量上下波动的幅度会越来越大，偏离均衡点越来越远，无法恢复均衡，被称为"发散型蛛网"（见图 2－4）。

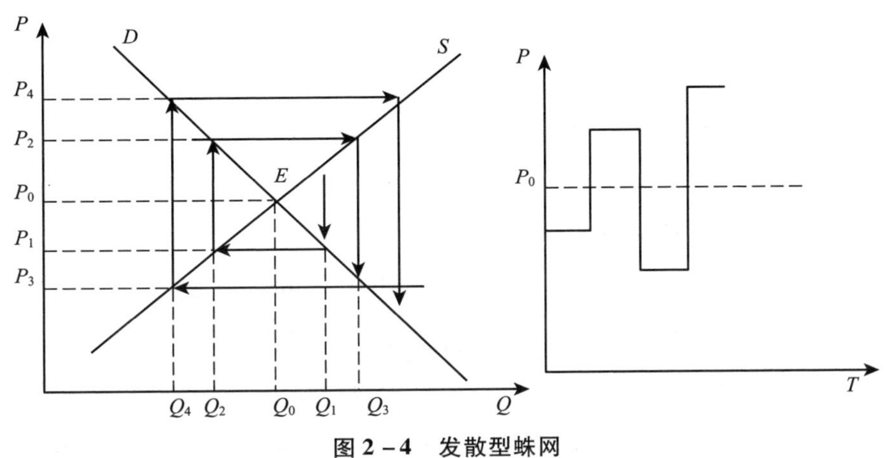

图 2-4 发散型蛛网

封闭型蛛网：供给弹性等于需求弹性。当市场受到干扰偏离原有的均衡状态后，实际价格和产量始终按照同一幅度围绕均衡点上下波动，且波动将一直循环下去，既不会偏离均衡点，也不会自动恢复到均衡点，被称为“封闭型蛛网”（见图 2-5）。

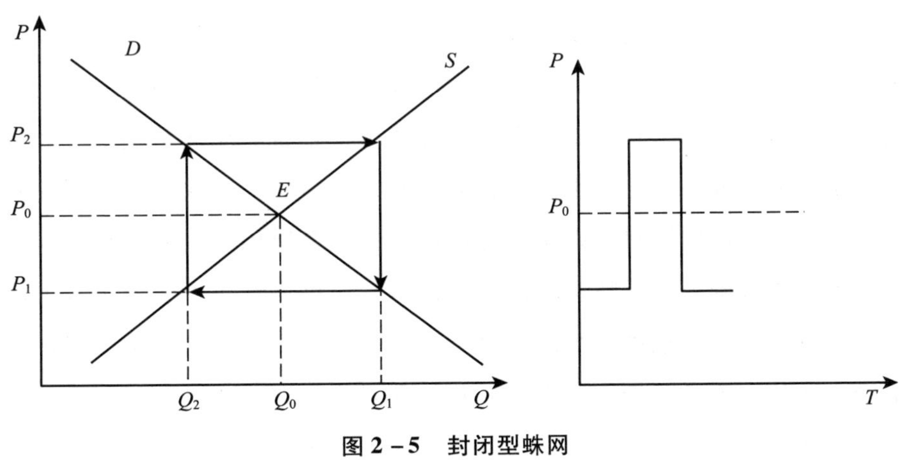

图 2-5 封闭型蛛网

均衡价格理论是分析价格波动的基础，本书第 4 ~ 7 章分别从供给、需求、成本等多方面考察农产品（生猪）价格波动原因，正是基于该理论。

2.2.3 价格波动预警的理论与方法

2.2.3.1 预警的概念

预警一词最早源于军事，英文为 early-warning，字面意思是“及早警告”。经济学家借鉴军事上的预警概念，对经济运行状态进行监测，应用到经济领域主要包括宏观经济预警和微观经济预警两个层面。简单地说，就是通过对经济运行状况和发展态势的调查与分析，对可能出现的问题提前发生警告，使政府有关部门和机构、相关企业和生产者及时采取对策，解除警患，避免造成灾难性的损失，确保经济持续稳定地发展（顾海兵，1994）。

2.2.3.2 预警和预测、监测的关系

梅方权（2006）认为预警和预测既有区别又有联系。从定义上看，预测是对未来发展的测算，目的是了解事物未来发展的过程与结果；预警是要在危害发生之前，报告危害情况，最大限度地降低危害所造成的损失。一般来说，预警要比预测更为严谨。首先，从研究对象上看，预测对象可以是一切事物关于未来的发展情况；预警对象通常是国民经济中的重大事项或者对人民生活具有显著影响的事情。其次，从使用的资料看，预测使用的资料可以是人为估计的；预警所用的资料必须建立在真实来源的基础上，反映实际情况。最后，从报告结果上看，预测可以给出定量的结果，也可以给出定性的结果，也不要求给出对策。但预警报告要具备“现象、原因、数据、建议和对策”这些关键点。

监测是经济管理的主要职能之一，是对监测对象的运行过程和状态的监督，测定所监测的对象是否按照预定目标和计划运行。监测强调的是同步行为，是对当前现状的描述；而预警强调的是未来的趋势的描述，必须具有超前性。

2.2.3.3　警情、警度、警源和警兆的概念

警情是对预警结果的描述。就本研究来说，警情就是生猪价格的波动程度。从生猪价格波动的幅度大小，具体说明生猪价格波动到底是有警还是无警。警度是对预警危害程度的描述，可以进行简单三阶段的划分，如无警、有警和重警；也可以进行五个阶段的划分，如无警、正向轻警、正向重警、负向轻警和负向重警（见图2－6）。警限是指警度的数量变化区间。

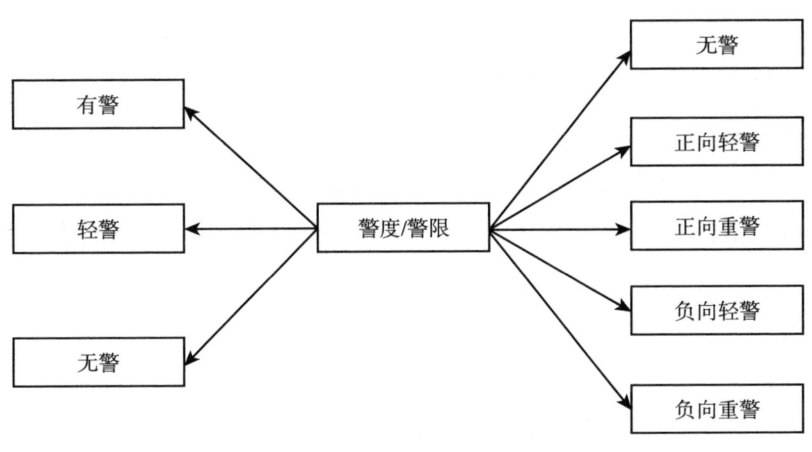

图2－6　警限类型

本书第8章正是基于价格波动预警理论对生猪价格的风险进行分析，为了使预警的结果能够直观显示，常用信号灯法即借鉴交通信号灯颜色来表示警度，本书用绿灯表示无警、黄灯表示正向轻警、红灯表示正向重警、蓝灯负向轻警、白灯表示负向重警。

警源是引起警情的各种可能因素。警源可以分为两大类，内生警源与外生警源。以生猪价格波动预警为例，内生警源是指影响生猪价格波动的各种直接影响因素，涉及生猪存栏量、养殖成本、仔猪价格、猪肉消费等；外部警源是指研究对象系统外部的因素，涉及自然因素、经济

因素和政策因素等，如生猪疫情、生猪政策等。

2.2.4 价格传导理论

商品价格通过一定的渠道或者途径与其他价格产生共同作用，引起物价水平总体的变动，这就是价格传导过程。价格能够传导主要是因为价差，这种价差形成既可能来源于不同区域同种商品价格的差异，又或是同一区域不同商品间的价格差异。所以价格传导一般首先是从某一地区的某些商品开始，通过产业链或是区域联系，逐步向其他区域的其他商品传递。市场经济体制下，由于价格传导与价格形成机制紧密相连，因此价格形成和运行中多种因素都会影响到价格传导。价格虽然由市场的供求关系来决定，但另一方面还受到国家宏观调控的影响。所以说价格传导是由市场机制与宏观调控共同作用的结果。

从价格传导的路径来说，主要包括上下游间传导、区域间传导、预期效应传导及循环型传导。

（1）上下游传导型包括成本推进型和需求拉动型两种类型。国民经济产业链中各个环节产品的价格之间具有相关性，上游产品价格的上升增加了中下游产品的生产成本，导致中下游产品价格上升，并最终引起物价水平整体上升；反过来，如果消费品市场供不应求，就有可能使得产品价格上升，进而由需求引发通货膨胀，导致中上游产业的产品也供不应求，进一步引起物价水平整体上升。

（2）区域间传导型。由于个别地区某些商品价格上涨会对其他地区的商品价格上涨产生压力，引起其他地区商品价格上涨的连锁反应。

（3）预期效应传导型。这种价格传导主要是通过人们对某种商品物价上涨产生心理共鸣，最终引起物价上涨的放大效应。

（4）循环推动传导型。国民经济总供给与总需求间的关系决定了均衡价格，但此均衡价格仅是一种短暂的相对状态。一旦国民经济的这种均衡状态被打破，就会推动部分商品价格上涨，并造成所有商品价格互相推动并循环上升。

从价格传导非对称性来看，主要体现在价格效应的传导滞后性和传导强度减弱，这就是“价格传导机制受阻”现象。价格传导中受阻，使上下游商品间价格变化趋势不协调，对整体市场经济运行带来的影响主要包括两个方面。一方面，价格传导受阻引起不同产业利益链条的重新分配。在市场经济条件下，任何一个商品环节价格的变动，都会通过成本或需求拉动价格向其他环节传导。另一方面，价格传导受阻能改变价格传导路径和强度（黄文彪，2012）。

2.2.5 系统结构理论

生物学家贝塔朗菲（V. L. Bertalanffy）于20世纪40年代创立了系统论，主要用于研究不同学科领域中的各种不同的系统所服从的共同原理和规律——一般系统原理和规律。系统论、控制论和信息论被称为“三论”，对现代科技的发展产生了深远的影响。之后，国内外许多科学家为发展系统论付出了很多努力，旨在把系统论发展到有精确的理论内容，并能有效地解决世纪问题的高度。

1988年林福永提出了一般系统结构理论，从数学上提出了一个新的一般系统理论体系，提出了揭示系统组成部分之间关联的新概念，如关系、关系环和系统结构等。在此基础上，他提取了系统环境、结构和系统行为以及它们之间的规律和关系所具有的共性问题，从数学上证明了系统环境、结构和系统行为之间所固有的规律和关系。系统结构理论从理论上阐明了一般系统的原理和规律，解决了一系列的系统问题，如系统及层次的存在性和特性问题，是否存在从简单到复杂的自然法则？什么是复杂性根源的问题？等等。这些问题把系统论提升到了具有精确的理论内容且能够有效地解决实际系统问题的高度（林福永，吴健中，1997）。

2.3 本章小结

本章首先对生猪价格、农产品、价格弹性、价格波动、系统、结构、系统结构模型等相关概念进行厘清和界定，然后归纳总结了与本书相关的理论基础，包括经济波动理论、均衡价格理论、价格波动预警理论、价格传导理论和系统结构理论，为本书的实证部分提供了坚实的理论基础。

第3章

基于 FFHPW 理论框架的生猪价格波动分析

面对生猪价格波动频繁引起的“暴涨惊市、暴跌伤农”，为破解生猪生产者的“一涨就养，一跌就跑”不理性行为，突破政府的“越调越涨”的悖论，需要剖析价格波动的时空特征，掌握生猪价格波动的结构性形成机理，模拟生猪价格波动的风险。已有研究大部分都是从单一方面去分析生猪价格波动的特征、波动的原因和响应机制，不能从动态的、系统的、全局的角度对我国生猪价格波动发生过程进行完整的勾勒和解释。本章建立反映生猪价格波动的完整过程的 FFHPW 模型分析框架，以期回答生猪价格波动呈现怎样的波动特征，各种因素如何影响生猪价格的波动，因素的层次结构、路径如何，价格波动是否存在风险。整个研究内容顺着“生猪价格呈现怎样的波动特征——哪些因素影响着生猪价格波动——因素间有着怎样的关系——因素如何传导给生猪价格——生猪价格波动风险怎样”的逻辑主线展开。

3.1 FFHPW 理论模型

从对我国生猪价格波动一个完整过程的分析来看，每一次价格波动的发生都包括四个环节，分别是波动的产生、影响因素的来源辨析、因素间的结构和路径的形成、价格波动对影响因素的响应，这四个方面在一个完整的生猪价格波动过程中相互关联、相互影响，缺一不可。根据这个逻辑结构可以建立生猪价格波动过程分析模型，即“波动—因素—层次结构—路径—预警”（FFHPW）理论分析模型（见图3－1）。其各部分的含义如下：

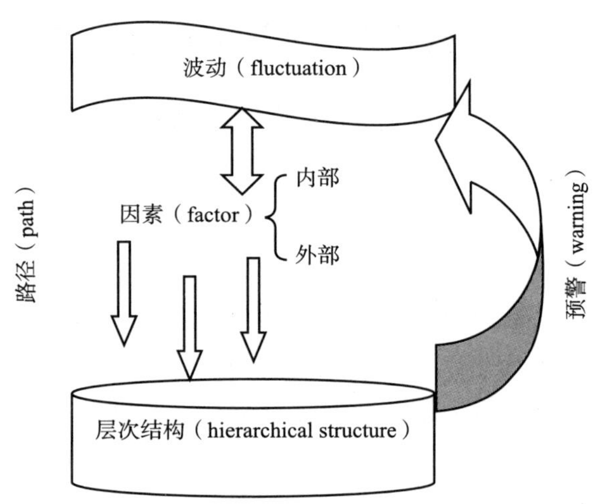

图3－1　生猪价格波动FFHPW理论模型

波动（fluctuation），即生猪价格围绕平均值上下变化的过程。本研究的波动特征主要包括时间维度的特征和空间维度的特征，时间维度的特征主要指周期性、趋势性、随机性、聚集性、风险性和非对称性等；空间维度的特征主要指空间相关性、空间聚集性、局部转移性等。

因素（factor），即影响生猪价格波动的原因。价格波动是由于其受到一种或几种因素的影响而对长期趋势的偏离，偏离程度越大，波动就越剧烈，说明引起波动的因素在此波动中产生的作用也就越大。根据影响因素的来源不同划分为两个方面：一是内部因素，二是外部因素。在一个周期内，作用于生猪价格的因素有可能是单一的，有可能是复合的，也有可能是隐含了各种因素在传导过程中所产生的交互效应。

层次结构（hierarchical structure），即影响因素之间的层次结构。影响生猪价格波动的因素之间存在一定的结构，有些因素是表层因素，对生猪价格有着最直接的作用，例如生猪生产周期、生猪生产成本、生猪出栏量等；有些是中间层因素，其通过某一个或几个表层因素对生猪价格产生影响，例如城镇化、居民消费习惯等；另外，有些因素是根源性因素，是生猪价格波动的最深层次的因素，这些大部分是外部因素，例如疫情、自然灾害、宏观政策等。

路径（path），即影响因素传导给生猪价格的途径和大小。因素对生猪价格的作用途径也有直接和间接之分，有些因素对价格的影响是直接的，而有些因素是通过某一个或几个中介变量完成的。在分出因素的层次结构的基础上，测算出各因素对生猪（农产品）价格的直接效应和中介效应，绘制因素传导给生猪价格的路径图。

预警（warning），即在明确影响生猪价格的关键因素和主导结构的基础上，构建生猪价格风险预警指标体系，运用人工智能方法对生猪价格进行预测，对未来的价格波动进行风险预警。

3.2　生猪价格波动影响因素的理论分析

我国生猪市场价格频繁波动的根本原因在于生猪市场的供需不平衡。与生猪供给相比，生猪消费需求基本没有发生变化，因此生猪市场价格的变动主要是由生猪市场供给的变化引起的。除此之外，生猪疫病、国家政策等外部冲击也在一定程度上加剧了我国生猪价格的波动。

3.2.1　供给

3.2.1.1　生猪存栏量和出栏量

当期的生猪出栏量会影响生猪价格。当出栏量低，市场供不应求时，生猪价格上涨；当出栏量高，供给过剩，生猪价格下跌。反过来生猪价格又会影响出栏量，当期生猪价格高，养殖户往往加速出栏；生猪价格低迷，养殖户出栏积极性不高。生猪存栏量的多少直接影响下一期甚至后几期生猪出栏的多少，进而影响生猪的价格。而生猪存栏量的多少是由养殖户补栏多少决定的，养殖户对未来生猪价格预期高时，补栏积极性增加，未来几期的生猪存栏量就高：而养殖户对生猪价格预期不乐观时，往往减小生产规模，导致未来生猪存栏量降低。

3.2.1.2 饲料价格

猪价与粮价之间存在一种必然的、相互适应的规律，即“猪粮比价规律”，简称“猪粮比”。在“猪粮比”中，“猪”即生猪价格，“粮”则指占饲料构成中约70%的玉米的价格。“猪粮比”越高，养殖利润情况越好。根据生猪养殖业利润核算标准，盈亏平衡点为6∶1。2003 年“猪粮比”曾达到7.35∶1 的高位，生产者获得高利润，因各种疫情发作，延长了此次猪周期的牛市时间，盈利持续两年半之久。之后猪价渐渐回落，同时国内玉米价格因全球粮食减产以及美国玉米酒精产量大幅增长而攀升，至 2006 年 5 月“猪粮比”仅为 4.48∶1。2011 年 7 月，“猪粮比”再度升至 8.28∶1[①]。图 3－2 也显示除个别的月份外，生猪价格和玉米价格的走势具有高度一致性，故预期两者呈正相关关系[②]。

3.2.1.3 仔猪价格

从理论上讲，构成当期生猪价格的是滞后 4 期的仔猪价格，并且生猪价格也会受到滞后 1～3 期仔猪价格的影响（许震宇，2015）。仔猪价格是构成生产成本的主要因素，分别对生猪价格与当期、滞后 1 期、滞后 2 期、滞后 3 期和滞后 4 期的仔猪价格做相关分析，结果是生猪价格与当期仔猪价格的相关相关系数最大，图 3－3 表明生猪价格与当期仔

① 资料来源：5 月份全国养猪形势分析：短期上行不易后保持弱行走势．https：//mip. tech－food. com/news/detail/n1343218. htm.

② 因港澳台地区数据缺失，所以本书未做特别说明的农产品价格信息均不包含港澳台地区的数据。

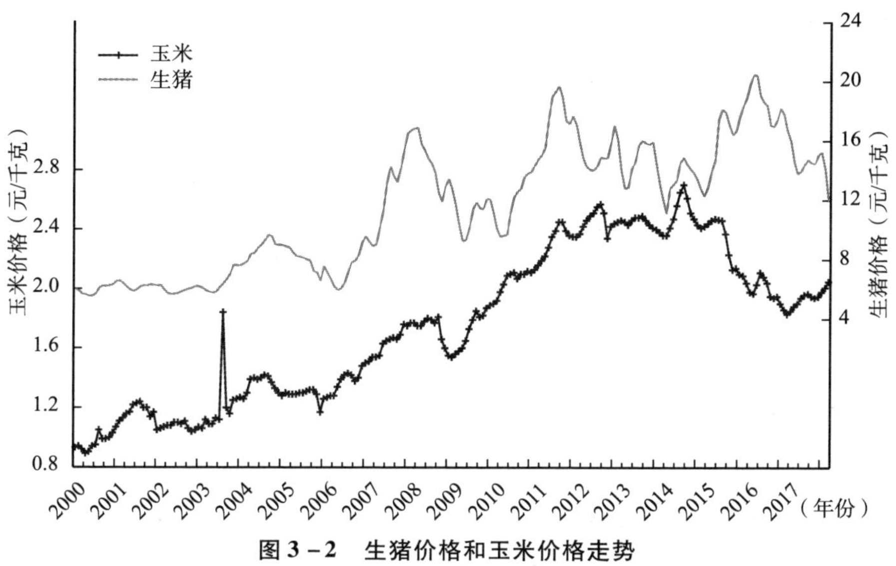

图 3－2 生猪价格和玉米价格走势

资料来源：中国畜牧业信息网。

猪价格有着严重的趋同性。主要是生猪价格高涨引起养猪热潮，进而带动仔猪价格上涨，同时仔猪价格的上升也助长了生猪价格上升。

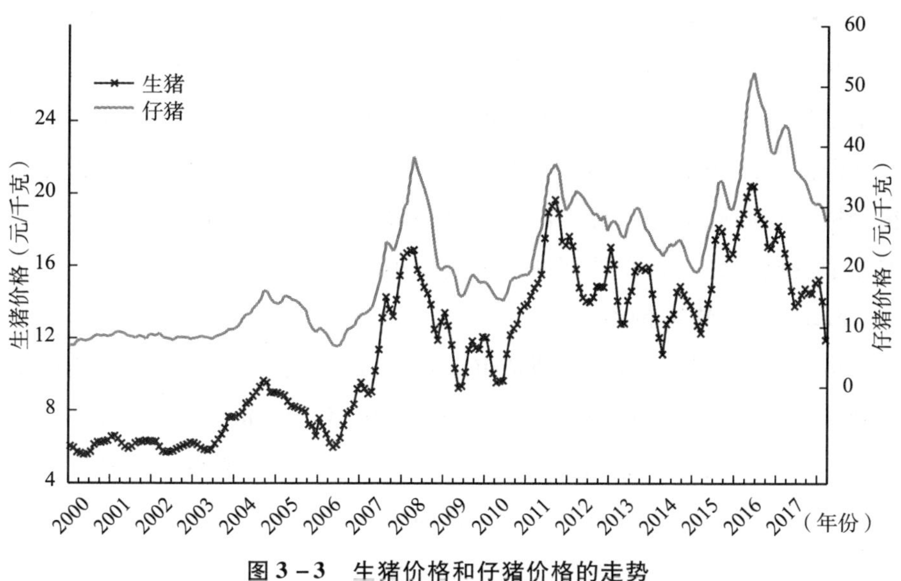

图 3－3 生猪价格和仔猪价格的走势

资料来源：中国畜牧业信息网。

3.2.1.4 价格预期

价格预期既能对生猪供给产生影响，也能对生猪需求产生影响。但因为猪肉对我国大多数居民来说是必需品，只要预期价格在居民承受范围之内，价格预期对生猪需求影响就不大，因此，价格预期主要对生猪供给产生影响。由于生猪从生产到出栏需要一段时间，当生产者预期价格在未来将上涨时，则会在当期增加投入，扩大生产，增加生猪供给量，反之，则相反。

3.2.2 需求

3.2.2.1 替代品价格

如果一种物品的价格上升会导致另一种物品的需求上升，则这两种物品互为替代品。随着人们收入水平和生活观念的变化，其对肉食品的消费需求呈现多元化，包括猪肉、牛羊肉、禽肉等肉食品。因此，当猪肉价格上涨时，人们更愿意消费牛羊肉、禽肉等肉食品，导致生猪产品的需求降低，生猪价格下降；反之，上述猪肉替代品价格波动通过影响人们对生猪产品的需求，进而影响到生猪价格的波动。本书实证部分，把生猪价格和鸡肉、牛肉、羊肉做相关性分析，发现牛肉和生猪价格相关度最高，故用牛肉价格表示替代品价格。图 3 –4 表明牛肉价格和生猪价格有相同的上涨趋势，但生猪价格波动比牛肉价格剧烈。居民对牛肉的消费比较稳定，受外部冲击影响较小。

3.2.2.2 猪肉价格

猪肉价格变化代表终端消费市场对猪肉需求的变化，通过市场供求机制，猪肉价格对生猪产业链前端的生猪价格产生重要影响。如图 3 –5 所示，猪肉价格与生猪价格走势基本一致，两者相关系数高达 0.994，总体呈上升趋势，波动幅度较大，猪肉价格的波峰、波谷与生猪价格的波峰、波谷一致，猪肉价格波动通过影响猪肉市场的需求，进而影响到生猪价格的波动方向。

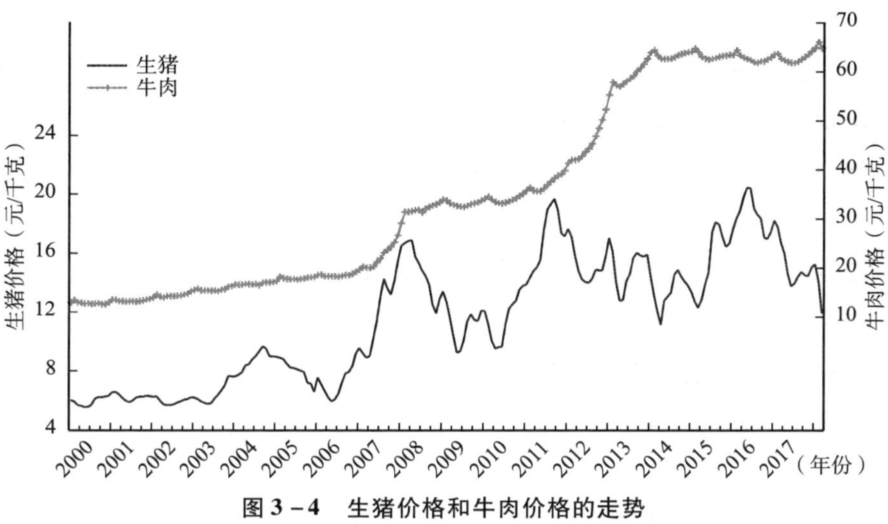

图3-4　生猪价格和牛肉价格的走势

资料来源：中国畜牧业信息网。

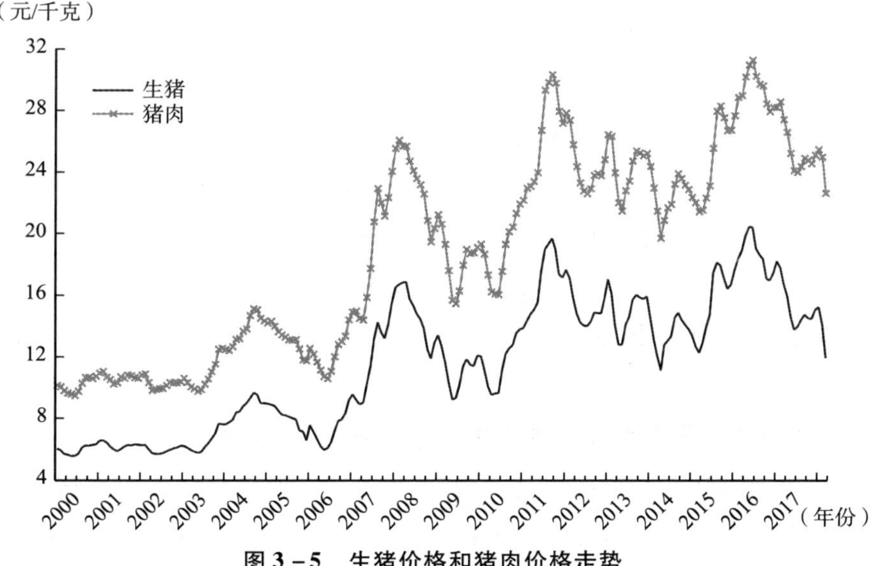

图3-5　生猪价格和猪肉价格走势

资料来源：中国畜牧业信息网。

3.2.2.3　收入

猪肉长期在国民肉类消费中占据主导地位，是一种正常商品和必需品，一般来说，对生猪及猪肉的需求和人均收入呈正相关关系，收入水平上升，需求增加；反之，需求下降。当然，收入水平上升对生猪消费的影响对于不同的收入群体来说是不同的，高收入群体反应最弱，猪肉消费增加量最少，中等收入群体其次，低收入家庭反应最敏感，猪肉消费量受影响较大。总体上来说，收入增加对生猪需求具有促进作用，我国城乡居民猪肉消费量的逐步增加很大程度上归功于国民人均收入的增加。

3.2.2.4 通货膨胀和汇率

国家宏观经济环境对生猪生产消费产生重要影响。当国民经济发展不景气时，城乡居民收入下降，导致生猪消费需求下降；国民经济发展较好时，城乡居民收入增加，从而促进生猪消费；然而如果国民经济发展过快，通货膨胀率不断增加，社会资本逐渐积累起来，生猪生产有利可图，社会资本进入养猪行业，增加生猪供给量，使生猪价格下降。国内玉米和豆粕等猪饲料一部分来源于进出口，生猪也有少量的进出口，因此市场的实际汇率对生猪的价格也有影响。2018 年中美贸易战，对进口美国大豆增加 25% 的关税会让进口美国大豆的成本增加，促使豆粕价格上涨。近期中美贸易摩擦反复无常，豆粕价格大幅上涨，市场看涨预期强烈，饲料价格通过成本拉动作用到生猪价格。

3.2.3 外部因素

3.2.3.1 国家生猪养殖补贴和冻猪肉收储投放政策

国家对养猪产业财政支持力度加大，一定程度上会减少养猪成本，提高养猪户的养猪积极性，对于稳定生猪生产具有积极的作用。尤其是对能繁母猪的补贴，能稳定仔猪市场。当市场上生猪或猪肉价格过高时，为了缓解供不应求的局面，政府会启动储备猪肉投放政策，届时市场上的猪肉和生猪价格会随之下降，但是这只能在短期内发挥作用；相反，当政府启动储备猪肉收储政策时，能够止住价格下跌趋势，保证养殖户的利益。

3.2.3.2　疫情

疫情通过以下几方面导致生猪价格波动：一是疫情增加养殖户防疫成本和用药成本，在疫情高发期，养殖户所花防疫成本达生产成本50%以上，从而直接推动生产成本上涨，生猪价格上涨。二是由于疫情导致生猪死亡会带来直接影响和间接影响。直接影响包括两方面：一方面直接增加养殖户生猪死亡损失；另一方面直接减少生猪供应量，导致生猪市场供不应求，推动价格上涨。间接影响包括打消养殖户积极性，延缓生猪补栏，从而减少下一轮生猪存栏量。三是疫情导致消费者产生对猪肉消费抗拒心理，减少生猪消费量。

3.3　本章小结

本章构建了本书主要研究内容的理论逻辑框架，即“波动—因素—层次结构—路径—预警”；接着从供给、需求和外部冲击三个方面，阐述了生猪价格波动的成因，为本书第4～8章实证分析提供理论基础。

第4章

国内生猪价格波动的特征分析

2016年7月中旬开始，南北方地区出现暴雨天气，养猪户猪舍被淹，很多生猪被淹死，接下来，南方又处于高温炙烤的状态，使得生猪价格整体上是止跌趋稳的步伐，“猪周期”高点延长到2017年年初，之后一路下跌至2017年6月的13.78元/千克，小幅度上升后暴跌至2018年5月为10.57元/千克[①]。自国家取消统购统销实行多渠道经营以来，我国生猪价格波动历经了数次飙涨、暴跌及其相互转换过程（Gale et al.，2012）。2006年以后，表现更为突出，2010年5月~2011年9月，生猪价格出现长时间的持续上涨，累计涨幅达95.48%，而2011年10月~2012年7月，生猪价格快速下跌，跌幅达33.07%。此后，我国生猪价格又出现了两次较为明显的上涨和下跌过程，但波动幅度均有所减缓。进入2014年以来，“猪周期”再次来临，2014年4月，生猪价格仅为10.97元/千克，全国生猪出场价格持续19周下跌，累计降幅达31.11%。2015年5月全国能繁母猪存栏量为3923万头，同比和环比分别下跌15.5%和1.2%，2015年3月开始，生猪价格在4个月里上涨50%，截止到2016年6月，生猪价格为20.58元/千克，比上年同期上

① 资料来源：中国畜牧业信息网。

涨 39.91%，相比 2015 年 12 月，上涨 23.38%[①]，此轮生猪价格上涨出乎意料，在淡季出现了价格大逆转。

基于 2000 年 1 月～2018 年 3 月全国生猪月度价格数据，运用 EVIEWS 软件绘图，从图 4－1 可以看出样本期内生猪价格波动较剧烈，在 2003 年前，生猪价格一直处于一个波动较小的低价位，价格比较稳定，而在 2003 年之后，生猪价格开始以较大幅度上涨，2006～2008 年和 2011～2012 年，生猪价格大幅上涨，于 2011 年 9 月涨至最高点，高达 19.68 元/公斤。内部原因是供给不足，生猪养殖数量明显下降，生猪饲料价格上涨，生猪养殖人工成本等日益走高；外部原因是疫情、病死和染病等导致生猪存栏量的减少。生猪价格总体呈现上涨的趋势，波动的随机性加大，幅度越来越大，2006 年之后，生猪价格的月度数据呈现出更为明显的非线性性。2000 年以来，生猪价格波动有什么特征？

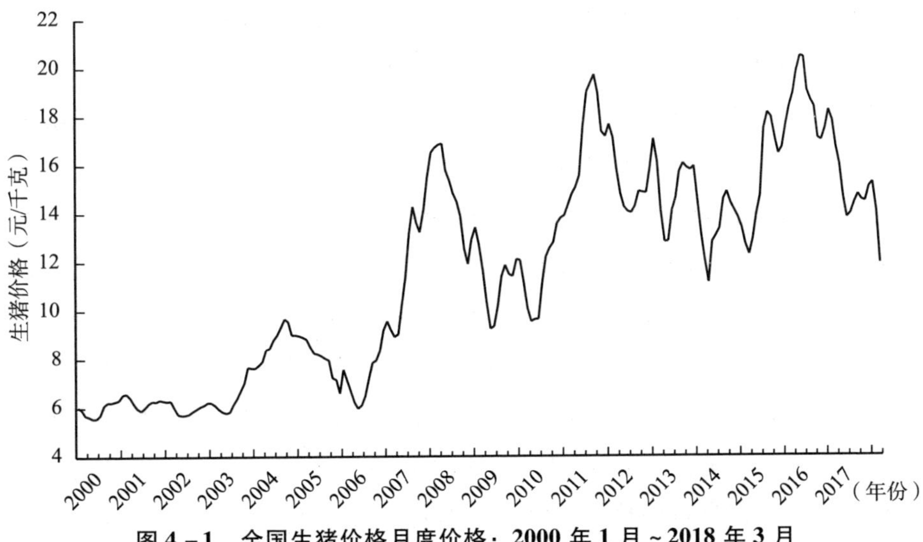

图 4－1　全国生猪价格月度价格：2000 年 1 月～2018 年 3 月

资料来源：中国畜牧业信息网。

① 资料来源：中国养殖网。

经历了几个周期？波动幅度如何？外部不规则因素对价格波动的影响趋势如何？有没有聚集性、高风险高回报性和“杠杆效应”？其他种类的农产品价格波动特征是否存在差异？对这些进行研究并认清生猪价格波动的规律具有重要的政策意义和现实意义。

4.1 生猪价格波动的周期特征

4.1.1 季节调整方法和周期识别方法

一般说，经济变量的月度时间序列通常包括四种信息数据成分：自身的趋势成分（确定性趋势，trend）、周期成分（循环成分，cycle）、季节成分（seasonal）和随机成分（不规则成分，irregular）。趋势成分代表价格时间序列的长期趋势，周期成分则代表以数月为周期的一种周期性变动，不规则成分又称为随机变动因子（战争、自然灾害和经济危机等），其变动通常无规律可循。农产品价格具有较强的季节性，如果不剔除季节成分直接分析，会影响研究结果的可信度。许多研究者和机构在关注时间序列的季节调整问题时，开发出不同的模型和方法，其中以美国商务部、人口普查局（Bureau of Census，Department of Commerce）研究开发的 X－11 应用最为广泛。X－11 是以移动平均法为基础的季节调整方法，可以把月度或季度时间序列分解为周期成分、季节成分和不规则成分。X－12 方法是在原来 X－11 基础上的扩展，包含了 X－11 方法的全部功能，同时可以进行调整结果稳定性诊断，因此 X－12 方法运用范围更广。X－12 核心算法包含乘法模型、加法模型、伪加法模型和对数加法模型四种模型方法（高铁梅，2006）。加法模型要求各成分之间要相互独立，故乘法模型更为合适。乘法模型的一般形式如下：

$$Y_t = Y_t^C \times Y_t^S \times Y_t^I \tag{4-1}$$

其中 Y_t 为生猪价格，Y_t^C 为生猪价格的趋势—循环成分，Y_t^S 为生猪价格的季节成分，Y_t^I 为生猪价格的不规则成分。

经过季节调整后的生猪价格，剔除了季节和不规则成分的影响，但是 Y_t^C 里面包含了价格的趋势成分和循环成分，怎样分离出时间序列的趋势和周期成分是划分生猪价格波动周期的关键，较早的趋势分解方法有一阶差分方法、回归分析方法、移动平均方法、BP 滤波和 HP 滤波方法等。时间序列分析中较为常用的是 HP（Hodrick－Prescott）滤波分解法，该方法是霍德里克和普雷斯科特（Hodrick & Prescott，1980）在分析二战后美国经济周期时首次提出。通过设置 λ 参数值，根据对称移动数据平均法原理，通过数学计算，将时间序列分离成一条趋势线和一条上下波动的周期线，从而探索时间序列趋势变动和周期变动的波动特征，其原理如下：

设 Y_t 是包含趋势和周期成分的时间序列，Y_t^C 是其中的周期成分，Y_t^T 是趋势成分，则：

$$Y_t = Y_t^T + Y_t^C, \qquad t = 1, 2, \cdots, T \tag{4-2}$$

要把 Y_t^T 从 Y_t 中分离出来，就是求式（4－3）的最小化问题的解：

$$\min \sum_{t=1}^{T} \{(Y_t - Y_t^T)^2 + \lambda[c(L)Y_t^T]^2\} \tag{4-3}$$

其中 $c(L)$ 是延迟算子多项式，且：

$$c(L) = (L^{-1} - 1) - (1 - L) \tag{4-4}$$

将式（4－4）代入式（4－3），则 HP 滤波的问题就是使下面损失函数最小，即：

$$\min\left\{\sum_{t=1}^{T}(Y_t - Y_t^T)^2 + \lambda\sum_{t=2}^{T-1}[(Y_{t+1}^T - Y_t^T) - (Y_t^T - Y_{t-1}^T)]^2\right\} \tag{4-5}$$

式（4－5）第一项为周期成分平方和，第二项为趋势项二阶差分平方和。$[c(L)Y_t^T]^2$ 为控制项，用其来调整趋势的变化，随 λ 的增大而增大。λ 是正的惩罚因子，最优值为：$\lambda = VAR(Y_t^c)/VAR(\Delta^2 Y_t^T)$（刘金全，范剑青，2001），通过控制调整参数 λ 的值，在趋势要素对实际序列的跟踪程度和趋势光滑度之间做选择。当 $\lambda=0$ 时，$Y_t = Y_t^C$，此时 Y_t 即为满足最小化的趋势序列；随 λ 的增大，估计的趋势越来越光滑，当 $\lambda\to\infty$ 时，估计的趋势收敛于线性函数。对于 λ 的取值，学术界还有一些争议，但一般认为 λ 的取值有 100（年度数据）、1600（季度数据）和 14400（月度数据）（Hodrick & Prescott，1980；高铁梅，2006）。

4.1.2 生猪价格波动的周期识别结果

4.1.2.1 数据来源

用待宰活猪价格表示生猪价格，数据来源于中国畜牧业信息网（http：//www. caaa. cn/market/zs/article. php？ zsid = 2），根据数据可得性，样本区间设为 2000 年 1 月 ~ 2018 年 3 月，以下实证过程通过软件 EVIEWS、EXCEL 和 MATLAB 完成。

4.1.2.2 生猪价格的季节成分

由于采用的是月度数据，先用 Census – X12 方法对生猪价格（HOG）进行季节调整，调整后的序列记为 HOG_TC（图 4 – 2），同时得到生猪价格的季节因子 HOG_SF（图 4 – 3）。

图 4 – 3 显示的是生猪价格的季节因子。从图可以看出生猪价格确实存在明显的季节性。具体来看，每年生猪价格呈现 V 形变化。每年的 2 月份，生猪价格的季节因子最大，3 月开始逐渐下降，7 月降至全年的最低点，之后开始上涨，12 月至次年的 3 月均会保持较高的价格。由于 X – 12 用的是乘法模型，因此当季节因子大于 1，表示季节性因素对生猪价格波动有正向影响，小于 1 时有负向影响，等于 1 时没有影响。每年的 6 ~ 11 月，受季节性因素的影响，生猪价格有可能下降，而每年的 12 月到次年 4 月季节性因素则可能导致生猪价格上涨。之所以会出现如此明显的季节规律，主要是由于居民的消费习惯和节假日的影响。每年的 5 月以后，天气逐渐变热，对食品的需求量相应减少，各种蔬菜生长

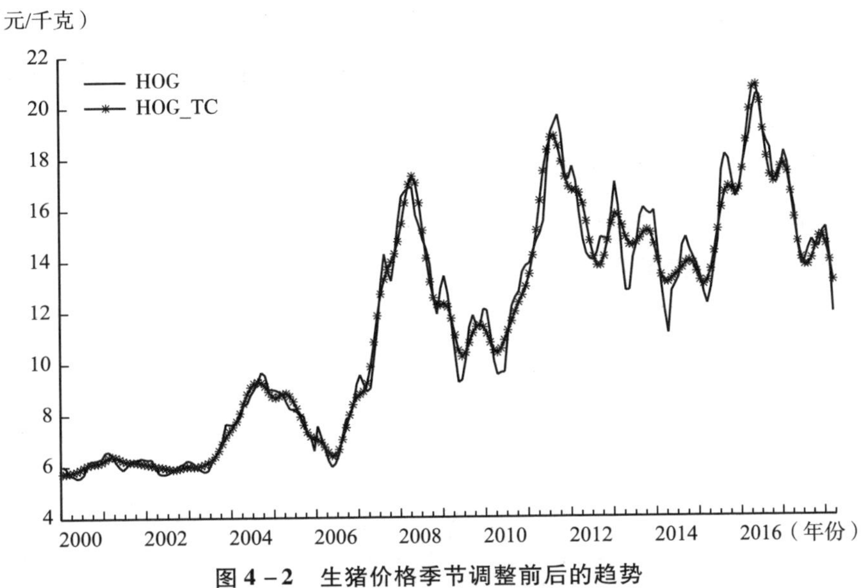

图 4－2　生猪价格季节调整前后的趋势

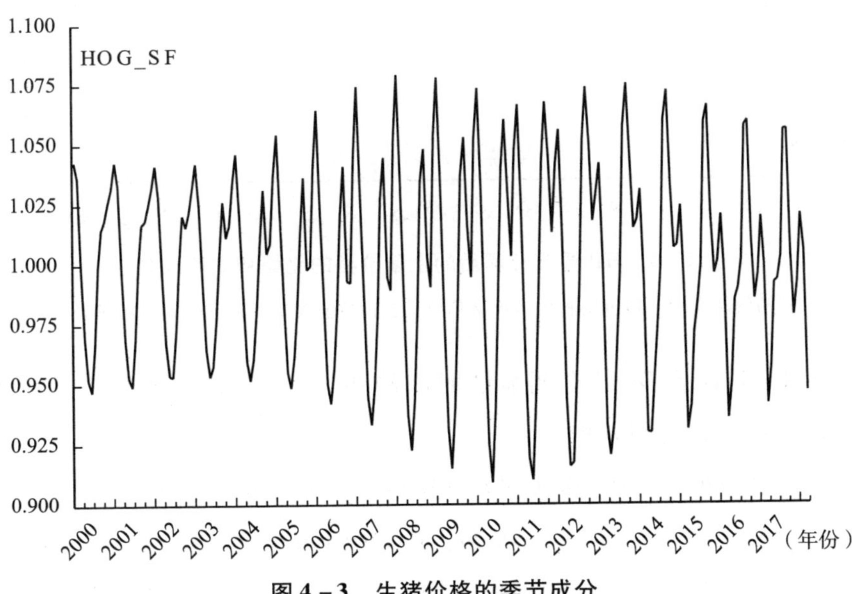

图 4－3　生猪价格的季节成分

加快，供给大量增加，供求关系决定了生猪价格走低；10 月之后，随着国庆节、元旦和春节等传统节日的来临，居民对猪肉的需求逐渐增加，同时蔬菜、猪肉等食品的供给量减少，生猪价格上涨。图 4－2 显示经过季节调整后的序列更为平滑，有利于后面的分析，也更容易判断波动周期等特征。

4.1.2.3 生猪价格趋势成分波动特点

对经过季节调整后的序列进行 HP 滤波分解，得到生猪价格的趋势成分（*Trend*）和周期成分（*Cycle*）（图 4－4）。

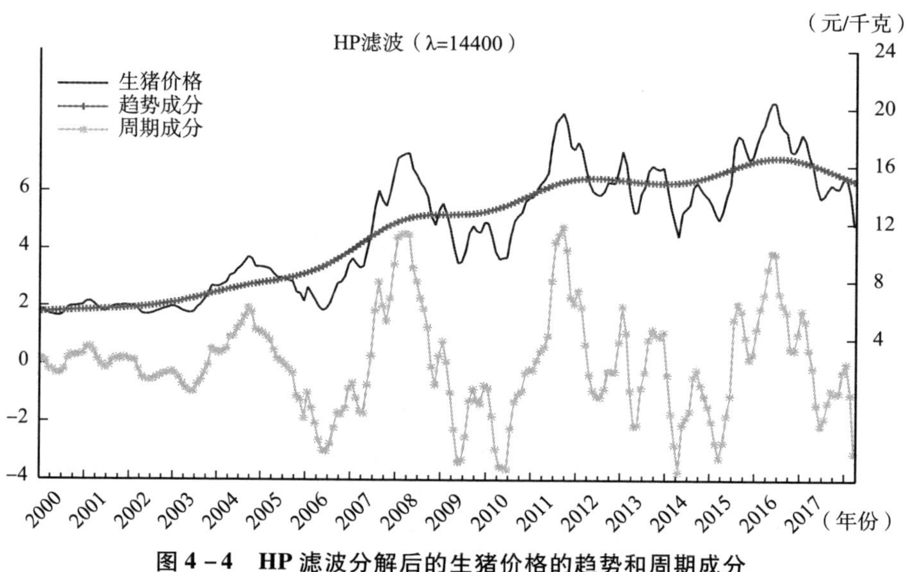

图 4－4 HP 滤波分解后的生猪价格的趋势和周期成分

注：右轴数值表示生猪价格和生猪价格趋势，左轴数值表示生猪价格的周期成分。

图 4－4 显示 *Trend* 有明显的时间趋势，对 *Trend* 关于时间 t 拟合，经过反复调试，得到方程（4－6）：

$$Trend = \underset{[96.81]}{5.76} + \underset{[10.379]}{0.0005}t^2 + \underset{[5.625]}{3.54E-06}t^3 - \underset{[-13.14]}{2.76E-08}t^4$$

$$R^2 = 0.99,\ F = 7054.6 \tag{4-6}$$

方括号里是 t 统计量，R^2 和 F 值表明，方程（4－6）的拟合效果较好，长期来看，生猪价格有明显的上涨趋势，价格变动情况符合四次多项式回归方程，体现了生猪价格变化的明显规律性。生猪价格的趋势性和生猪市场的供求、生猪进出口等因素有着密切的关系。

4.1.2.4 生猪价格的周期成分

周期曲线（*Cycle*）显示价格存在着明显的周期变化规律，按波谷—波谷划分（高帆，龚芳，2011），2000～2018年生猪价格共经历了大大小小8个完整的波动周期（表4－1），大周期里面包含小周期。在不同周期中，生猪价格波动在时间和振幅上存在明显的差异，2006～2009年振幅最大，高达7.46%，而2000～2003年、2014～2015年年初振幅最小。价格波动呈现相对平稳、小幅度波动、急剧波动、小幅度波动的形式转变。

表4－1　2000～2018年生猪价格波动的周期

周期	周期一	周期二	周期三	周期四	周期五	周期六	周期七	周期八
起止时间	2000.2～2003.5	2003.6～2006.6	2006.7～2009.6	2009.7～2010.4	2010.5～2012.9	2012.10～2014.2	2014.3～2015.1	2015.2～2017.8
周期长度（月）	40	37	36	10	29	17	11	31
上升期（月）	14	15	22	5	14	12	6	16
下降期（月）	26	22	14	5	15	5	5	15
峰值（%）	0.40	1.64	5.00	－1.33	4.00	0.44	－0.17	5.02
谷值（%）	－0.66	－2.70	－2.46	－2.73	－1.42	－1.23	－0.90	－1.44
振幅（%）	1.06	4.34	7.46	4.06	5.42	1.67	1.07	6.46
波峰位置	2001.3	2004.8	2008.4	2009.11	2011.7	2013.10	2014.8	2016.5

4.1.2.5 生猪价格的随机成分

从图4－5可以看出，自2003年以来，生猪价格的随机成分波动越来越频繁，尤其是2006年年初，生猪价格达到波谷，之后，随机成分波动没呈现明显的规律性。2006年、2007年疫情最严重，生猪蓝耳病、猪肺疫、猪瘟等发病数及次数创新高，自2011年以来基本无大疫情，生猪供应增长平稳，说明生猪疫情、炒作等不确定因素对生猪价格波动的影响非常明显。

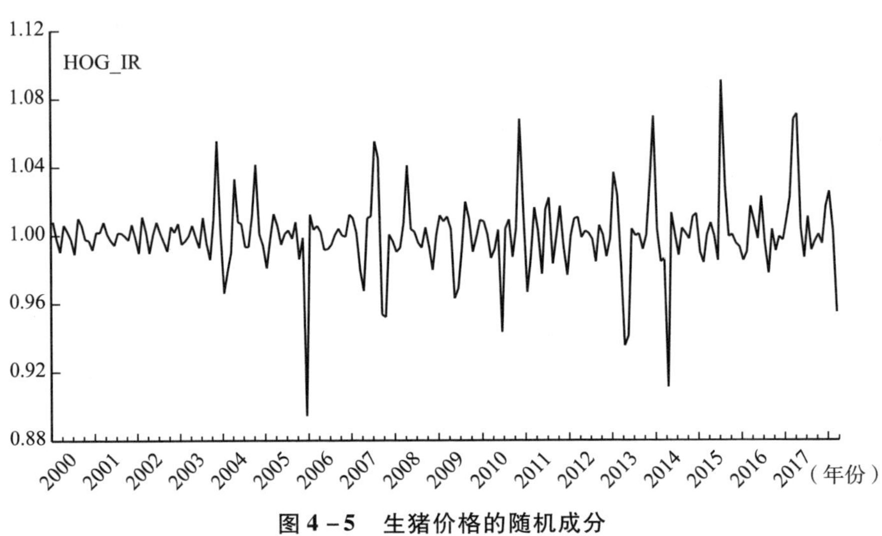

图 4-5　生猪价格的随机成分

4.2　生猪价格波动的聚集性

4.2.1　（G）ARCH 模型

描述农产品价格波动早期大部分用的是标准差、变异系数、移动平均和 Coppock 指数等（Offutt & Blandford，1986），这些方法都是以同方差为前提条件，但价格波动经常出现异方差现象，呈现出集聚性和非对称性。集聚性（volatility-clustering）是指大的价格变化，后面往往跟随着大的价格变化，小的价格变化也常常伴随着小的价格变化。非对称性是指下跌（上涨）信息引发的波动和等量上涨（下跌）信息引发的波动不一样大。描述价格波动的异方差最好的模型就是 ARCH 族模型。

4.2.1.1　ARCH（q）模型

1982年恩格尔（Engle）教授首先在《计量经济学》杂志中提出自回归条件异方差模型（autoregressive conditional heteroskedastic model，ARCH模型）。ARCH模型的基本原理是指在以前的信息下，某一时刻噪声的发生服从均值为零、方差随时间变化的正态分布，随时间变化的方差是过去有限项噪声值平方的线性组合（Engle，1982）。具体表达式如下：

$$Y_t = X_t'\beta + \varepsilon_t \tag{4-7}$$

$$\sigma_t^2 = \mathrm{var}(\varepsilon_t | I_{t-1}) = \alpha_0 + \sum_{i=1}^{q} \alpha_i \varepsilon_{t-i}^2 \tag{4-8}$$

式（4－7）称为均值方程，式（4－8）称为方差方程；Y_t 为因变量，本节中表示农产品价格收益率；X 为自变量；σ_t^2 为 ε_t 在 t 时刻的条件方差；I_{t-1}为时刻 $t-1$ 的信息集。式（4－8）$\alpha_0 > 0$，$\alpha_i \geqslant 0$，$i=1$，…，n，以保证 $\sigma_t > 0$。

在ARCH模型中，ε_t 的条件方差是滞后误差项（绝对值）的增函数，因此，较大（小）误差后面一般紧跟着较大（小）的误差，这也就是波动集聚性。q 决定了冲击的影响对后续误差项方差的时间长度，q 越大，波动持续的时间越长。ARCH模型是对主体模型的随机扰动项建模，以充分地提取残差中的信息，使得最终的模型残差为白噪声。

4.2.1.2　GARCH（p，q）模型

当样本容量较小、滞后阶数过大时，应用ARCH模型时必须估计很多的 α_i，这很难精确做到，博勒斯莱文（Bollerslev，1986）把式（4－8）进行了扩展，在ARCH模型方差方程式（4－8）中加入条件方差自身的滞后项，将ARCH模型推广到GARCH模型：

$$\sigma_t^2 = \alpha_0 + \sum_{i=1}^{q} \alpha_i \varepsilon_{t-i}^2 + \sum_{j=1}^{p} \beta_j \sigma_{t-i}^2 \tag{4-9}$$

式（4－9）中，$\sum_{i=1}^{q} \alpha_i \varepsilon_{t-i}^2$ 是ARCH项，$\sum_{j=1}^{p} \beta_j \sigma_{t-i}^2$ 为GARCH项，p 和 q 分别代表它们的滞后阶数。为保证 σ_t^2 非负，一般要求 $\alpha_i \geqslant 0$，$\beta_j \geqslant 0$。

从 GARCH 模型可以看出，波动来自自身过去的波动 σ_{t-i} 和外部冲击 ε_{t-i}^2，当 $\alpha_i > 0$ 时，值越大表明外部冲击对系统的影响越大，当 $0 < \beta_j < 1$ 时，值越大表明系统自身前期波动对未来的影响时间越长且波动性减弱，当 $\beta_j > 1$ 时，系统自身将会放大前期的波动。如 $\sum_{i=1}^{q}\alpha_i + \sum_{j=1}^{p}\beta_j$ 显著大于 1，说明冲击的影响会逐步扩散；如 $\sum_{i=1}^{q}\alpha_i + \sum_{j=1}^{p}\beta_j$ 显著小于 1，说明冲击的影响会迅速消失；如果它接近于 1，表明冲击会缓慢消失。较之于一般的 ARCH 模型，GARCH 模型解决了自相关系数消退很慢并提高了系数非负假设的稳定性，并且更善于处理时间序列的长期记忆性，所以应用更广泛。

4.2.1.3 （G）ARCH 模型的残差分布

GARCH 模型中的残差分布通常有三种：正态分布、t 分布和广义误差分布（generalized error distribution，GED）。一般假设模型的残差服从正态分布，但有时价格收益率具有尖峰肥尾的特征，正态分布难以反映，为此，纳尔逊和哈密尔顿（Nelson & Hamilton，1990）提出用 t 分布和 GED 分布来反映肥尾特征。t 分布的概率密度函数为：

$$f(x, k) = \frac{\Gamma\left(\frac{k+1}{2}\right)\left(1+\frac{x^2}{k}\right)^{-\frac{k+1}{2}}}{(k\pi)^{\frac{1}{2}}\Gamma\left(\frac{k}{2}\right)} \tag{4-10}$$

式（4－10）中 $\Gamma()$ 为 Gamma 函数，k 为自由度（也称为分布参数），控制分布尾部的肥瘦程度。当 $k\to\infty$ 时，t 分布收敛于正态分布。GED 分布的概率密度函数为：

$$f(x, k) = \frac{k\Gamma\left(\frac{3}{k}\right)^{1/2}}{2\Gamma\left(\frac{1}{k}\right)^{3/2}}\exp\left[-|x|^k\left[\frac{\Gamma\left(\frac{3}{k}\right)}{\Gamma\left(\frac{1}{k}\right)}\right]^{k/2}\right] \tag{4-11}$$

当 $k<2$ 时，GED 呈现为肥尾分布；若 $k=2$，GED 为正态分布；当 $k>2$ 时，GED 表现为瘦尾分布。

4.2.1.4　（G）ARCH 模型的参数估计方法

GARCH 族模型中，参数的估计方法主要有两种，一是精确似然估计（ML），另一种是拟极大似然估计法（QML）。ML 方法是假设初始状态分布已知，通过分解式（4－12），得到极大似然函数。

$$f(y_1, y_2, \cdots, y_T) = f(y_1)f(y_2|y_1)\cdots f(y_T|y_{T-1}, \cdots, y_1) \tag{4-12}$$

QML 方法本质是条件极大似然估计，是通过分解式（4－13）得到极大似然函数。

$$f(y_1, y_2, \cdots, y_T)|y_0 = f(y_1|y_0)f(y_2|y_1, y_0)\cdots f(y_T|y_{T-1}, \cdots, y_1, y_0) \tag{4-13}$$

4.2.2　数据的选取和描述性统计分析

选取待宰活猪价格表示生猪价格，样本期定为 2000 年 1 月至 2018 年 3 月，数据来源于中国畜牧业信息网。为探讨其他农产品价格和生猪价格波动特征的差异，另外选取了大米价格（rice）①、大豆价格（soybean）、玉米价格（corn）和小麦价格（wheat）（元/千克），单位换算为元/吨。2012 年前的数据来源于《中国农产品价格调查年鉴》，2012 年后的数据来自中国农业信息网。对原序列取对数再差分计算出价格收益率，即：

$$r_t = 100 \times [\ln p_t - \ln p_{t-1}]$$

r_t 表示收益率，p_t 表示市场第 t 月的集贸市场价格，定义 $r_{h,t}$、$r_{r,t}$、$r_{s,t}$、$r_{c,t}$、$r_{w,t}$分别表示生猪、大米、大豆、玉米和小麦市场的收益率。各序列收益率图和描述性统计分别如图 4－6 和表 4－2。

① 用优质籼米代表大米价格，《中国农产品价格调查年鉴》2002 年以前的数据缺失，故大米价格的样本为 2002 年 1 月～2013 年 6 月。

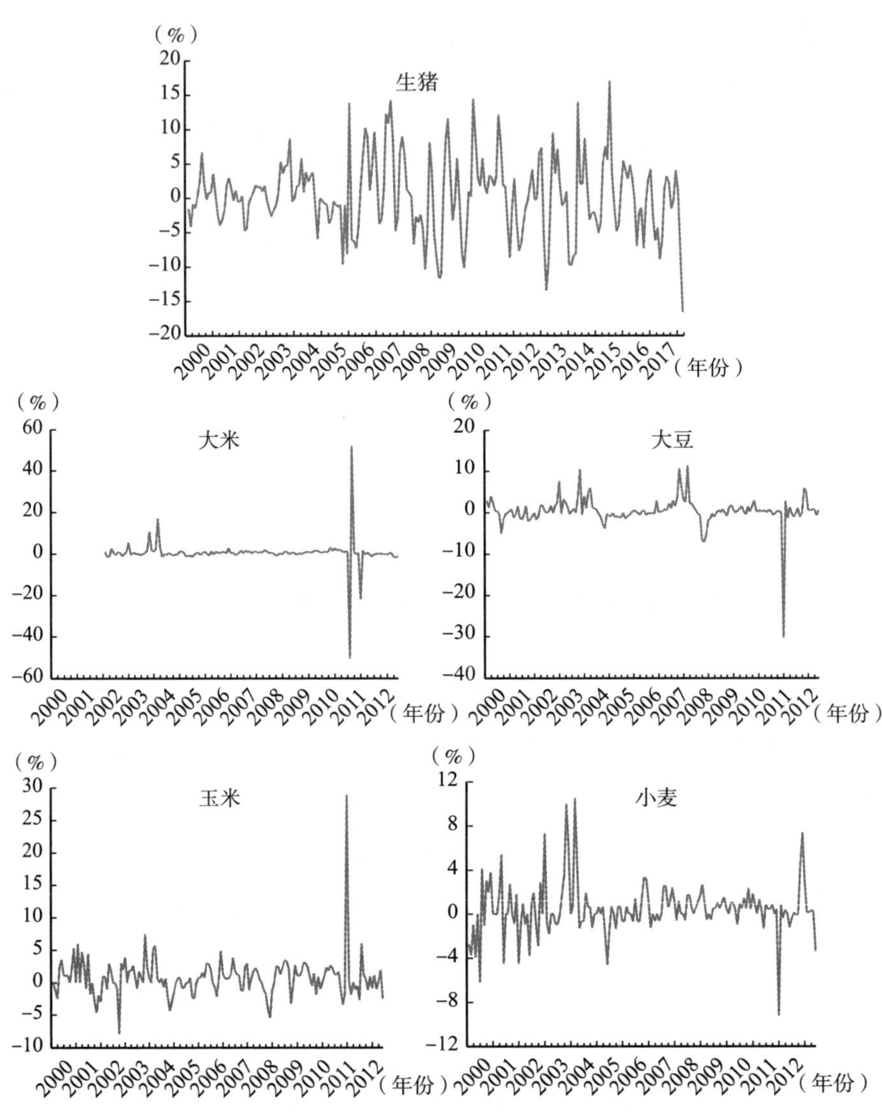

图 4－6　生猪价格、大米、大豆、玉米和小麦价格收益率

表 4－2　　各市场价格收益率的描述性统计分析

变量	均值	中位数	最大值	最小值	标准差	偏度 S	峰度 K	JB	Q（10）	ADF
$r_{h,t}$	0.313	0.194	17.07	－16.6	5.5	0.54	4.88	31.59 (0.000)	17.2***	－4.75 (＜－2.579)

续表

变量	均值	中位数	最大值	最小值	标准差	偏度 S	峰度 K	JB	Q（10）	ADF
$r_{r,t}$	0.537	0.489	52.2	-50.6	6.8	-0.025	49.2	12187 (0.000)	32.89***	-17.68 (< -2.582)
$r_{s,t}$	0.445	0.288	11.45	-30.29	3.45	-3.91	42.14	10686.8 (0.000)	27.74***	-10.03 (< -2.579)
$r_{c,t}$	0.795	0.76	28.91	-7.92	3.165	4.25	40.3	9815.44 (0.000)	4.12	-10.78 (< -2.579)
$r_{w,t}$	0.465	0.256	10.54	-9.2	2.35	0.597	8.32	199.7 (0.000)	18.663**	-9.767 (< -2.579)

注：***、** 分别代表1%和5%的显著性水平。Q（10）是 Ljung - Box Q 统计量，检验收益率序列滞后 1～10 阶的自相关系数是否联合为 0。JB 统计量用来检验序列是否服从正态分布，括号内为相伴概率值。ADF 统计量用来检验序列是否平稳，括号内为 1%水平下的临界值。

价格收益率序列峰度均大于3，“尖峰肥尾”特征明显；生猪、玉米和小麦收益率偏度大于0，价格序列右偏，大米和大豆价格收益率偏度小于0，呈左偏。均值和标准差可知，生猪价格和大米价格波动最为剧烈，小麦价格较为平稳。JB 统计量得知生猪价格和国内农产品价格的月收益率都拒绝服从正态分布的原假设。

4.2.3　生猪价格波动的（G）ARCH 建模及分析

从表 4 -2 最后列发现，ADF 检验表明五个收益率序列在 1%显著性水平下平稳，在下面建立时间序列模型时可以避免“伪回归”问题。生猪价格的 Q（10）统计量提示均值方程存在自相关项，序列的偏自相关系数图 2 阶截尾，自相关系数图 1 阶截尾，考虑模型 ARMA（1，1）、AR（1）、AR（2），以 SC、AIC 最小为原则，选择模型 AR（2）作为主体模型。对残差平方项检验，滞后阶数从 1 阶直到 20 阶，P 值小于 0.01，拒绝了不存在异方差的原假设。用低阶 GARCH 模型去替代高阶 ARCH 模型，遵循系数显著性原则、AIC 最小原则，最终选择 GARCH

（1，2）为生猪价格收益率的方差方程（见表4－3）。

表4－3　生猪价格收益率（G）ARCH模型族的AIC、SC值

模型	AIC值	SC值	对数似然值
ARCH（1）	5.9	5.97	－636.7
GARCH（1，1）	5.87	5.95	－629.7
GARCH（1，2）*	5.88	5.98	－632.1
GARCH（2，1）	5.89	5.99	－633.4

注：＊代表最佳模型。

对生猪价格建立GARCH（1，2）模型，结果如式（4－14）。ARCH（1）项系数为正，表征外部冲击对价格波动有加剧作用，GARCH（1）项系数1%显著性水平下显著为正，生猪价格自身前期的波动对当期的价格有着明显的正向作用，具有长记忆性（见表4－4）。三项系数和为0.997＜1，且接近1，长期来看，外部冲击对价格的冲击会缓慢消失，最终收敛。对GARCH（1，2）模型的残差进行ARCH LM检验，F统计量为0.0068，P值为0.934，价格序列已无异方差。

$$
\begin{aligned}
\sigma_t^2 &= 0.143 + 0.298u_{t-1}^2 - 0.283u_{t-2}^2 + 0.982\sigma_{t-1}^2 \\
&= 0.143 + 0.298u_{t-1}^2 - 0.283u_{t-2}^2 + 0.982(0.143 + 0.298u_{t-2}^2 \\
&\quad - 0.283u_{t-3}^2 + 0.982\sigma_{t-2}^2) \\
&= 0.143(1 + 0.982 + 0.982^2 + \cdots) \\
&\quad + 0.298(u_{t-1}^2 + 0.982u_{t-2}^2 + 0.982^2u_{t-3}^2 + \cdots) \\
&\quad - 0.283(u_{t-2}^2 + 0.982u_{t-3}^2 + 0.982^2u_{t-4}^2 + \cdots)
\end{aligned}
\tag{4-14}
$$

表4－4　生猪价格波动的GARCH模型

模型	GARCH（1，2）
AR（1）	0.728*** （7.155）

续表

模型	GARCH（1，2）
AR（2）	−0.312*** （−3.82）
ρ（风险项）	−
C	0.143* （1.65）
ARCH（1）	0.298*** （3.288）
ARCH（2）	−0.283*** （−3.183）
GARCH（1）	0.982*** （59.387）
γ（非对称项）	−
AIC	5.75
SC	5.849

注：***、**和*分别代表1%、5%和10%的显著性水平。

4.2.4 农产品价格波动的（G）ARCH建模及分析

Q(10）统计量检验显示玉米价格收益率不存在自相关性；而大米、大豆和小麦收益率序列有明显的自相关现象，故在估计收益均值方程时应考虑自相关。根据大米、大豆和小麦价格收益率序列的自相关图和偏自相关图，经过多次调试，比较这三个模型的SC、AIC的值（见表4－5），最后确定ARIMA（5，1）、ARIMA（1，1）、ARIMA（4，1）分别为大米、大豆和小麦价格的均值方程。

表4－5　大米、大豆和小麦均值方程ARIMA模型的AIC和SC

项目	大米价格			大豆价格			小麦价格		
	ARIMA（1，1）	ARIMA（2，1）	ARIMA（5，1）*	ARIMA（1，1）*	AR（2）	ARIMA（2，1）	ARIMA（1，1）	ARIMA（2，1）	ARIMA（4，1）*
AIC	6.52	6.53	6.48	5.25	5.29	5.275	4.52	4.53	4.49
SC	6.54	6.55	6.52	5.29	5.31	5.313	4.556	4.564	4.53

注：*代表最佳模型。

为进一步确定价格收益率有无条件异方差以及条件异方差的阶数，需要进一步对均值方程中残差项的平方进行 ARCH－LM 检验，结果见表4－6。

表4－6　　ARCH－LM 检验结果

项目	大米价格		大豆价格		玉米价格		小麦价格	
	滞后4阶		滞后1阶		滞后1阶		滞后1阶	
	检验值	P值	检验值	P值	检验值	P值	检验值	P值
F统计量	3.17	0.03	0.70	0.40	0.01	0.92	1.96	0.16
nR^2 统计量	9.11	0.03	0.71	0.40	0.01	0.92	1.96	0.16

（1）对大米而言，建立 ARIMA（5，1）均值方程，结果发现模型的残差存在显著的高阶 ARCH 效应，同上，选择 GARCH（1，2）模型对大米收益率序列进行建模（见表4－7）。

表4－7　　大米价格（G）ARCH 模型族的 AIC、SC 值

模型	AIC 值	SC 值	对数似然值
ARCH（4）	6.32	6.47	－390.85
GARCH（1，1）	6.32	6.43	－393
GARCH（1，2）*	5.38	5.52	－333
GARCH（2，1）	6.54	6.67	－405.87
GARCH（2，2）	6.52	6.68	－403.86

注：＊代表最佳模型。

（2）对大豆而言，建立 ARIMA（1，1）均值方程，选择滞后阶数为1阶时，ARCH－LM 检验的 F 统计量和 nR^2 统计量不显著，P 值较大，故大豆收益序列不存在异方差。

（3）对玉米而言，均值方程不含有 ARIMA 项，选择滞后阶数为 1 阶时，ARCH－LM 检验的 F 统计量和 nR^2 统计量不显著，P 值很大，故玉米收益序列也不存在异方差。

（4）对小麦而言，建立 ARIMA（4，1）均值方程，选择滞后阶数为 1 阶时，ARCH－LM 检验的 F 统计量和 nR^2 统计量不显著，P 值较大，故小麦收益序列不存在异方差。

根据 ARCH－LM 检验结果，大豆、玉米和小麦收益序列不存在异方差，而大米价格存在异方差。下面对存在显著异方差效应的大米价格建立 ARCH 类模型。

学者在建立 GARCH 模型时，大部分不对模型的残差进行正态性检验，默认残差项服从正态分布，但是本节对大米收益率的残差项检验发现其不服从正态分布，具有“尖峰肥尾”非正态分布的特征。如果直接假设残差服从正态分布来建模，必会影响 GARCH 模型的精确性。为此，引入 t 分布和广义误差分布（GED）来估计 GARCH 模型，比较三种不同的分布下，大米价格波动的集聚性的差异。

从表 4－8 可以看出，大米收益率在残差服从不同分布假设的条件下，估计的结果也有较大差别。对于 GARCH（1，2）模型，比较 AIC 和 SC 值，残差服从 GED 分布时模型的拟合程度最好，而残差服从正态分布时模型拟合程度最差。方差方程中 α_1、β_1 和 β_2 在 1% 的水平下都显著，且 α_1 为正值，表明大米收益率序列有明显的波动集聚性，上一期价格波动会对当前的波动有冲击，较大的波动经常紧接着持续时间更久的波动。$\alpha_1+\beta_1+\beta_2=0.419$，说明过去的波动的冲击对下期的影响会迅速消失，从表中最后一行可以看出，GED 的参数为 $0.47<2$，呈现典型的尖峰肥尾特征，对 GARCH 模型的残差进行异方差检验，发现不存在异方差现象，表明在 GED 分布下，模型能较好地拟合价格序列的异方差现象。

表 4-8　大米价格收益率的 ARCH 族模型在三种不同分布估计结果

项目	正态分布			t 分布			GED 分布		
	GARCH (1，2)	GARCH (1，2)-M	TARCH (1，2)	GARCH (1，2)	GARCH (1，2)-M	TARCH (1，2)	GARCH (1，2)	GARCH (1，2)-M	TARCH (1，2)
AR (5)	0.377*** (157.812)	0.203*** (3.666)	0.208** (2.557)	0.194*** (5.066)	0.206** (2.373)	0.174 (1.418)	0.249*** (10.073)	0.157*** (6.006)	0.403*** (27.220)
MA (1)	0.072*** (47.901)	0.016 (0.047)	-0.012 (-0.022)	-0.104* (-1.792)	-0.1 (-0.283)	-0.078 (-0.173)	-0.13*** (-30.470)	0.092*** (5.683)	-0.051*** (-6.019)
ρ	—	-0.02 (-0.082)	—	—	0.117 (0.39)	—	—	0.026 (1.126)	—
α_0	2.51 (1.462)	35.063*** (9.235)	29.631 (1.048)	38.734 (0.323)	39.420*** (3.386)	40.870** (1.986)	19.490*** (3.524)	4.505** (2.414)	23.58 (0.845)
α_1	0.214 (0.865)	0.282 (1.009)	-0.113 (-1.118)	0.128 (0.338)	0.134 (0.909)	0.095 (0.309)	0.129*** (19.325)	0.116 (0.985)	0.023 (0.045)
β_1	0.238 (0.313)	-0.041 (-0.403)	0.491 (0.78)	0.247 (0.912)	0.249 (0.885)	0.264 (0.457)	-0.355*** (-3.614)	0.061 (0.1)	0.249 (0.202)
β_2	0.183 (0.355)	-0.002 (-0.03)	-0.046 (-0.17)	-0.148 (-0.887)	-0.149 (-0.946)	-0.147 (-0.636)	0.645*** (6.564)	0.183 (0.315)	-0.125 (-0.48)
γ	—	—	0.304 (1.083)	—	—	0.101 (0.223)	—	—	0.172 (0.316)
AIC	5.380	6.311	6.428	4.278	5.964	6.076	4.072	3.943	4.224
SC	5.516	6.468	6.586	4.436	6.144	6.256	4.229	4.124	4.404
GED	—	—	—	—	—	—	0.471*** (9.587)	0.477*** (10.387)	0.358*** (6.407)

注：***、** 和 * 分别代表 1%、5% 和 10% 的显著性水平；括号中的数值为 z 统计值。

4.3 生猪价格波动的风险性

4.3.1 带均值的（广义）自回归条件异方差模型

GARCH 模型解决了 ARCH 模型需要估计大量参数的问题，但无法解释价格波动的风险性，即价格收益和其风险成正比。1987 年恩格尔等人构建出 GARCH－M 模型，在 GARCH 模型均值方程中加入条件方差项表示预期风险（Engle et al.，1987）。模型如下：

$$Y_t = X_t'\beta + \rho\sigma_t^2 \ (\sigma_t \text{ 或 } \ln(\sigma_t^2)) + \varepsilon_t \qquad (4-15)$$

$$\sigma_t^2 = \alpha_0 + \sum_{i=1}^{q}\alpha_i\varepsilon_{t-i}^2 + \sum_{j=1}^{p}\beta_j\sigma_{t-i}^2 \qquad (4-16)$$

式（4－15）中，ρ 在金融学中代表风险和收益的权衡，称为风险溢价参数。如 ρ 显著大于零，表明生猪市场存在高风险高回报的特征。

4.3.2 生猪价格波动的 GARCH－M 建模及分析

建立 GARCH（1，2）－M 模型，其中风险参数 ρ 不显著（见表 4－9），生猪市场不存在高风险高回报特征，表明生猪市场投资行为仍以非理性居多，市场化运作还没形成，生猪期货市场亟待完善。

表 4－9　　生猪价格波动的 GARCH－M 模型

项目	GARCH（1，2）－M	TARCH（1，2）
AR（1）	0.721*** （7.156）	0.704*** （8.046）
AR（2）	－0.319*** （－3.936）	－0.265*** （－3.506）

续表

项目	GARCH（1，2）-M	TARCH（1，2）
ρ（风险项）	0.129 (0.958)	—
C	0.166* (1.823)	0.208* (1.923)
ARCH（1）	0.270*** (3.274)	0.119 (1.312)
ARCH（2）	-0.255*** (-3.077)	-0.185** (-2.139)
GARCH（1）	0.982*** (59.944)	0.991*** (48.37)
γ（非对称项）	—	0.164*** (2.923)
AIC	5.874	5.721
SC	5.805	5.834

注：***、**和*分别代表1%、5%和10%的显著性水平。

4.3.3 农产品价格波动的GARCH-M建模及分析

4.2节的表4-8表明，在假设残差服从三种不同的分布时，大米收益率的GARCH-M模型中的系数ρ都不显著，大米市场不存在高风险高回报的特征，说明中国大米市场并没有完全市场化运作。

4.4 生猪价格波动的非对称性

4.4.1 门限自回归和指数自回归条件异方差模型

4.4.1.1 TARCH（p，q）模型

在金融价格领域，价格波动率对市场下跌的反应要强于对市场上涨的反应程度，这一非对称性被称为“杠杆效应”。扎科（Zakoian,

1990）和格洛斯顿等（Glosten et al.，1993）针对“杠杆效应”提出了门限 ARCH 模型（threshold ARCH），也称为 GJR 模型，其均值方程和 ARCH 模型相同，在方差方程中增加虚拟变量 d_{t-1}。

$$\sigma_t^2 = \alpha_0 + \sum_{i=1}^{q} \alpha_i \varepsilon_{t-i}^2 + \sum_{j=1}^{p} \beta_j \sigma_{t-i}^2 + \sum_{k=1}^{r} \gamma_k \varepsilon_{t-k}^2 d_{t-k} \tag{4-17}$$

$\sum_{k=1}^{r} \gamma_k \varepsilon_{t-k}^2 d_{t-k}$ 称为非对称项，以 TARCH（1，1）为例，d_{t-1}为虚拟变量，$d_{t-1} = \begin{cases} 1, & \varepsilon_{t-1} < 0 \\ 0, & \varepsilon_{t-1} > 0 \end{cases}$，如 $\gamma \neq 0$，就存在非对称效应。如 $\gamma > 0$，表明与正向冲击（α_1）相比，绝对值相同的负向冲击（$\alpha_1 + \gamma$）会造成下期更大的波动，$\gamma < 0$ 则相反。

4.4.1.2　EGARCH（p，q）模型

GARCH 模型中参数非负性条件很难满足，过多的限制无法描述条件方差的动态性，纳尔逊（1991）通过方差取对数形式改进，提出了指数 GARCH 模型（exponential GARCH），其条件方差方程如下：

$$\ln(\sigma_t^2) = \alpha_0 + \sum_{i=1}^{q} \left[\alpha_i \left| \frac{\varepsilon_{t-i}}{\sigma_{t-i}} \right| + \gamma_i \frac{\varepsilon_{t-i}}{\sigma_{t-i}} \right] + \sum_{j=1}^{p} \beta_j \ln(\sigma_{t-i}^2) \tag{4-18}$$

$\gamma_i \frac{\varepsilon_{t-i}}{\sigma_{t-i}}$是非对称项，以 EGARCH（1，1）模型为例，如果 $\gamma \neq 0$，表明波动具有非对称性，价格上涨信息对 $\ln(\sigma_t^2)$ 的影响为 $\alpha_1 + \gamma$，价格下跌信息对 $\ln(\sigma_t^2)$ 的影响为 $\alpha_1 - \gamma$。

4.4.2　生猪价格波动的 TARCH 和 EGARCH 建模及分析

进一步建立 TARCH 模型，考察价格波动的非对称性。表 4－9 中 TARCH（1，2）模型中非对称项 γ 显著大于 0，生猪价格收益率存在明显的非对称性，与正向冲击相比，绝对值相同的负向冲击对生猪价格的冲击大 0.164。进一步建立 EGARCH 模型，结果如下：

$$\ln(\sigma_t^2) = \underset{(1.415)}{0.049} + \underset{(2.797)}{0.367}\left|\frac{u_{t-1}}{\sigma_{t-1}}\right| - \underset{(-2.387)}{0.303}\left|\frac{u_{t-2}}{\sigma_{t-2}}\right|$$

$$-\underset{(-2.387)}{0.106}\frac{u_{t-1}}{\sigma_{t-1}} + \underset{(77.85)}{0.972}\ln(\sigma_{t-1}^2)$$

$$AIC = 5.76,\ SC = 5.87 \tag{4-19}$$

-0.106是非对称项的影响系数，5%显著性水平下，大于0，表明生猪价格波动存在非对称特征，价格下跌比价格上涨对 $\ln(\sigma_t^2)$ 的影响大0.212，与食品价格收益率的非对称特征正好相反（付莲莲，2014）。设信息冲击函数为：

$$f\left(\frac{\varepsilon_t}{\sigma_t}\right) = \alpha\left|\frac{\varepsilon_{t-1}}{\sigma_{t-1}}\right| + \beta\left|\frac{\varepsilon_{t-2}}{\sigma_{t-2}}\right| + \gamma\frac{\varepsilon_{t-1}}{\sigma_{t-1}} \tag{4-20}$$

画出信息冲击函数图像，描述非对称性。令 $z_t = \frac{\varepsilon_t}{\sigma_t}$，则式（4-20）可以写成：

$$f(z_t) = \alpha|z_{t-1}| + \beta|z_{t-2}| + \gamma z_{t-1} \tag{4-21}$$

根据EGARCH模型估计结果有：

$$f(z_t) = 0.367|z_{t-1}| - 0.303|z_{t-2}| - 0.106z_{t-1}$$

以 z 为横轴，$f(z)$ 为纵轴，运用EVIEWS8.0画出信息冲击函数图像。从图4-7发现，出现负向冲击时，信息冲击函数在0的左边的斜率绝

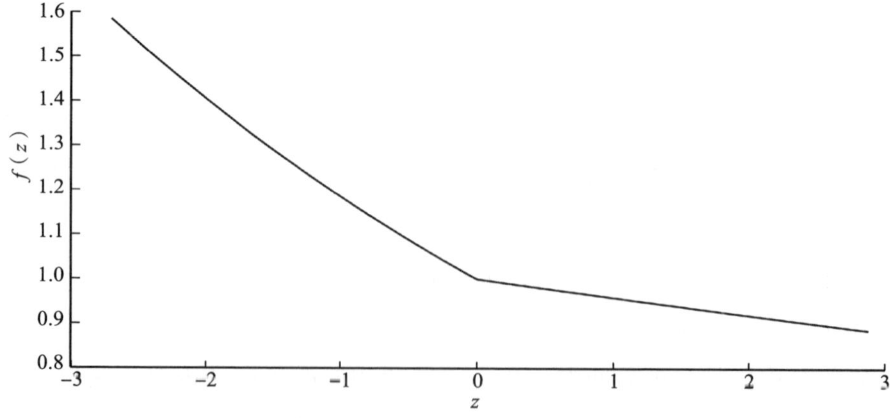

图4-7 生猪价格收益率EGARCH模型信息冲击函数

对值很大，曲线陡峭，而出现正向冲击时，信息冲击函数在 0 的右边的斜率绝对值较小，曲线平缓很多。与正向冲击相比，负向冲击引起的波动性更大，和 TARCH 模型结果完全吻合。

从 4.2 节的表 4－8 可以看出，大米收益率的 TARCH 模型的系数 γ 在三种不同分布下均不显著，表明大米价格波动不存在非对称效应。

4.5　本章小结

为探讨生猪价格波动的整体变化特征，本章基于 2000 年 1 月 ~ 2018 年 3 月生猪价格数据，首先利用 Census X12 模型以及 HP 滤波方法研究了生猪价格波动的周期性、趋势性、季节性和随机性；其次建立 ARCH 族模型分析了生猪价格、大米、大豆、玉米、小麦价格波动的变化特征。主要结论如下：

（1）生猪价格存在明显的季节性波动特征。每年生猪价格呈现 V 形变化，具体来看，每年的 1 月，生猪价格的季节因子最大，之后逐渐下降，五六月降至全年最低点，之后开始上涨，12 月至次年的 2 月均会保持较高的价格。生猪价格呈现明显的线性上涨趋势，价格和时间符合四次多项式回归方程。

（2）生猪价格的波动呈现多周期性。借助于 HP 滤波分解的方法，把 2000 ~ 2018 年生猪价格波动划分为 8 个周期，从波动趋势中可以看出：生猪价格经历了相对平稳、小幅度波动、急剧波动的显著转变。价格的随机成分基本呈无规则变动，随机性因素对生猪价格波动的贡献越来越大。2006 年之后随机成分波动次数增多，这期间发生了生猪蓝耳病、猪肺疫、禽流感、金融危机等一系列的突发事件，说明疫情、自然灾害等不确定因素对我国生猪市场的影响越来越明显。

（3）生猪价格收益率的波动性可以用 AR（2）－GARCH（1，2）模型刻画。ARCH 项系数为正值，表明生猪价格收益率序列有明显的波动集聚性，上一期价格波动会对当前的波动有冲击，较大的波动经常紧接着持续时间更久的波动。GARCH 项系数为正，表明生猪价格的波动具有较强的记忆性。系数和为 0.997 <1，说明过去的波动的冲击对下期的影响会逐渐慢慢消失。生猪市场不存在高风险高回报的特征，但存在明显的非对称性特征，相比于价格上涨信息的冲击，价格下跌信息带来的冲击更大。在股票市场（梁海鸥，玄永生，2011）、国际碳排放市场（吴振信，万埠磊，2012）、原油市场（张跃军等，2007）等领域存在类似的非对称性，而在大米（林光华，陈铁，2011）、小麦（罗万纯，刘锐，2010）、稻谷（庄岩，2012）、猪肉市场（董玲，2010）、农业生产资料价格（黄文彪，2012）等领域存在相反的非对称性，即利好消息比等量利空消息的冲击更大；大米收益率序列有明显的波动集聚性，上一期价格波动会对当前的波动有冲击，较大的波动经常紧接着持续时间更久的波动。ARCH 项系数和 GARCH 项系数和为 0.419，说明过去的波动的冲击对下期的影响会迅速消失。大米市场不存在高风险高回报的特征，也不存在“杠杆效应”，这与罗万纯和刘锐（2010）、庄岩（2012）的研究结论相同。

（4）大米、大豆、玉米和小麦收益率具有明显的“尖峰肥尾、非正态”的特征。玉米价格收益率不存在自相关性，而大米、大豆和小麦收益率序列有明显的自相关现象；大米价格波动具有明显的波动聚集性，但大豆、小麦和玉米市场不存在明显的 ARCH 效应，罗万纯和刘锐（2010）的研究也得出大豆价格异方差效应不显著，但认为小麦市场存在异方差，且得出小麦价格的 ARCH 项和 GARCH 项系数和为 0.68；均值方程残差序列服从三种不同分布时，估计的结果有较大的差异。假设大米价格收益率均值方程的残差序列服从正态分布时的 AIC、SC 值最大，所得结论的准确性值得怀疑，而在 GED 分布条件下 AIC、SC 值最小，估计出来的 GED 参数值小于 2，验证了残差序列有典型的“尖峰肥尾”特征。

第 5 章

农产品价格波动影响因素的结构分析

第 4 章结论显示，随着中国加入 WTO，生猪价格波动的周期越来越短、幅度越来越大、随机性越来越强，生猪（农产品）价格波动具有显著的聚集性、长记忆性、高风险性和非对称性。那么，价格波动为什么会出现这些特征？是哪些因素影响着价格的波动？它们之间是直接影响还是间接影响着价格？有着怎样的层次结构关系？为解决这些问题，本章从结构的视角来探讨农产品价格波动的原因，明确是哪些因素影响着农产品价格波动，这些因素对价格的影响是直接影响还是间接影响。

根据《中国农业统计年鉴》，农产品包括粮食作物、生猪、水产品及林产品四大类。当然对于不同种类的农产品，其价格影响因素存在微小的差异，例如粮食价格和粮食产量、人口、农业生产资料价格等因素有关系；生猪价格和季节、生产周期、地区保护政策、替代品价格、饲料成本等因素有着密切关系；但农产品价格有着共同的波动成因：供给、需求、外部因素。生产成本对价格的推动作用很显著，疫情、自然灾害对价格的短期作用很明显。为此，本章从整体的视角来研究农产品价格波动的影响因素，所得到的系统结构层次图，不仅代表了农产品价格波动成因之间的关系，而且厘清了生猪价格波动的影响因素之间的系统结构。

关于中国农产品价格波动的因素分析，学者们主要从需求拉动（中国人民银行课题组，2011）、生产成本推动（李国祥，2011）、生物质能发展（石敏俊等，2009）、国际价格传导（罗锋，2011）等不同角度进行分析，也有综合考虑以上因素及汇率、期货、货币供应量（谷秀娟等，2013）、投机等外部因素，研究引起农产品价格波动的原因。而更多的学者认为中国农产品价格波动是多因素综合作用的结果，中国农业经济学会委托课题（2012）认为农业生产成本的上升、农产品加工需求的扩大、食品消费结构的升级、市场流通主体的多元化、国际市场价格的传导、农业技术进步及其生产周期的变化、资源环境约束和气候变化等因素是21世纪以来中国农产品价格波动的原因。除了供求变化、通货膨胀、宏观政策、汇率、原油价格波动、国际农产品市场、自然灾害等因素外，追求利益最大化的羊群效应、土地流转制度和产业集聚产生的垄断效应、游资和外部随机因素是近五年来出现价格过度波动的原因（李村璞，2012）。

以上研究表明，中国农产品价格波动的诱因具有高度复杂性、不确定性、多层次性（付莲莲等，2014），涉及供求关系、国际农产品价格、生产成本、货币供应量、汇率、生物质能源、投机等各方面，且各影响因素之间相互依存、相互作用。目前许多学者对农产品价格波动的分析主要是从某一个维度探讨其影响因素，而没有分析影响因素的结构和这些因素相互关系。只有明确这些因素之间的结构，才能找出价格波动的根源性因素、中层因素和表层因素，在此基础上才能有效地熨平农产品价格非正常波动。而解释结构模型（ISM）通过相应的矩阵运算，可以将模糊化、复杂化的系统明朗化、简单化，同时将简化后的结构关系绘制成一个多级递阶的有向图，便于系统分析的进行，非常适用于厘清影响因素的层次结构。

5.1 解释结构模型（ISM）

解释结构模型（interpretation structure model，ISM）是美国沃菲尔德（J. Warfield）教授于1973年作为分析复杂的社会经济问题的一种方法而开发的（汪应洛，1998），是比较有效的系统分析工具。其主要特点是借助人们的实践经验与知识，将复杂系统分解为若干个子系统要素，并找出各要素之间的相互关系，形成结构矩阵。

塞奇（Sage，1977）把解释结构模型的矩阵变换归纳为五个模型同构变换（model exchange isomorphism）所形成的序列，提出从确定系统边界和确定要素关系两方面对模型进行修正。马蒂亚扎根等（Mathiyazhagan et al.，2013）用解释结构模型分析了印度汽车零部件制造行业在实施绿色供应链管理方面的障碍，研究了经过调查的26项障碍因素之间的相互关系。在中国，汪应洛最早对结构模型解析法（ISM）进行了较为系统、全面的探讨，对ISM方法和步骤给出了详细的分析，之后，ISM模型应用越来越广，近年来在绿色供应链实施效果（刘玫，2011）、群体性事件（许晶等，2012）等领域的主要（关键）影响因素分析与识别方面得到了广泛应用。

5.1.1 有向连通图

和图论中的有向连通图定义类似，图中的节点（i）表示复杂系统中的元素，元素和元素之间的关系用有向边表示，这样的话，系统之间的元素关系可以用有向连通图来形象表示（见图5-1）。

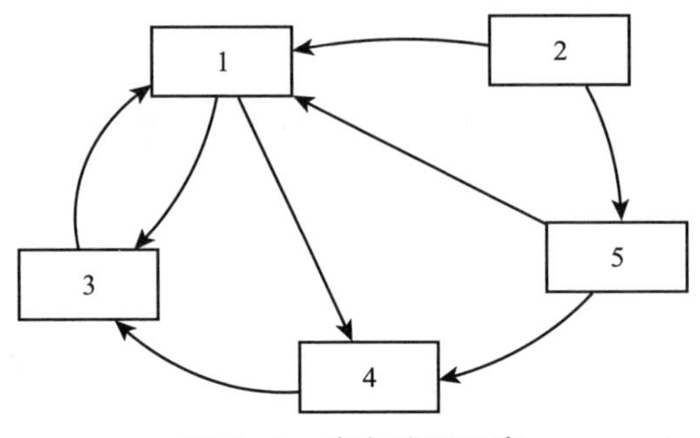

图 5－1　有向连通示意

图 5－1 中节点 1～5 表示的是系统的元素，例如节点 1 到节点 4 的有向单边代表元素 1 对要素 4 有单向影响，节点 1 和节点 3 之间互相影响。

5.1.2　矩阵布尔运算法则

设 $A=(a_{ij})_{n\times n}$，$B=(b_{ij})_{n\times n}$，$C=(c_{ij})_{n\times n}$均为 n 阶布尔矩阵，则有：

（1）$A\cup B=C$，其中 $(c_{ij})_{n\times n}=\max\{a_{ij},\ b_{ij}\}$，称为 A 与 B 的并。

（2）$A\cap B=C$，$(c_{ij})_{n\times n}=\min\{a_{ij},\ b_{ij}\}$，称为 A 与 B 的交。

（3）$A\cdot B=C$，$(c_{ij})_{n\times n}=\max\{\min\{a_{i1},\ b_{1j}\},\ \min\{a_{i2},\ b_{2j}\},\ \cdots,\ \min\{a_{in},\ b_{nj}\}\}$，称为 A 与 B 的积。

（4）将 $A^m=A\cdot A\cdots A$ 称为 A 的 m 幂，其中幂运算遵循布尔运算法则：

$$(0+0=0,\ 0+1=1,\ 1+1=1,\ 1\times 0=0,\ 1\times 1=1)$$

5.1.3　邻接矩阵

邻接矩阵（adjacent matrix）是描述系统各元素之间的两两关系，即有向连通图各节点的连接状态，记为 $A=[a_{ij}]$，其中 A 的元素 a_{ij} 为：

$$a_{ij}=\begin{cases}1,\ S_iRS_j\ （R\text{ 表示元素 }S_i\text{ 和 }S_j\text{ 之间有对应关系}）\\0,\ S_i\bar{R}S_j\ （\bar{R}\text{ 表示元素 }S_i\text{ 和 }S_j\text{ 之间无对应关系}）\end{cases}\quad(5-1)$$

R 代表有向连通图中各节点之间的关系映射，邻接矩阵具有如下性质（杜放，2010）：

（1）全零的行对应的节点为系统输出要素。

（2）全零的列对应的节点为系统输入要素。

（3）每一节点对应的行向量中取值为 1 的元素总数表示从该节点出发可达的其他元素总数。

（4）每一节点对应的列向量中取值为 1 的元素总数表示可到达该节点的其他元素总数。

5.1.4　可达矩阵

可达矩阵（reachable matrix）是用矩阵形式来表示有向连通图中各节点之间，通过一定的路径可以到达的程度，记为 $M=[m_{ij}]$。其运算过程如下：

求邻接矩阵 A 与单位矩阵 I 的和 $A+I$，对某一整数 n 做矩阵 $A+I$ 的幂运算，直至式（5-2）成立为止：

$$M=(A+I)^{n+1}=(A+I)^{n}\neq(A+I)^{n-1}\neq\cdots\neq(A+I)^{2}\neq(A+I) \tag{5-2}$$

矩阵 $M=(A+I)^{n+1}=(A+I)^{n}$ 称为可达矩阵。可达矩阵 M 的元素 m_{ij} 为 1 表示因素 S_i 到 S_j 间存在可到达的路径，反之 m_{ij} 为 0 则表示因素 S_i 到 S_j 间不存在可到达的路径。$(A+I)^{r}(1\leqslant r\leqslant n)$ 中的元素 a_{ij} 的意义是：

$$a_{ij}=\begin{cases}1\text{，表示节点 } i \text{ 到 } j \text{ 可以有最多 } r-1 \text{ 条路径到达（纵轴到横轴）}\\0\text{，表示节点 } i \text{ 到 } j \text{ 不能直接到达（纵轴到横轴）}\end{cases}$$

可达矩阵具有如下性质：

（1）推移律：当节点 n_1 经过步长为 1 的路径直接到达节点 n_2，而节点 n_2 经过步长为 1 的路径直接到达节点 n_3，则 n_1 经过步长为 2 的路径一定可以达到 n_3。

（2）$A_k=(A+I)^{k}$ 表示了从节点 n_i 出发，在无回路情况下最大步长

为 k 时，可能到达其他节点。

（3）如果可达矩阵 M 的所有元素为 1，则表示其对应的有向连接图中的任何一个节点均能到达其他节点，各节点（即各要素）之间为强连接，该有向连接图为强连接图，所有要素合于同一系统之中。

（4）如果可达矩阵 M 并非所有元素为 1，则表示其对应的有向连接图为非强连接图，可以进行结构分解，以找出连接的子矩阵，则强连接子矩阵中包含的节点（要素）可单独合并于一个子系统中。

5.1.5 结构（骨架）矩阵

结构矩阵的求解共分为三个步骤，如图 5－2 所示。

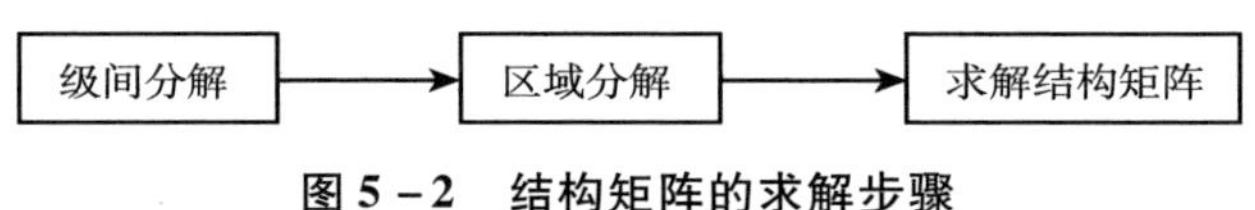

图 5－2 结构矩阵的求解步骤

（1）可达集合（reachable set）、先行集合（antecedent set）和共同集合的定义。

可达集合：

$$P(S_i) = \{S_{j(\text{列})} \mid m_{ij} = 1\} \tag{5-3}$$

可达集合是可达矩阵中要素 S_i 对应的行中，包含有 1 的矩阵元素所对应的列要素的集合，代表要素 S_i 可以到达的要素。

先行集合：

$$Q(S_i) = \{S_{j(\text{行})} \mid m_{ij} = 1\} \tag{5-4}$$

先行集合表示可达矩阵中要素 S_i 对应的列中，包含有 1 的矩阵元素所对应的行要素的集合，代表可以到达要素 S_i 的要素。

共同集合：

$$T = \{S_i \mid P(S_i) \cap Q(S_i) = P(S_i),\ i = 0,\ 1,\ 2,\ \cdots,\ k\} \tag{5-5}$$

（2）级间分解（各因素的层级分配）。

多级结构模型中，最高层级的要素对应的可达集合 $P(S_i)$ 应该只包含其自身的要素，其先行集合既包括自身要素，也包括可以到达其下一级的要素。于是，当 $P(S_i) \cap Q(S_i) = P(S_i)$ 成立时，$P(S_i)$ 即为最高层级要素集合。

$P(S_i)$ 有如下性质：从其他关联要素可以到达 S_i，而从 S_i 则不能到达其他要素。当求出最高级元素 L_1 后，从可达矩阵 M 中删除 L_1 中元素对应的行和列，得到矩阵 M'，对矩阵 M' 进行式（5－5）操作，得到位于第二层的因素 L_2，以此类推，直到得到所有层的因素为止。最后根据 L_1，L_2，…，L_l（l 表示级数）得到排序后的可达矩阵 H。

在系统结构较简单的情况下，可以采用简便方法进行级间分解。这一方法是：直接从可达矩阵中找出元素为 1 的某一列，将元素集合对应的要素作为最高一级要素，同时在原可达矩阵 M 中删去该列和行，以此类推，直达分解完毕。

5.1.6 ISM 方法小结

一般来说，实施解释结构模型的工作程序有 6 步（汪应洛，1998），具体步骤如下：

（1）邀请各专家、有经验的人士组成一个小组做决策。

（2）明确所要解决的问题，分析系统需求。

（3）小组成员根据充分讨论、研究，选择构成系统的要素。

（4）根据所达成的系统要素方案，明确系统要素之间的相互关系，建立邻接矩阵和可达矩阵。

（5）对可达矩阵进行层级分解，建立结构模型。

（6）建立解释结构模型。

ISM 工作流程如图 5－3 所示。

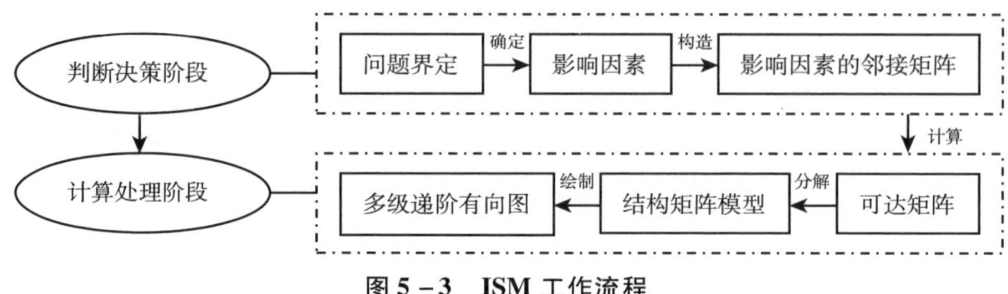

图 5－3　ISM 工作流程

5.2　基于 ISM 的农产品价格波动影响因素的系统结构分析

考虑到农产品价格波动的影响因素多而复杂，层次性不清晰，不利于厘清农产品价格的传导途径，笔者利用解释结构模型把影响因素划分成若干个层级，捋清各因素之间的结构关系，明确各因素对农产品价格的传导途径。

5.2.1　农产品价格波动的影响因素识别

农产品价格波动的诱因十分复杂，应该是多种因素综合作用的结果（姜长云，2011；王锐，陈倬，2011；张唯婧，2011）。笔者在 Web of Science、CNKI 等数据库中选取了 18 篇经典国外文献和 56 篇中文经典文献，如果某项影响因素被不同的学者研究两次及以上，则将其纳入影响因素集合中，共归纳出 32 项影响因素。然后以问卷的形式请专家甄别哪些因素是属于 21 世纪中国农产品价格波动的影响因素，哪些不是，然后综合统计 12 位专家的问卷调查结果，选取至少 4 位专家一致认同的因素为最终的影响因素。通过这样的方式，笔者归纳出了农业生产成本、自然灾害、技术条件、农产品生产周期、工业化进程、国际农产品价格、汇率等 20 个最为重要的影响农产品价格波动的因素（见表 5－1）。其中农产品供给和农产品需求两个因素其实包括了前面的一些因素，为使 ISM 中的多级递阶有向图更加清晰，加入了这两个因素。

表 5－1　　　21 世纪以来中国农产品价格波动的影响因素

影响因素	影响因素的相关理论描述和解释	主要代表学者
农业生产成本 S_1	农业产出时，如果重新配置后的农业投入无法抵消因其价格上涨而带来的成本费用上涨，就会带来农产品价格的上涨	李国祥（2011）；王锐（2011）；张明和谢家智（2012）
流通成本 S_2	在目前的农产品销售中，流通环节拿走的利润为 40%，菜农得到的地头收购价仅为零售价的 20% ~30%，批发价则约为零售价的一半，农民从涨价中获取收益甚微，还要承担自然灾害和降价等风险，造成农产品供应量异常变化，从而影响农产品价格非理性波动	王家显（2011）；姜长云（2011）
自然灾害 S_3	极端天气灾害和重大动植物疫病容易导致农产品产量和质量的明显下降，并增加价格波动的不确定性，容易从供给上推动农产品价格波动走向幅度放大、频率增加的状态	Ng & Wang（2008）；姜长云（2011）
技术条件 S_4	农药、化肥、种子等投入都体现了技术进步的力量，我国农田水利设施落后，先进技术使用率低，耕地的复耕指数偏高，制约农产品生产效率提升，进而影响农产品价格	杜两省等（2012）；付莲莲等（2013）
农产品生产周期 S_5	小麦等粮食作物一般都需要半年左右的生长周期，同样牲畜家禽也需要一定的生产周期，这其中的时间成本就需要一定的溢价，再加上生产过程中的自然灾害和意外事故的风险溢价，使得农产品价格存在一定的上升预期	杜两省等（2012）；李国祥（2011）
耕地面积 S_6	中国人均耕地面积只有 1.4 亩，不到世界人均耕地面积的一半，有些省区市人均耕地面积甚至低于联合国相关组织所确立的人均 0.8 亩警戒线，耕地面积减少影响我国农产品的供给量，从而影响农产品价格	Nikos Alexandratos（2008）；周姁和张建波（2008）
工业化进程 S_7	工业化、城镇化步伐加快对农产品生产和消费都产生重要影响，是导致农产品供求结构性矛盾的重要原因	周姁和张建波（2008）；刘冠宏和张清正（2012）
人口 S_8	据专家预测，2020 年将达到 14.45 亿人，到 2040 年前后人口峰值将达到 15.8 亿人左右，仅满足新增人口的粮食需求，平均每年就需要增加 24 亿千克粮食。未来 20 年，中国人口增加将直接推动农产品需求总量的刚性增长	Nikos Alexandratos（2008）；曹协和等（2011）
城乡居民收入 S_9	西方的本尼特（Bennett）定律表明：随着居民收入水平提高，人们热量需要中来自动物源性食品的比重趋于提高，居民消费结构升级；农产品总量平衡压力和结构性矛盾使得农产品市场价格波动加剧	李国祥（2011）；杜两省等（2012）

续表

影响因素	影响因素的相关理论描述和解释	主要代表学者
生物质能源 S_{10}	随着农产品加工业的发展和生物质能源的开发，农产品的中间需求迅速扩大，其通过中间环节的作用推动了农产品价格的上涨	Westcott（2007）；中国农业经济学会委托课题（2012）
经济增长 S_{11}	中国经济增长过程中，城乡居民收入的提高拉动了农产品需求；同时高速增长的经济过程可能伴随通货膨胀，使得农产品价格波动	Nikos Alexandratos（2008）；王阿娜（2012）
国际农产品价格 S_{12}	中国加入世贸组织以来，国际市场与国内市场的联动效应都显著增强，国际农产品通过国际贸易以及农产品期货等不同渠道影响着中国农产品价格	Mohammad et al.（2012）；罗锋（2011）；王孝松和谢申祥（2012）
国际石油价格 S_{13}	2007 年国际金融危机和油价大涨之后，国际油价对国内农产品价格的影响正在逐步扩大	Tokgoz（2009）；纪敏（2009）；陈宇峰（2012）
货币供应量 S_{14}	货币主义的观点认为货币与准货币的增长都将会对农产品价格产生显著影响；对农业部门来说，货币并不是中性的，收缩（扩张）的货币政策会降低（提高）农产品的相对价格	Frankel（1986）；胡冰川（2010）；
汇率 S_{15}	汇率变动可通过直接和间接两种效应传递至中国农产品价格，中国实施的由管理浮动汇率制度而产生的国际金融冲击和汇率平价的调整行为都会影响国内农产品价格	Trostle（2008）；McCarthy（2000）；王艺明（2009）；王阿娜（2012）
通货膨胀 S_{16}	中国通货膨胀是农产品价格波动的原因，当期的农产品价格上涨也可能是上一期通货膨胀或者货币发行而导致的结果，在理论上两者之间的关系是相当复杂的	Roache（2010）；卢锋和彭凯翔（2002）；胡冰川（2010）；
投机炒作 S_{17}	2008 年以来，游资炒作对农产品市场的控制趋势越来越凸显，游资加剧了供求不平衡，推高了农产品价格	陈灿煌（2010）；姜长云（2011）
国家农业政策 S_{18}	从中国农产品价格波动过程来看，政策的意义更显著；农产品价格严重低估，被压抑的市场价格释放了出来，形成了农产品价格的普遍上涨	Nikos Alexandratos（2008）；刘霖（2009）；李国祥（2011）
农产品供给 S_{19}	农产品的需要伸缩性较小，故需要方面的变迁较为缓和，所以农产品价格变动的因素，主要在于供给方面	Trostle（2008）；Zhang & Reed（2008）；张培刚（2002）
农产品需求 S_{20}	人口的增加、收入增加带来的消费结构升级、生物燃料等工业需求加大了农产品的需求，从而推高了农产品价格，总需求是决定我国农产品价格变化的最主要因素	中国人民银行课题组（2011）；马敬桂等（2011）

5.2.2　构建邻接矩阵

在分析讨论并咨询有关专家学者的基础上，给出上述20个影响因素间的逻辑关系（见图5－4）。其中，“V”表示行因素对列因素有直接或间接的影响，“A”表示列因素对行因素有直接或间接的影响，规定因素对自身没有影响。

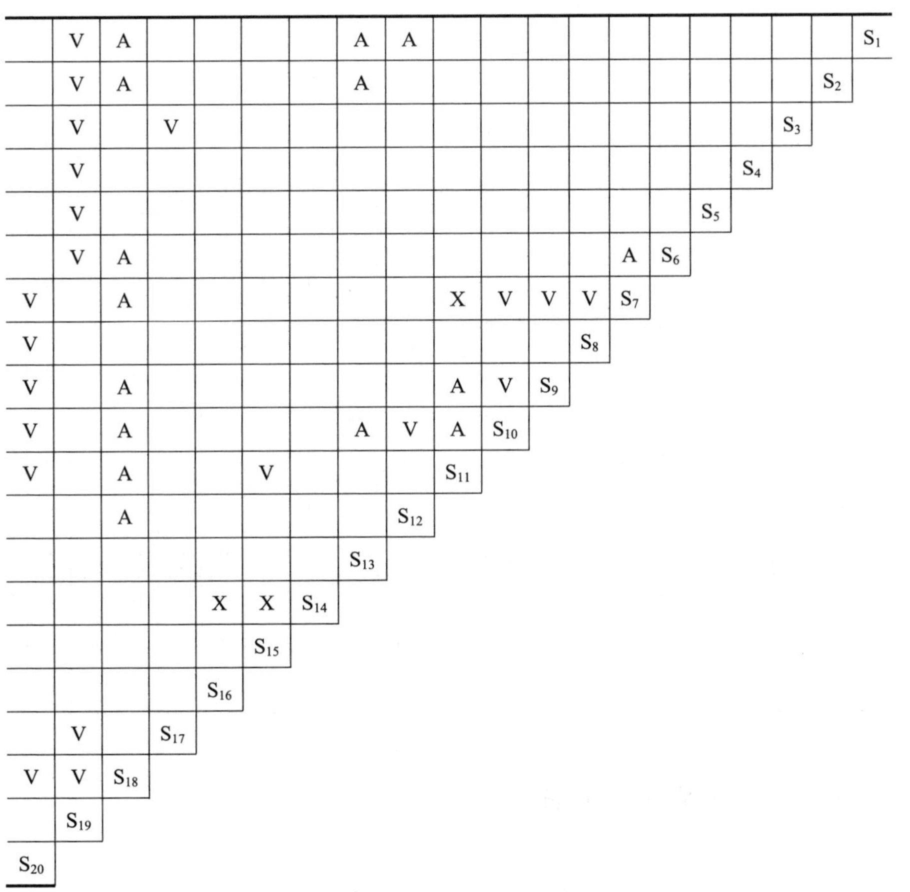

	V	A					A	A											S_{1}
	V	A					A											S_{2}	
	V		V														S_{3}		
	V															S_{4}			
	V														S_{5}				
	V	A											A	S_{6}					
V		A							X	V	V	V	S_{7}						
V												S_{8}							
V		A							A	V	S_{9}								
V		A					A	V	A	S_{10}									
V		A			V				S_{11}										
		A						S_{12}											
							S_{13}												
				X	X	S_{14}													
					S_{15}														
				S_{16}															
	V		S_{17}																
V	V	S_{18}																	
	S_{19}																		
S_{20}																			

图5－4　影响因素间的逻辑关系

根据图 5 - 4 中所述关系构建邻接矩阵 A（见表 5 - 2）。

表 5 - 2　　　　邻接矩阵 A

	S_1	S_2	S_3	S_4	S_5	S_6	S_7	S_8	S_9	S_{10}	S_{11}	S_{12}	S_{13}	S_{14}	S_{15}	S_{16}	S_{17}	S_{18}	S_{19}	S_{20}
S_1	0	0	0	0	0	0	0	0	0	0	0	0	0	0	0	0	0	0	1	0
S_2	0	0	0	0	0	0	0	0	0	0	0	0	0	0	0	0	0	0	1	0
S_3	0	0	0	0	0	0	0	0	0	0	0	0	0	0	0	0	1	0	1	0
S_4	0	0	0	0	0	0	0	0	0	0	0	0	0	0	0	0	0	0	1	0
S_5	0	0	0	0	0	0	0	0	0	0	0	0	0	0	0	0	0	0	1	0
S_6	0	0	0	0	0	0	0	0	0	0	0	0	0	0	0	0	0	0	1	0
S_7	0	0	0	0	0	1	0	1	1	1	1	0	0	0	0	0	0	0	0	1
S_8	0	0	0	0	0	0	0	0	0	0	0	0	0	0	0	0	0	0	0	1
S_9	0	0	0	0	0	0	0	0	0	0	0	0	0	0	0	0	0	0	0	1
S_{10}	0	0	0	0	0	0	0	0	0	0	0	1	0	0	0	0	0	0	0	1
S_{11}	0	0	0	0	0	0	1	0	1	1	0	0	0	0	1	0	0	0	0	1
S_{12}	1	0	0	0	0	0	0	0	0	0	0	0	0	0	0	0	0	0	0	0
S_{13}	1	1	0	0	0	0	0	0	0	1	0	0	0	0	0	0	0	0	0	0
S_{14}	0	0	0	0	0	0	0	0	0	0	0	0	0	0	1	1	0	0	0	0
S_{15}	0	0	0	0	0	0	0	0	0	0	0	0	0	1	0	0	0	0	0	0
S_{16}	0	0	0	0	0	0	0	0	0	0	0	0	0	1	0	0	0	0	0	0
S_{17}	0	0	0	0	0	0	0	0	0	0	0	0	0	0	0	0	0	0	1	0
S_{18}	1	1	0	0	0	1	1	0	1	1	1	1	0	0	0	0	0	0	1	1
S_{19}	0	0	0	0	0	0	0	0	0	0	0	0	0	0	0	0	0	0	0	0
S_{20}	0	0	0	0	0	0	0	0	0	0	0	0	0	0	0	0	0	0	0	0

5.2.3　生成可达矩阵

利用 Matlab 编程运算得知，得到可达矩阵（见表 5 - 3）。

表 5 - 3　　　　　　　　　　　　可达矩阵 M

	S_1	S_2	S_3	S_4	S_5	S_6	S_7	S_8	S_9	S_{10}	S_{11}	S_{12}	S_{13}	S_{14}	S_{15}	S_{16}	S_{17}	S_{18}	S_{19}	S_{20}
S_1	1	0	0	0	0	0	0	0	0	0	0	0	0	0	0	0	0	0	1	0
S_2	0	1	0	0	0	0	0	0	0	0	0	0	0	0	0	0	0	0	1	0
S_3	0	0	1	0	0	0	0	0	0	0	0	0	0	0	0	0	1	0	1	0
S_4	0	0	0	1	0	0	0	0	0	0	0	0	0	0	0	0	0	0	1	0
S_5	0	0	0	0	1	0	0	0	0	0	0	0	0	0	0	0	0	0	1	0
S_6	0	0	0	0	0	1	0	0	0	0	0	0	0	0	0	0	0	0	1	0
S_7	1	0	0	0	0	1	1	1	1	1	1	1	0	1	1	1	0	0	1	1
S_8	0	0	0	0	0	0	0	1	0	0	0	0	0	0	0	0	0	0	0	1
S_9	0	0	0	0	0	0	0	0	1	0	0	0	0	0	0	0	0	0	0	1
S_{10}	1	0	0	0	0	0	0	0	0	1	0	1	0	0	0	0	0	0	1	1
S_{11}	1	0	0	0	0	1	1	1	1	1	1	1	0	1	1	1	0	0	1	1
S_{12}	1	0	0	0	0	0	0	0	0	0	0	1	0	0	0	0	0	0	1	0
S_{13}	1	1	0	0	0	0	0	0	0	1	0	1	1	0	0	0	0	0	1	1
S_{14}	0	0	0	0	0	0	0	0	0	0	0	0	0	1	1	1	0	0	0	0
S_{15}	0	0	0	0	0	0	0	0	0	0	0	0	0	1	1	1	0	0	0	0
S_{16}	0	0	0	0	0	0	0	0	0	0	0	0	0	1	1	1	0	0	0	0
S_{17}	0	0	0	0	0	0	0	0	0	0	0	0	0	0	0	0	1	0	1	0
S_{18}	1	1	0	0	0	1	1	1	1	1	1	1	0	1	1	1	0	1	1	1
S_{19}	0	0	0	0	0	0	0	0	0	0	0	0	0	0	0	0	0	0	1	0
S_{20}	0	0	0	0	0	0	0	0	0	0	0	0	0	0	0	0	0	0	0	1

5.2.4　分解结构矩阵模型

根据可达矩阵 M，得出各因素的可达集 $P(S_i)$、先行集 $Q(S_i)$ 以及共同集合 $P(S_i) \cap Q(S_i)$，对农产品价格波动的影响因素进行分级，第一次计算的可达集、先行集以及共同集合如表 5 - 4 所示。

表 5－4　　第一级可达集和先行集

节点号 i	$P(S_i)$	$Q(S_i)$	$P(S_i) \cap Q(S_i)$
1	1，19	1，7，10，11，12，13，18	1
2	2，19	2，13，18	2
3	3，17，19	3	3
4	4，19	4	4
5	5，19	5	5
6	6，19	6，7，11，18	6
7	1，6，7，8，9，10，11，12，14，15，16，19，20	7，11，18	7，11
8	8，20	7，8，11，18	8
9	9，20	7，9，11，18	9
10	1，10，12，19，20	7，10，11，13，18	10
11	1，6，7，8，9，10，11，12，14，15，16，19，20	7，11，18	11
12	1，12，19	7，10，11，12，13，18	12
13	1，2，10，12，13，19，20	13	13
14	14，15，16	7，11，14，15，16，18	14，15，16
15	14，15，16	7，11，14，15，16，18	14，15，16
16	14，15，16	7，11，14，15，16，18	14，15，16
17	17，19	3，17	17
18	1，2，6，7，8，9，10，11，12，14，15，16，18，19，20	18	18
19	19	1，2，3，4，5，6，7，10，11，12，13，17，18，19	19
20	20	7，8，9，10，11，13，18，20	20

5.2.5　绘制多级递阶有向图

根据表5－5的分解结果，得出骨架矩阵（见表5－6），然后据此即可绘制出六级递阶结构有向图（见图5－5）。

表5－5　　级间分解汇总

层次	节点
L_1	S_{14}，S_{15}，S_{16}，S_{19}，S_{20}
L_2	S_1，S_2，S_4，S_5，S_6，S_8，S_9，S_{17}
L_3	S_3，S_{12}
L_4	S_{10}
L_5	S_7，S_{11}，S_{13}
L_6	S_{18}

表5－6　　农产品价格影响因素的骨架矩阵

	S_{14}	S_{15}	S_{16}	S_{19}	S_{20}	S_1	S_2	S_4	S_5	S_6	S_8	S_9	S_{17}	S_3	S_{12}	S_{10}	S_7	S_{11}	S_{13}	S_{18}
S_{14}	1	1	1	0	0	0	0	0	0	0	0	0	0	0	0	0	0	0	0	0
S_{15}	1	1	1	0	0	0	0	0	0	0	0	0	0	0	0	0	0	0	0	0
S_{16}	1	1	1	0	0	0	0	0	0	0	0	0	0	0	0	0	0	0	0	0
S_{19}	0	0	0	1	0	0	0	0	0	0	0	0	0	0	0	0	0	0	0	0
S_{20}	0	0	0	0	1	0	0	0	0	0	0	0	0	0	0	0	0	0	0	0
S_1	0	0	0	1	0	1	0	0	0	0	0	0	0	0	0	0	0	0	0	0
S_2	0	0	0	1	0	0	1	0	0	0	0	0	0	0	0	0	0	0	0	0
S_4	0	0	0	1	0	0	0	1	0	0	0	0	0	0	0	0	0	0	0	0
S_5	0	0	0	1	0	0	0	0	1	0	0	0	0	0	0	0	0	0	0	0
S_6	0	0	0	1	0	0	0	0	0	1	0	0	0	0	0	0	0	0	0	0
S_8	0	0	0	0	1	0	0	0	0	0	1	0	0	0	0	0	0	0	0	0

续表

	S_{14}	S_{15}	S_{16}	S_{19}	S_{20}	S_1	S_2	S_4	S_5	S_6	S_8	S_9	S_{17}	S_3	S_{12}	S_{10}	S_7	S_{11}	S_{13}	S_{18}
S_9	0	0	0	0	1	0	0	0	0	0	0	1	0	0	0	0	0	0	0	0
S_{17}	0	0	0	1	0	0	0	0	0	0	0	0	1	0	0	0	0	0	0	0
S_3	0	0	0	1	0	0	0	0	0	0	0	0	1	1	0	0	0	0	0	0
S_{12}	0	0	0	1	0	1	0	0	0	0	0	0	0	0	1	0	0	0	0	0
S_{10}	0	0	0	1	1	1	0	0	0	0	0	0	0	0	1	1	0	0	0	0
S_7	1	1	1	1	1	1	0	0	0	1	1	1	0	0	1	1	1	1	0	0
S_{11}	1	1	1	1	1	1	0	0	0	1	1	1	0	0	1	1	1	1	0	0
S_{13}	0	0	0	1	1	1	1	0	0	0	0	0	0	0	1	1	0	0	1	0
S_{18}	1	1	1	1	1	1	1	0	0	1	1	1	0	0	1	1	1	1	0	1

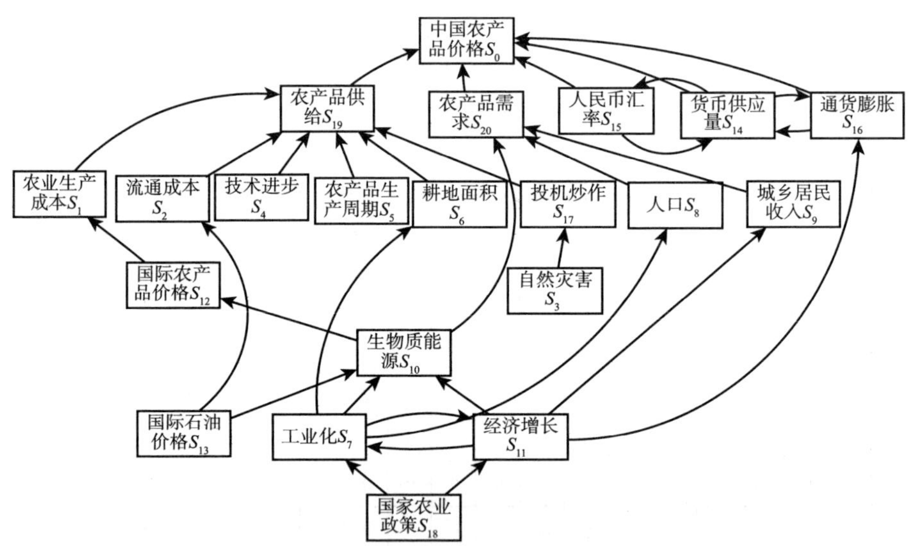

图 5－5　农产品价格波动影响因素的层次结构

5.2.6　ISM 模型结论分析

从农产品价格波动影响因素的解释结构模型可以看出，21 世纪以来中国农产品价格波动的影响因素大致可分为 6 层，包括表层因素、中间层因素和深层次影响因素。

（1）对农产品价格波动最直接、最基本的影响因素是农产品的供求和货币供应量、人民币汇率等金融因素，其中农产品供求关系是农产品价格波动的长期、内在因素，是农产品价格波动的主要原因。这也印证了我国著名经济学家张培刚先生的一段话：考察农产品价格波动的影响因素，自然是供求关系，也就是生产和消费的关系；农产品的需求弹性小，故农产品价格波动因素主要在于供给方面（张培刚，2002）。人民币汇率、货币供应量和通货膨胀是农产品价格波动的长期趋势因素，它们之间有着相互作用的关系。由于环境变量、中介变量和样本选择的不同，其对农产品价格波动的影响复杂。以汇率对农产品价格的影响为例，国内学者持两种截然不同的观点：刘艺卓和吕剑（2009）认为人民币汇率升值将显著提高农产品价格水平，而王阿娜（2012）的研究表明，农产品价格与汇率之间存在负相关关系，人民币升值降低了进口商品和原材料的价格，同时也使国内市场农产品价格表现为下降的趋势。正是由于金融因素之间的复杂关系，其对农产品价格波动的影响变得更加不确定。

（2）农业生产成本、流通成本、耕地面积、投机炒作、人口、城乡居民收入、生物质能源、工业化、经济增长、国际农产品价格等是中间层因素。农业生产成本、流通成本、技术进步、农产品生产周期、耕地面积和投机炒作是影响农产品供给的因素，人口、城乡居民收入、生物质能源、工业化进程和经济增长是影响农产品需求的重要因素。同时，随着我国经济市场化、国际化的程度的加深，国际农产品价格对我国农产品价格的影响越来越明显，其传导途径是通过中介变量——农业生产成本传导到国内市场。此外，国内的城镇化热潮的冲击不能忽视，图5-5表明，工业化进程和经济增长同时影响着农产品的供给和需求：工业化过程→耕地面积→农产品供给；工业化过程→经济增长→城乡居民收入→农产品需求。工业化过程对农产品供求关系的影响非常重要，管理者和决策者要重视中间层因素的传导作用。

（3）国家农业政策、国际石油价格和自然灾害是深层次影响因素。它们是农产品价格波动的外部因素，通过影响农产品价格波动的内部因素而起作用。国际油价的上升一方面导致了农业机械、肥料、农产品运输成本的上升，影响着农产品的供给，从而促使农产品价格上升；另一方面通过生物质能源的中介效应拉动农产品需求，从而影响国内农产品价格。重大疫情等自然灾害这些外部随机因素对农产品价格波动的影响日益加深，2013 年 4 月长三角地区暴发的 H7N9 禽流感对国内养殖户的打击非常大，禽类价格经历了“过山车”式的波动。自然灾害等根源性因素由于本身的随机性和外部性，其对国内农产品价格的影响极为重要。

5.3 本章小结

本章通过文献研究法和专家咨询法提取出农产品价格波动的诸多相关因素，进一步分析了各个因素之间的联系，构建了影响农产品价格波动的解释结构模型。根据解释结构模型分级模型的结果，明确了农产品价格波动的影响因素的层次结构关系。其中农产品供求关系、货币供应量、通货膨胀和人民币汇率是表层因素，同时供求关系是影响价格波动的长期性、趋势性因素和周期性因素。农业生产成本、流通成本、国际农产品价格、技术进步、农产品生产周期、耕地面积、人口、城乡居民收入、生物质能源、经济增长和城镇化是中间层因素，它们通过影响农产品供求和通货膨胀间接影响着农产品价格。国家农业政策、国际石油价格和自然灾害是深层次影响因素，国际石油价格一方面通过农业生产成本影响着农产品的供给，另一方面通过生物质能源的中介拉动农产品的需求，双重途径影响农产品价格。此外，极端天气和重大疫情对农产品价格短期冲击不可忽视，例如 2013 年 4 月突发的 H7N9 禽流感对国内禽类价格的影响极为重要。

第6章

农产品价格波动影响因素的通径分析

第5章分解出了各因素间的层次结构，那么这些因素对价格的影响程度大小如何？影响因素之间是否会通过相互之间的作用而间接影响农产品价格，如果可能的话，这种间接作用多大？影响因素间的相互作用对于制定稳定农产品价格相关方面的政策有何启示？

穆罕默德等人（Mohammad，Jeroen，Andrew & Eric J.，2012）主要从国际农产品价格、生物质能源（Tokgoz，2009；Gohin & Chantret，2010）、货币供应量（Frankel，1986）、汇率（MacCarthy，2000）等几个角度阐述了农产品价格波动的原因。王孝松、李国祥和王艺明等国内学者针对近几年我国农产品价格价格波动的原因进行了一些有益的研究，切入点大部分是研究国际农产品价格（王孝松，谢申祥，2012）、国际石油价格（Chen，Kuo & Chen，2010）、农业生产成本（陈宇峰，薛萧繁，徐振宇，2012）、城镇居民收入（周姁，张建波，2008）、经济增长（郭永俊，2009）、货币供应量（胡冰川，2010）、通货膨胀（农业部农村经济研究中心分析小组等，2011）、汇率（王艺明，2009）等因素和农产品价格的均衡关系。

这些学者对农产品价格波动的分析主要是从某一个或多个维度探讨其影响因素，所用的方法主要以多元线性回归、向量自回归模型和协整理论为主，这些方法把众多的影响因素放在同等位置来考察其对农产品价格的影响，不能说明哪些影响因素对因变量有直接效应，哪些有间接效应，以及一个因素通过其他因素的作用对农产品价格的贡献大小。通径分析方法通过对相关系数的分解，能够清楚地解说上述影响因素对农产品价格的直接效应和间接效应。

通径分析（path coefficient）方法最早由数量遗传学家休厄尔·赖特（Sewall Wright）在 1921 年提出，后来李景均和庚旭分别在 1975 年和 1980 年对其统计原理和应用进行论证（马恒运，1995），20 世纪 90 年代以后被广泛应用于研究能源消费（宋长鸣等，2012）、农民收入影响因素（马恒运，1995）等方面。为此，在借鉴已有研究成果的基础上，本章首先借助于逐步回归方法识别我国农产品价格波动的显著因素，然后建立通径分析模型，进一步研究显著因素对农产品价格的直接作用和间接作用。

6.1 通径分析方法

通径分析是相关分析的延续，是在多元回归模型的基础上对相关系数进行分解。通径分析可以分离出某一解释变量对被解释变量的直接作用效果、通过其他解释变量对被解释变量的间接作用效果和总的作用效果。和多元回归分析相比，通径分析方法具有以下优点：第一，多元回归分析得到的系数称为偏回归系数，如果原始数据没有去量纲化，偏回归系数是带有单位的，不能直接比较解释变量对被解释变量的影响程度大小，而用通径分析方法可以比较；第二，多元回归分析中只反映了某一个解释变量对被解释变量的直接关系（见图 6－1），无法体现其通过另一个解释变量对被解释变量的贡献程度（经济中很多变量是相互作用的），而这正是通径分析的最大优势（见图 6－2）。

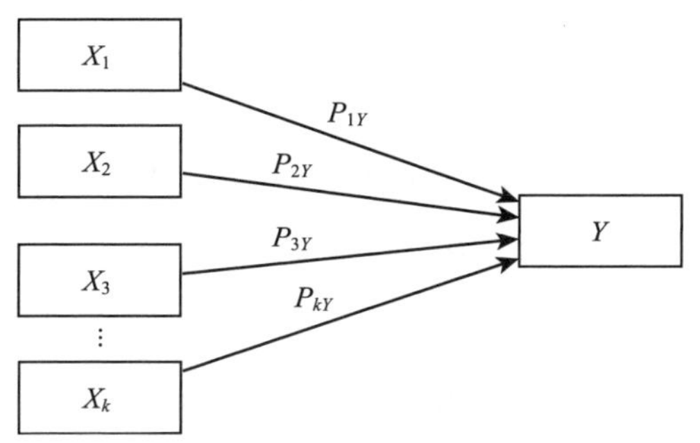

图6－1　多元回归模型结构

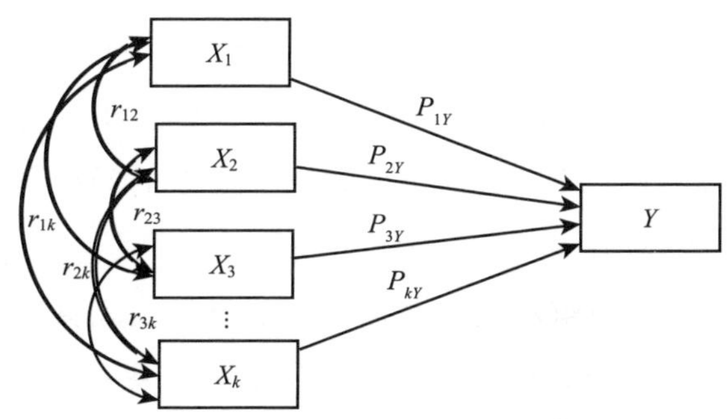

图6－2　解释变量和被解释变量的通径结构

假设解释变量为 X_1，X_2，…，X_i，Y 为被解释变量，用最小二乘估计多元线性回归模型，结果为：

$$\hat{Y} = \alpha_0 + \hat{\alpha}_1 X_1 + \hat{\alpha}_2 X_2 + \cdots + \hat{\alpha}_k X_k \qquad (6-1)$$

则直接通径系数 P_{iY} 是系数 $\hat{\alpha}_i$ 标准化后的结果，由式（6－2）计算而得：

$$P_{iY} = \alpha_i = \hat{\alpha}_i \frac{\sigma_{Xi}}{\sigma_Y} \quad i = 1，2，\cdots，k \qquad (6-2)$$

其中 σ_{Xi}、σ_Y 表示 X_i、Y 的标准差。

令：X_1，X_2，…，X_n 为解释变量；Y 为被解释变量；r_{ij} 表示解释变量 X_i 和 X_j 的简单相关系数；r_{iY} 表示解释变量 X_i 和 Y 的相关系数；P_{iY} 是直接通径系数，表示固定其他解释变量时，X_i 直接作用于 Y 的大小。则

可以把 r_{iY} 分解为下列方程组：

$$\begin{cases} P_{1Y} + r_{12}P_{2Y} + r_{13}P_{3Y} + \cdots + r_{1k}P_{kY} = r_{1Y} \\ r_{21}P_{1Y} + P_{2Y} + r_{23}P_{3Y} + \cdots + r_{2k}P_{kY} = r_{2Y} \\ r_{31}P_{1Y} + r_{32}P_{2Y} + P_{3Y} + \cdots + r_{3k}P_{kY} = r_{3Y} \\ \cdots \\ r_{k1}P_{1Y} + r_{k2}P_{2Y} + r_{k3}P_{3Y} + \cdots + P_{kY} = r_{kY} \end{cases} \tag{6-3}$$

X_i 通过其他解释变量 X_j 对被解释变量 Y 的间接通径为 $r_{ij}P_{jY}$，式（6－3）可简写为：

$$r_{iY} = P_{iY} + \sum_{i \neq j} r_{ij}P_{jY}, \quad i = 1, 2, \cdots, k \tag{6-4}$$

式（6－4）说明 X_i 和 Y 的简单相关系数等于 X_i 对 Y 的直接通径系数加上 X_i 通过其他 $k-1$ 个解释变量对被解释变量 Y 的间接通径系数，其关系可以用图 6－2 表示。

研究中经常需要将解释变量对被解释变量的贡献排序，如果按照直接通径系数和间接通径系数排序，会发现排序结果不一致，即某一解释变量的直接通径系数如果比较大，但它对 Y 的间接通径系数比较小。这样我们就不知道按照哪一种排序，而通径分析中的决策系数能有效解决这问题。$R_i^2 = P_{iY}^2$ 是解释变量 X_i 对被解释变量 Y 的直接决策系数，$R_{ij}^2 = 2P_{iY}r_{ij}P_{jY}$ 是 X_i 通过 X_j 对 Y 的间接决定系数。解释变量 X_i 对被解释变量 Y 总的决定系数为：

$$R^2 = \sum_{i=1}^{k} R_i^2 + \sum_{i<j}^{k-1} R_{ij}^2 = \sum_{i=1}^{k} r_{iY}P_{iY} \tag{6-5}$$

解释变量 X_i 对被解释变量 Y 的决定系数为：

$$R_{(i)}^2 = P_{iY}^2 + 2\sum_{i \neq j} P_{iY}r_{ij}P_{jY} = 2r_{iY}P_{iY} - P_{iY}^2 \tag{6-6}$$

经济现象是复杂的，不可能把所有的解释变量都纳入模型，所以需要计算未进入模型的解释变量和误差对被解释变量 Y 的通径效应系数 P_{rY}，即通径残差效应：

$$P_{rY} = \sqrt{1 - (P_{1Y}r_{1Y} + P_{2Y}r_{2Y} + P_{3Y}r_{3Y} + \cdots + P_{kY}r_{kY})} \tag{6-7}$$

如果残差效应很小（一般以0.05为界）（明道绪，1985），说明通径分析模型已经包括了主要的影响因素，否则，可能遗漏了主要影响因素，需要进一步加入其他的因素去完善模型。利用通径分析方法，可以实现以下三点：

（1）如果直接通径系数P_{iY}接近于相关系数r_{iY}，说明r_{iY}反映了解释变量X_i和被解释变量Y的真实关系，通过改变X_i的大小可以有效地改变Y。两者越接近，说明变量X_i对Y的直接影响越显著。

（2）如果P_{iY}和r_{iY}的符号相反，说明间接效应很显著，直接通过X_i改变Y是无效的，需要借助于中介变量X_j才可以有效地改变Y。

（3）利用决策系数$R^2_{(i)}$可以对众多影响因素排序。

6.2 价格波动影响因素的显著性分析

6.2.1 指标选取和说明

本章选取的样本区间为2000年1月～2013年6月，根据第1章的文献综述和数据可得性，选取国际农产品价格、国际石油价格、农业生产成本、城镇居民收入、经济增长、货币供应量、通货膨胀、汇率和利率为自变量，国内农产品价格为因变量。以下实证过程通过软件EVIEWS、EXCEL和MATLAB完成。

6.2.1.1 中国农产品价格（AGR）

用食品零售价格指数代表国内农产品价格，数据来自国家统计局网站，其原始数据为同比和环比数据，由于2000年各月的环比数据无法获取，只有2012年各月的环比数据，因此首先把各年的同比数据转化为以2012年1月为100的定基数据，再转化为2000年1月为100的定基数据。

6.2.1.2 国际农产品价格（IAGR）

用国际食品价格指数表示国际农产品价格，国际食品价格指数是粮、油、糖、肉、水果等主要农产品（含55种价格）实际价格的加权平均数，可以作为反映全球农产品整体价格，该指数以2002～2004年月度平均为基期数，将其转化为2000年1月为基期，数据来自国际粮农组织（王锐，陈倬，2011）。

6.2.1.3 国际石油价格（OIL）

国际原油价格用布伦特混合油（Brent Blend）、迪拜法塔赫石油（Dubai Fateh）和美国西得克萨斯的中级原油市场（West Texas Intermediate，WTI）的原油价格平均值（美元/桶）来表示，数据来自国际货币基金组织（IMF）的主要商品价格数据库。

6.2.1.4 国内农业生产成本（AMPI）

农业生产成本用农业生产资料价格指数（AMPI）表示。农业生产资料也称为农用生产资料，是指包括农用种子、农药、肥料、饲料和饲料添加剂、种畜禽、兽药以及机械等农业投入品的总称。农业生产资料价格指数，反映一定时期内农业生产资料价格变动趋势和程度的相对数，数据来源于《中国经济景气月报》，2000年1月～2013年6月的数据均为同比数据（上年同期＝100）。利用2006年各月的环比数据（上月＝100）先把2000年1月～2013年6月的同比数据转化为2006年1月为100的定基数据，然后再把2006年1月为100的定基数据转化为2000年1月为100的定基数据。

6.2.1.5 城镇居民收入（INCOME）

城镇居民收入用城镇居民家庭人均可支配收入表示，2000年1月～2006年12月的数据来源于中经网数据库，2007年第一季度～2013年第二季度的数据来源于国家统计局网站，借助于Matlab软件的三次函数插值法把季度数据转化为月度数据。得到2000年1月～2013年6月的数据，利用2000年1月为100的定基CPI去掉通货膨胀的影响，最终的城镇居民家庭人均可支配收入记为INCOME（元/人）。

6.2.1.6　经济增长（VALUE_ADDED）

经济增长一般用 GDP 表示，但国家没有公布月度 GDP 数据，考虑到现阶段工业在我国经济中占主导地位，因此以工业增加值增长速度（VALUE_ADDED）来替代 GDP。数据来自国家统计局网站，2007 年后没有 1 月数据，根据每年 2 月当月增速和累计增速，推算出 1 月增速。

6.2.1.7　货币供应量（M2）

广义货币供应量（M2）代表一国在一段时期内为社会经济运转服务的货币存量，包括狭义货币 M1 和准货币，准货币是定期存款、储蓄存款和其他存款之和。数据来自中国人民银行网站。

6.2.1.8　通货膨胀（CPI）

居民消费价格指数（CPI）反映了一定时期内居民所消费商品和服务项目的价格水平变化趋势，居民消费价格水平的波动率在一定程度上反映了通货膨胀（紧缩）的程度，许多以价格的绝对量表示的经济指标需要经过 CPI 平减。数据来自中经网，利用 2012 年各月的环比数据，把各年的同比数据转化为以 2012 年 1 月为 100 的定基数据，再转化为 2000 年 1 月为 100 的定基数据。

6.2.1.9　汇率（ERE）

人民币名义汇率（ERE）采用当月 1 美元折合人民币（平均数）表示，数据来自中国人民银行网站。

6.2.1.10　利率（RATE）

用全国银行间同业拆借每月加权平均利率（RATE）表示利率，2011 年 12 月之前的数据来自《中国金融年鉴》，2012 年 1 月后的数据来自东方财富网。

通过对价格调整后的各变量的时间序列图 6－3 的观察，居民消费价格指数、食品价格指数和城镇居民家庭人均可支配收入三个变量具有明显的季节性，因此，用 X12 方法进行季节调整，调整后的变量名不变，各变量的描述性统计如表 6－1。

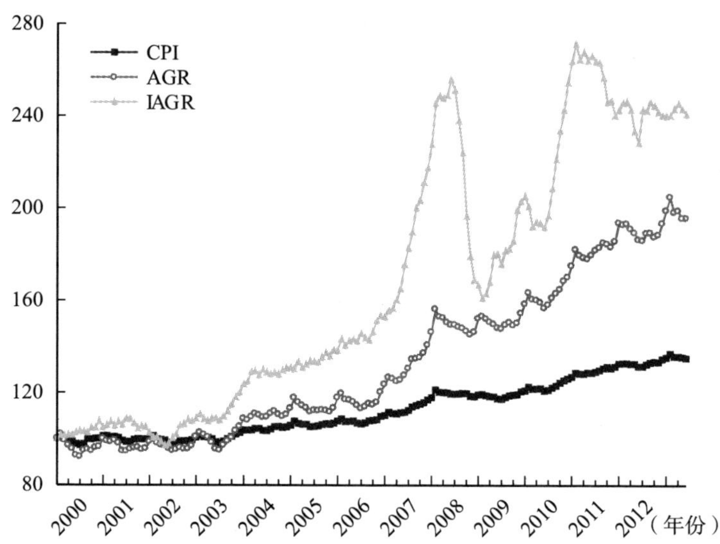

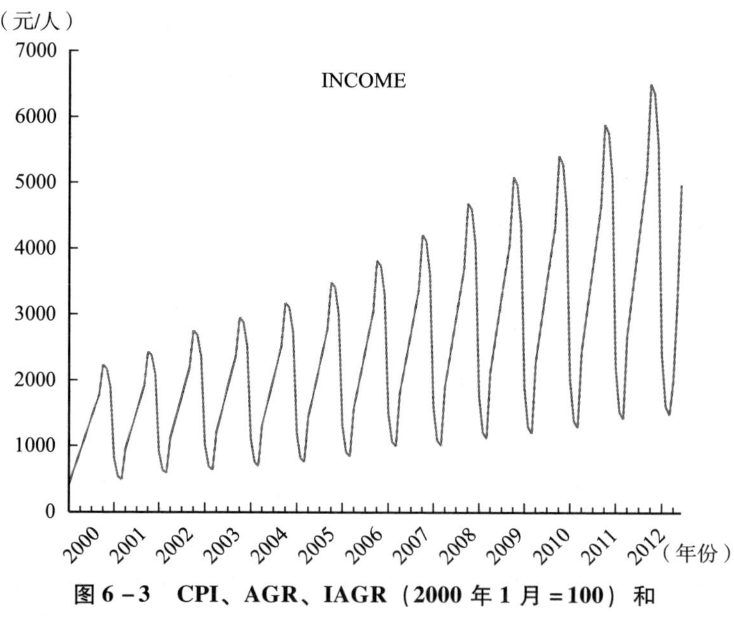

图 6－3　CPI、AGR、IAGR（2000 年 1 月＝100）和 INCOME 的时间序列

表 6-1　各变量的描述性统计

变量	含义（单位）	均值	标准差	预期符号
因变量				
Y(AGR)	中国食品价格总指数（2000 年 1 月 = 100）	132.64	33.89	
自变量				
国际因素				
X_1(IAGR)	国际食品价格指数（2000 年 1 月 = 100）	166.63	56.69	+
X_2(OIL)	布伦特、迪拜和得克萨斯原油价格平均值（元/桶）	61.54	31.12	+
供给因素				
X_3(AMPI)	农业生产资料价格指数（2000 年 1 月 = 100）	132.08	31.22	+
需求因素				
X_4(INCOME)	城镇居民家庭人均可支配收入（元/人）	2484.4	850.25	+
X_5 (VALUE_ADDED)	工业增加值增长速度（%）	0.14	0.04	+
金融因素				
X_6(M2)	货币供应量（亿元人民币）	424655	271242.8	+
X_7(CPI)	居民消费价格指数（2000 年 1 月 = 100）	112.66	12.01	+
X_8(ERE)	人民币汇率（1 美元折合人民币）	7.53	0.79	-
X_9(RATE)	全国银行间同业拆借每月加权平均利率（%）	2.3	0.74	?

注：表中最后一列中“+”“-”“?”分别代表正向作用、负向作用和未知方向的作用。

6.2.2　农产品价格波动显著因素的识别

一般来说，当因变量和自变量之间有显著的相关关系和回归关系时，通径分析才有意义。因此，以国内农产品价格为因变量，其余的 9 个变量为自变量，首先运用普通最小二乘估计法，得到表 6-2 中的模型（1）。模型（1）中的工业增加值增速变量不显著，为识别出显著因素，直接把所有不显著变量删除是不合适的，因为自变量之间可能会相互影响，因此采用逐步筛选法的前向法拟合模型，最终估计结果为表 6－2 的模型（2）。模型（2）中工业增加值增速、汇率和利率没进入模型，R^2 和调整的 R^2 分别为 0.9987、0.9986，F 统计量值为 19231.7，计量模型总体拟合度很好。工业增加值增速和城镇居民可支配收入均代表需求因素，为考察模型（2）中核心变量的稳健性，用工业增加值增速代替城镇居民可支配收入和模型（2）中其他的自变量与因变量回归，得到模型（3）。模型（3）中变量工业增加值增速不显著，而其他的核心变量的系数以及显著性和模型（2）几乎接近，调整的 R^2 为 0.9985，F 统计量值为 18389.61，但整体拟合效果不及模型（2），因此选择模型（2）为最终模型。

表 6－2　　农产品价格影响因素的显著性分析

解释变量	食品价格指数（AGR）		
	模型（1）	模型（2）	模型（3）
常数	－95.24*** ［－6.71］	－117.237*** ［－9.282］	－114.462*** ［－8.594］
X_1（IAGR）	0.05*** ［3.97］	0.072*** ［6.306］	0.075*** ［6.327］
X_2（OIL）	－0.079*** ［－5.83］	－0.092*** ［－7.78］	－0.093*** ［－7.341］
X_3（AMPI）	0.065* ［1.78］	0.092** ［2.607］	0.078** ［2.18］
X_4（INCOME）	－0.002*** ［－3.275］	－0.0014*** ［－2.75］	—
X_5（VALUE_ADDED）	6.334 ［1.56］	—	－2.205 ［－0.676］
X_6（M2）	2.46×10^{-5}*** ［7.92］	2.64×10^{-5}*** ［8.346］	2.45×10^{-5}*** ［7.7］
X_7（CPI）	2.015*** ［11.97］	1.986*** ［11.877］	1.952*** ［11.239］
X_8（ERE）	－2.546*** ［－3.23］	—	—
X_9（RATE）	0.418** ［2.577］	—	—
调整的 R^2	0.9987	0.9986	0.9985
F 统计量	13774.2	19231.7	18389.61
残差的 ADF 统计量	－4.888***	－4.686***	－4.529***

注：方括号中为 t 统计量；***、**、* 分别表示在 1%、5% 和 10% 的水平上显著。

6.3 农产品价格波动显著影响因素的通径分析

6.3.1 通径分析模型检验

多元线性回归方法在拟合模型时，把所有的自变量放在同一层次，不能定量测算某一个自变量通过另一个自变量间接传递给因变量的大小，而通径分析通过对相关系数的分解，可以明晰变量之间的直接效应和间接效应。本节在农产品价格显著性因素分析的基础上，进一步采用通径分析方法来探讨国际农产品价格、国际石油价格、农业生产成本、城镇居民收入、货币供应量和居民消费价格指数等显著因素对农产品价格波动的直接作用和间接作用。

在进行通径分析之前，需要验证指标体系的客观合理性，对模型（2）中的自变量进行残差系数分析，表 6-2 的模型（2）中已得到决定系数 R^2 为 0.9987，根据式（6-8）求得残差系数 $e = 0.036 < 0.05$。表明除了上述 6 个自变量外，其他的因素对农产品价格的影响很小，证实了模型（2）中的指标体系具有高度的科学性和代表性。

$$e = \sqrt{1 - R^2} \tag{6-8}$$

6.3.2 相关分析

运用 EVIEWS 6.0 对模型（2）中的自变量和国内食品价格指数（AGR）做二元相关分析（见表 6-3）。自变量和 Y 的相关系数均在 0.89 以上，说明模型（2）中的自变量和 Y 是高度显著正相关，其相关系数按从大到小排序为 $X_7 > X_3 > X_6 > X_4 > X_1 > X_2$，农产品价格和通货膨胀的相关性最大，和国际石油价格的相关性最小。此外，自变量之间的相关性也非常显著，如 CPI 和 IAGR、OIL、AMPI、INCOME、M2 之间的相关性分别为0.956、0.909、0.994、0.969、0.980，都在0.9以上，说明模型（2）中自变量除了直接影响农产品价格外，可能会通过某一个或几个自变量间接影响农产品价格。为看出各因素对农产品价格的直接作用和间接作用，接下来运用通径分析方法来定量分析其大小。

表 6－3　　农产品价格显著影响因素的相关系数

变量	Y(AGR)	X_1(IAGR)	X_2(OIL)	X_3(AMPI)	X_4(INCOME)	X_6(M2)	X_7(CPI)
Y(AGR)	1						
X_1(IAGR)	0.950	1					
X_2(OIL)	0.896	0.959	1				
X_3(AMPI)	0.990	0.949	0.911	1			
X_4(INCOME)	0.968	0.907	0.868	0.964	1		
X_6(M2)	0.985	0.899	0.848	0.967	0.967	1	
X_7(CPI)	0.998	0.956	0.909	0.994	0.969	0.980	1

注：相关系数表为对称矩阵，这里列举了下半部分。

6.3.3　直接通径系数

根据相关系数，建立通径分析的正规方程组（6－3），借助于 MATLAB 软件求解方程组（6－3），得到自变量对农产品价格的直接通径系数 P_{iY}（见表 6－4）。

表 6－4　　农产品价格与其影响因素的直接通径系数

变量	未标准化系数		标准化系数	t 统计量	显著水平（P 值）
	偏回归系数	标准误	直接通径系数		
(Constant)	－117.237	12.63	—	－9.282	0.000

续表

变量	未标准化系数		标准化系数	t 统计量	显著水平（P 值）
	偏回归系数	标准误	直接通径系数		
X_1(IAGR)	0.072	0.011	0.121	6.306	0.000
X_2(OIL)	-0.092	0.012	-0.0845	-7.78	0.000
X_3(AMPI)	0.092	0.035	0.0847	2.607	0.01
X_4(INCOME)	-0.0014	0.0005	-0.036	-2.75	0.0067
X_6(M2)	2.64×10^{-5}	3.16×10^{-6}	0.211	8.346	0.000
X_7(CPI)	1.986	0.167	0.704	11.877	0.000

由表6-4可看出，6个影响因子对农产品价格的直接通径系数大小顺序（按绝对值）为：通货膨胀(X_7)>货币供应量(X_6)>国际农产品价格(X_1)>农业生产成本(X_3)>国际石油价格(X_2)>城镇居民可支配收入(X_4)，与相关系数的排序 $X_7>X_3>X_6>X_4>X_1>X_2$ 并不一致。自变量对农产品价格不仅存在直接作用，还可能存在通过其他自变量对农产品价格的间接作用，所以相关性大的因素可能所起的作用较小，同时直接作用小的影响因素可能间接作用较大，这也是通径分析的优势所在。

从表6-5可以看出，X_7 和 X_6 的直接通径系数与相关系数比较接近，说明通货膨胀和货币供应量的增加对农产品价格上涨有明显的直接作用。X_1 和 X_3 的直接通径系数和相关系数符号相同但数值差异较大，表明国际农产品价格和农业生产成本对国内农产品价格的直接影响效果是正的，但其直接作用比较小。此外，X_2 和 X_4 的直接通径系数和相关系数符号相反且差异较大，正向的影响效果有可能是通过其他因素间接产生的。

可以看出，除了 X_7 和 X_6 外，其他解释变量的直接通径系数均较小，有的是负影响，说明不能简单地认为提高或者减小这些因素可以控制农产品价格的上涨，还要考虑自变量对农产品价格的间接影响，即一个自变量通过另一个自变量对农产品价格产生间接作用的大小。

表 6 – 5　　农产品价格与其影响因素的通径分析

自变量	X_i 与 Y 的简单相关系数 r_{iY}	直接通径系数 P_{iY}	间接通径系数						
			合计	通过 X_1	通过 X_2	通过 X_3	通过 X_4	通过 X_6	通过 X_7
X_1(IAGR)	0.95	0.121	0.83	—	-0.081	0.08	-0.032	0.19	0.673
X_2(OIL)	0.896	-0.0845	0.981	0.116	—	0.077	-0.031	0.179	0.64
X_3(AMPI)	0.99	0.0847	0.907	0.114	-0.077	—	-0.034	0.204	0.7
X_4(INCOME)	0.968	-0.036	1.004	0.109	-0.073	0.082	—	0.204	0.682
X_6(M2)	0.985	0.211	0.774	0.108	-0.072	0.082	-0.0346	—	0.69
X_7(CPI)	0.998	0.704	0.295	0.115	-0.077	0.084	-0.0347	0.207	—

6.3.4　间接通径系数

为研究自变量通过其他自变量对农产品价格的间接影响，笔者根据“X_i 通过其他自变量 X_j 对因变量 Y 的间接通径系数为 $r_{ij}P_{jY}$” 求出间接通径系数，同时将变量的间接通径系数排序，结果分别见表 6 – 5 和表 6 – 6。

表 6 – 6　　间接通径效应排序

因素	间接通径系数排序				
X_1(IAGR)	0.673 (X_7)	0.19 (X_6)	0.08 (X_3)	-0.032 (X_4)	-0.081 (X_2)
X_2(OIL)	0.64 (X_7)	0.179 (X_6)	0.116 (X_1)	0.077 (X_3)	-0.031 (X_4)
X_3(AMPI)	0.7 (X_7)	0.204 (X_6)	0.114 (X_1)	-0.034 (X_4)	-0.077 (X_2)
X_4(INCOME)	0.682 (X_7)	0.204 (X_6)	0.109 (X_1)	0.082 (X_3)	-0.073 (X_2)
X_6(M2)	0.69 (X_7)	0.108 (X_1)	0.082 (X_3)	-0.0346 (X_4)	-0.072 (X_2)
X_7(CPI)	0.207 (X_6)	0.115 (X_1)	0.084 (X_3)	-0.0347 (X_4)	-0.077 (X_2)

从表6－6可以看出，第2列均为变量 X_7（除其自身外），所以对农产品价格的间接作用最大的是通货膨胀；第3列以变量 X_6 为主；第4列有3个 X_1，此外第3列还有两个 X_1，说明 X_1 是次于 X_6 的第三大间接影响因素；第5列有2个 X_3，加上第4列的3个 X_3，表明 X_3 在间接影响中排第四；最后一列以 X_2 为主，因此自变量 X_1 ~ X_7 对农产品价格的间接影响效应大小依次为 X_7、X_6、X_1、X_3、X_4、X_2。其中 X_7 和 X_6 的间接通径系数较大，说明居民消费价格指数的提高和货币供应量的增加间接促使农产品价格上涨。从居民消费价格指数对农产品价格的直接通径系数（0.704）和间接通径系数可以看出，居民消费价格指数对农产品价格起了关键作用，是影响农产品价格的主要直接因素，同时也是其他自变量通过其影响农产品价格的间接因素。根据上述结果，绘制出农产品价格影响因素的通径分析图（见图6－4）。

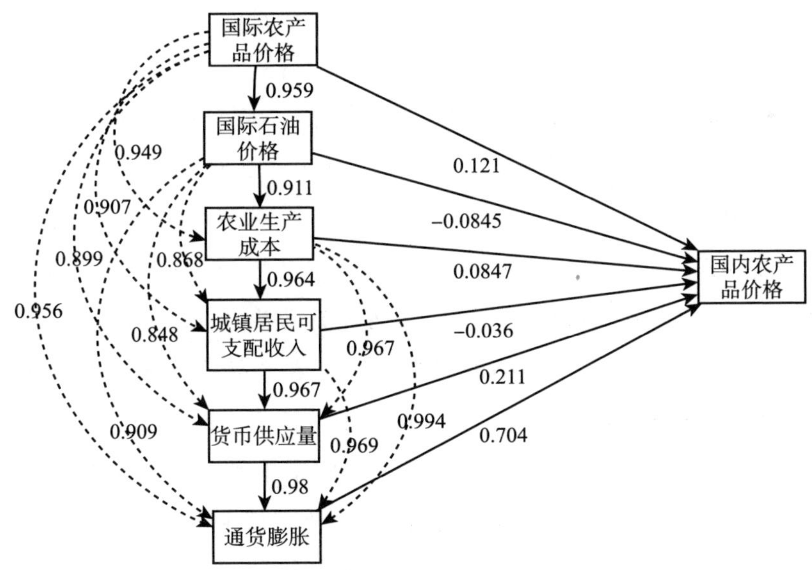

图6－4 农产品价格波动影响因素的通径分析

注：本图根据 Vensim 软件绘制而成，虚线上的数字表示变量之间的相关系数，实线上的数字为直接通径系数，间接通径系数由式（6－4）计算可得。

6.4　影响因素对农产品价格的通径分析

6.4.1　国际农产品价格对国内农产品价格的影响

由6.3节的表6－5可知，国际农产品价格的直接效应为0.121，间接效应为0.83。国际农产品价格每增加1个标准差，将直接导致国内农产品价格提高0.121个标准差单位。其通过国际石油价格、农业生产成本、城镇居民收入、货币供应量和居民消费价格指数间接影响农产品价格变化分别为－0.081、0.08、－0.032、0.19、0.673个标准差单位。

2000年以来，国际农产品价格一路上涨，2008年6月国际食品价格指数为255.7，之后又急剧下降至2009年2月的161，2011年2月涨至最高峰271.11，经过小幅度波动后，到2013年6月，国际食品价格指数回到240.72。与此同时，国内食品价格指数一路上升至2008年2月的156.22，经过小幅下降后再上升为2011年2月的181.98，到2013年6月为195.54。

可以发现国际食品价格和国内食品价格几乎呈现同步的变化趋势，国际食品价格对国内食品价格的直接通径系数为0.121，说明了国内食品价格确实受到国际食品价格的影响。国际农产品价格通过农业生产成本传导到国内的作用为0.08，虽然间接作用较小，但这是国际市场因素传导到国内农产品价格的最基本方式——成本推动，即上游商品价格变化通过成本环节推动下游商品价格的变化（方晨靓，2012）。而通过居民消费价格指数传导给国内食品价格的间接作用很大，为0.673。除了农业生产成本和居民消费价格指数外，国际农产品价格更多的是通过农产品贸易和农产品期货两种途径传导到国内（李国祥，2008；税尚楠，2008），由于数据难以获取，笔者没有选取这两个变量。

6.4.2　国际石油价格对国内农产品价格的影响

由表6－5可知，国际石油价格和国内农产品价格的相关系数为0.896，直接通径系数为－0.0845，间接效应为0.98。国际石油价格每增加1个标准差，将直接导致国内农产品价格减小0.0845个标准差单位。其通过国际农产品价格、农业生产成本、城镇居民收入、货币供应量和居民消费价格指数间接影响农产品价格变化分别为0.116、0.077、－0.031、0.179、0.64个标准差单位。

石油成为农业生产的重要资料，一方面，石油通过影响国际农产品价格进而传输作用到国内农产品价格；另一方面，通过石油输入，特别是我国现在对国际石油依赖性很高，在市场机制下国际石油价格波动很快会影响到国内石油价格，然后国内石油价格再影响国内农产品。这样的双重途径，加剧了国内农产品价格的波动。石油价格对国内农产品价格波动产生影响，由于国内外石油价格的定价机制不同，所以响应过程表现出较复杂的态势（罗锋，2011）。国际石油价格上涨，导致国内化肥、农药、机械等农业生产资料的价格上涨，为确保农民收入，政府实行农业生产价格补贴，稳定了农业生产成本，此外，国际石油价格传到国内需要一定的时期，故其直接通径系数为负。国际石油价格对农产品价格的间接作用很大，为0.981。主要是通过居民消费价格指数、货币供应量、国际农产品价格和农业生产成本等这些中介变量完成，这从定量的角度完善了陈宇峰等（2012）的研究，证实了石油价格的上升提高了生产成本以及居民日常消费，从而会以一定的概率引发通货膨胀。

6.4.3　农业生产成本对国内农产品价格的影响

由表6－5可知，农业生产成本的直接效应为0.0847，间接效应为0.907。农业生产成本每增加1个标准差，将直接导致国内农产品价格提高0.0847个标准差单位。其通过国际农产品价格、国际石油价格、城镇居民收入、货币供应量和居民消费价格指数间接影响农产品价格变化分别为0.114、-0.077、-0.034、0.204、0.7个标准差单位。

2008年7月、2011年8月，农业生产资料价格指数同比分别增长24.8%、15%，以2000年1月为基期，分别增长62.26%、79.08%，2013年6月增长84.38%。同期，食品零售价格指数同比分别增长14.5%、13.5%，以2000年1月为基期，分别增长49.28%、82.8%，2013年6月增长95.54%。农业生产资料价格指数对食品零售价格指数有着显著的影响。国际能源机构（IEA）在《世界能源展望2007》中指出，石油需求的继续增长可能会在2015年前后带来严重的供应问题，供给紧张可能导致油价大幅上涨（李干琼，2012）。原材料、原油等上游产品价格上涨，势必传导到农业生产资料价格，如化肥、农药、种子、农用薄膜、农机工具和机油等。与王锐和陈倬（2011）、张明和谢家智（2012）的结论相比，本研究得出农业生产成本的直接推动效应较小（0.0847），这与指标选取和样本段的选取不同有关。

6.4.4 城镇居民可支配收入对国内农产品价格的影响

由表6-5可知，城镇居民收入和国内农产品价格的相关系数为0.968，直接通径系数为-0.036，间接效应为1.004。城镇居民收入每增加1个标准差，将直接导致国内农产品价格减少0.036个标准差单位。其通过国际农产品价格、国际石油价格、农业生产成本、货币供应量和居民消费价格指数间接影响农产品价格变化分别为0.109、-0.073、0.082、0.204、0.682个标准差单位。

城镇居民收入和农产品价格的相关系数为0.968，表明存在强的正相关。在当今经济高速发展和城镇化热潮下，城镇居民收入显著提高，拉动了对奶类、水果、羊肉、蛋和油料等农产品的需求，促进了农产品价格的上涨。但张明和谢家智（2012）却认为一些农产品是人民生活的必需品，受城镇居民收入影响不大。由于模型的局限，本研究得出的城镇居民收入的直接效应为负值，但不影响其对农产品价格的拉动效应，只不过这种效应比较小。

6.4.5　货币供应量对国内农产品价格的影响

货币供应量的直接效应为0.211，间接效应为0.774。货币供应量每增加1个标准差，将直接导致国内农产品价格提高0.211个标准差单位。其通过国际农产品价格、国际石油价格、农业生产成本、城镇居民收入和居民消费价格指数间接影响农产品价格变化分别为0.108、-0.072、0.082、-0.0346、0.69个标准差单位。

从2000年1月~2013年6月，广义货币供应量增长了786.82%，国内食品价格指数增长了95.54%。货币主义派认为货币的增长会对农产品价格产生显著影响（胡冰川，2010）。短期内，农产品的需求弹性和供给弹性都比较低，货币供应量增加过快，导致“钱不值钱”，这样很容易引起农产品价格的上涨。本研究实证得出在6个显著因素中，货币供应量的直接效应（0.211）和间接效应（0.774）均排第二位，仅次于居民消费价格指数，表明货币供应量对农产品价格的影响较大，这与罗家宏（2010）、胡冰川（2010）结论一致，与蔡风景（2009）得出的“货币供应量对农产品价格的影响较小”的结论不同。货币供应量通过通货膨胀影响农产品价格的间接作用很大（为0.69），主要是通过改变可存储产品的收益率而大规模地存货，最终促进了农产品价格的波动。

6.4.6　居民消费价格指数对国内农产品价格的影响

居民消费价格指数的直接效应为0.704、间接效应为0.295。居民消费价格指数每增加1个标准差，将直接导致国内农产品价格提高

0.704个标准差单位。其通过国际农产品价格、国际石油价格、农业生产成本、城镇居民收入和货币供应量间接影响农产品价格变化分别为0.115、-0.077、0.084、-0.0347、0.207个标准差单位。

我国居民消费价格指数食品价格所占权重最高，约为34%。居民消费价格和农产品价格是整体和部分的关系，因此，许多学者认为农产品价格上涨会拉高居民消费价格指数。但弗里德曼指出“通货膨胀本质是一种货币现象”，广义货币供应量超发，带来了流动性过剩，过快的GDP增长是通货膨胀的根本原因。表6-5显示货币供应量通过通货膨胀对农产品价格的间接作用为0.69，说明农产品价格上涨是通货膨胀的表现形式之一，不是通货膨胀的原因，而是其结果。

居民消费价格指数对农产品价格的直接效应（0.704）和相关系数（0.998）在6个因素中最大，进一步证实了通货膨胀对农产品价格的上涨具有较大的影响。此外，由于通货膨胀的“惯性”，通胀预期将在很长的时间内作用于农产品价格，致使农产品价格不断上升，这与马晓河（1995）、卢锋和彭凯翔（2002）、吉达（2005）、农业部农村经济研究中心分析小组（2011）、李国华（2011）、王小宁（2010）等学者的结论一致，与早期的研究者，如温桂芳（1995）、戴根有（1995）等认为农产品价格上涨会引发通货膨胀的结论不同。

6.4.7 通径分析的决策系数

从以上分析可以看出，直接通径系数和间接通径系数排序不完全一致，难以看出影响因素对农产品价格总的影响大小。而决策系数可以明晰各影响因素对农产品价格的相对重要性，根据式（6-6）可计算出解释变量对农产品价格的决策系数，如表6-7所示。

表 6-7　　农产品价格波动影响因素的决策系数

影响因素	决策系数 $R^2_{(i)}=2P_{iY}r_{iY}-P^2_{iY}$
X_1(IAGR)	0.214
X_2(OIL)	-0.159
X_3(AMPI)	0.161
X_4(INCOME)	-0.071
X_6(M2)	0.372
X_7(CPI)	0.909

从表 6-7 可见，对影响农产品价格波动的因素的决策系数取绝对值，其排序为：$R^2_{(7)}>R^2_{(6)}>R^2_{(1)}>R^2_{(3)}>R^2_{(2)}>R^2_{(4)}$，说明通货膨胀和货币供应量等金融因素是影响农产品价格波动的主要原因，国际农产品价格的影响排列其后，农业生产成本的影响排第四，由于其他影响因素的制约作用，城镇居民收入和国际石油价格对农产品价格呈负影响，但这不能表明二者的影响一直是负的，因为两者和农产品价格的相关系数为正。

6.5　本章小结

本章借助于通径分析探讨了 2000 年 1 月 ~2013 年 6 月国际农产品价格、国际石油价格、农业生产成本等因素对中国农产品价格波动的直接作用和间接作用，主要研究结论如下：

（1）国际农产品价格、国际石油价格、农业生产成本、城镇居民收入、货币供应量和通货膨胀是影响农产品价格波动的显著因素。

（2）在影响农产品价格波动的显著因素中，通货膨胀的影响排第一位，其对农产品价格波动的直接作用最大（0.704），决策系数为 0.909；货币供应量的影响位居第二，直接通径系数为 0.211，决策系数为0.372，其通过通货膨胀对价格的间接影响较大（0.69）；国际农产品价格的贡献排第三（0.121），决策系数为0.214，其主要是通过农业生产成本和货币供应量间接传导到国内农产品市场；位于第四的是农业生产成本，直接通径系数为0.0847，决策系数为0.161，其通过通货膨胀的间接影响也很显著。

（3）国际石油价格和国内农产品价格的相关系数为0.896，其对国内农产品价格起正向推动作用，其直接影响有限，位居第五，但其间接影响很大，为0.981，这与王锐和陈倬的观点一致。国际石油价格主要以通货膨胀、货币供应量、国际农产品价格和国内农业生产成本为中介变量传导给国内农产品价格，它们的间接影响分别为0.64、0.179、0.116和0.077，增加了传导中的复杂性，对国内农产品价格存在滞后效应。从定量的角度完善了陈宇峰（2012）等关于国际石油价格对国内农产品价格的间接作用的大小。

（4）城镇居民收入对农产品价格的影响最小。在控制投机、自然灾害等变量的条件下，2000年以来需求不是国内农产品价格一直上涨的原因，当GDP到达一定的水平后，居民对食品、粮食等农产品的需求会相对稳定，这与农业部农村经济研究中心分析小组（2011）、张明和谢家智（2012）的结论一致。城镇居民可支配收入的间接效应大于直接效应，因此直接单独调节该变量以稳定农产品价格在政策上是无效的，必须通过其他变量的调整来配合才有效。

第7章

结构突变视角下生猪价格波动形成机理的异质性

前两章分解出各因素间的层次结构，研究了“因素—层次结构—路径”，从系统结构的视角研究了农产品（生猪）价格的形成机理。但政策变化、疫情、金融危机等外界条件的变化都会使生猪价格展现出突变的特点，这就需要从结构突变和非线性的观点去研究分析生猪价格波动的成因及其特征。为更全面、系统地考察生猪价格波动的形成机理和特征，本章从结构突变的视角讨论生猪价格波动的形成机理、时间特征和空间特征的异质性、生猪价格波动的非对称转移特征。

在生猪价格影响因素方面，部分学者未达成共识，这主要是因为：第一，这些研究是基于整个样本期来分析的，但生猪价格的影响因素在不同的样本期会不同；第二，政策变化、疫情等外界条件的变化都会使经济时间序列展现出突变的特点，这就需要从结构突变和非线性的观点去研究分析生猪价格波动的特征及其成因；第三，现有研究只是粗略分解了生猪价格的趋势成分、季节成分和不规则成分，没有量化这些成分对生猪价格的贡献度。为此，本章首先对月度价格数据进行 Bai - Perron 结构突变检验和 Mann - Kendall 非参数检验，动态搜索突变点，根据结构变点把整个样本期划分为几个子样本期，考察在每个样本期内各因素对生猪价格的作用机理的异质性；其次，结合协方差分析法测算趋势周期成分、季节成分和不规则成分对生猪价格的贡献度，比较生猪价格波动的趋势周期成分、季节成分、不规则成分对生猪价格贡献度的异质性，并且揭示不同样本期内生猪价格波动的聚集性、风险性和非对称的异质性；最后，运用空间统计学从空间维度分析我国 30 个省区市生猪价格波动的空间特征，从整体和局部考察生猪价格在“价格高峰期”和“价格稳定期”两种状态下的空间自相关性、空间聚集性和空间异质性。

7.1 结构突变视角下生猪价格波动的形成机理异质性

7.1.1 研究方法

7.1.1.1 Bai - Perron 结构突变检验

拜和佩龙（Bai & Perron）于 2003 年提出了一种新的检验结构变点的方法，即多重内生结构突变检验方法，其统计思路为：检验中加入虚拟变量（结构变点），一个个地考察可能出现的突变点，从检验结果中选择最小的统计值和临界值进行比较，如果拒绝原假设，则接受在改点发生了结构突变。

对于生猪价格序列 $\{y_t\}$，假设具有 k 个结构变点 T_1，…，T_k，在每个子样本内，生猪价格的均值为 δ_i，建立生猪价格的 Bai - Perron 结构突变检验模型：

$$y_i = \delta_j + \mu_t \qquad \mu_t \sim IID\ (0,\ \sigma^2),$$
$$i = T_{j-1} + 1,\ \cdots,\ T_j,\ 当\ T_{j-1} < i \leqslant T_j,\ j = 1,\ \cdots,\ m+1 \quad (7-1)$$

其中 μ_t 为残差项，通常 T_i 在 $[0.15T,\ 0.85T]$ 内逐个取值，然后将样本按照突变点划分，寻找全局残差平方和最小的时间节点。

$SupF_T(l;k)$检验是基于突变点未知条件下检验序列是否发生结构性改变，原假设为没有结构性改变，检验统计量如下：

$$F_T(\lambda_1,\cdots,\lambda_l;k)=\frac{1}{T}\left(\frac{T-(l+1)k}{lk}\right)\hat{\delta}'R'(R\hat{V}(\hat{\delta})R')^{-1}R\hat{\delta} \tag{7-2}$$

$$SupF_T(l;k)=F_T(\hat{\lambda}_1,\cdots,\hat{\lambda}_l;k) \tag{7-3}$$

$\hat{V}(\hat{\delta})$ 为 $\hat{\delta}$ 协方差矩阵的一致估计，$T_i=[T\lambda_i](i=1,\cdots,l)$，$\hat{\lambda}_1,\cdots,\hat{\lambda}_l$ 是使得全局残差平方和最小的估计值，$(R\delta)'=(\delta_1'-\delta_2',\cdots,\delta_1'-\delta_{l+1}')$ 是转换矩阵。l 是给定的结构性改变发生的次数，本书借助已有研究，取 $l=1,\cdots,5$ 分别检验。

7.1.1.2 Mann – Kendall 检验

对于时间序列 x_i，构造函数

$$s_k=\sum_{i=1}^{k}r_i,\quad k=2,3,\cdots,n \tag{7-4}$$

其中，$r_i=\begin{cases}1, & 当\ x_i>x_j\\ 0, & 当\ x_i\leqslant x_j\end{cases}\quad j=1,2,\cdots,i$

定义统计量：

$$UF_k=\frac{s_k-E(s_k)}{\sqrt{\mathrm{var}(s_k)}},\quad k=1,2,\cdots,n \tag{7-5}$$

令 $UF_1=0$，$E(s_k)$、$\mathrm{var}(s_k)$ 分别是 s_k 的均值和方差，当 $x_1,x_2,\cdots,x_n$ 相互独立且同分布时，

$$E(s_k)=\frac{k(k-1)}{4}\quad \mathrm{var}(s_k)=\frac{k(k-1)(2k+5)}{72},\ k=2,3,\cdots,n \tag{7-6}$$

把时间序列 x_i 按逆序排列，重复上面步骤，令

$$UB_k=-UF_k,\ k=n,n-1,\cdots,1,\ UB_1=0 \tag{7-7}$$

在显著性水平 $\alpha=0.05$ 下，$U_\alpha=\pm1.96$。若 UF_k 小于0，则生猪价格序列呈下跌趋势，若 UF_k 大于0，则生猪价格呈上涨趋势。若 UF_k 和 UB_k 在（-1.96，1.96）之间存在交点，则交点对应的月份即为生猪价格突

变的时间（付莲莲等，2016）。

7.1.2 理论分析和数据来源

以2000年1月~2017年10月待宰活猪月度数据表示生猪价格，记为Hog price（HOG）。

基于第3章的理论分析，从供给、需求、外部三个方面选择指标。由于采用的都是月度数据，供给方面，存栏量和出栏量只有年度数据，故供给中此指标没纳入影响因素。具体指标如下。

（1）成本。成本方面选取玉米价格和仔猪价格两个变量。玉米价格代表养殖成本，由于饲料价格占到生猪养殖成本的80%以上，玉米又是饲料的主要组成部分，故选择玉米价格表示养殖成本。仔猪价格直接影响到待宰活猪价格。

（2）需求。需求方面选择去皮带骨猪肉价格变量，由于猪肉消费月度数据不可得，猪肉价格对活猪价格有着直接的影响，相关系数也高达0.996，因此选择猪肉价格表示需求。

（3）替代品价格。替代品价格方面选择去骨牛肉价格，当生猪价格上涨得高于预期时，牵动了猪肉价格的上涨，根据需求的替代效应，消费者会倾向选择鸡肉、牛肉、羊肉等食物替代，把生猪价格和鸡肉、牛肉、羊肉做相关性分析，牛肉和生猪价格相关度最高，故用牛肉价格表示替代品价格。

（4）疫情和突发事件。疫情和突发事件用虚拟变量描述，有疫情发生，记为1，否则记为0。通过文本挖掘的方法，搜索疫情发生的节点，例如2003年上半年“非典”暴发、2004年年初禽流感、2006年年初暴发“猪蓝耳病”、2009年4月猪流感、2008年年初的“高热病”和金融危机等。

玉米价格、仔猪价格、猪肉价格、牛肉价格的月度数据来自中国畜牧业信息网、《中国农产品价格调查年鉴》，疫情采用文本挖掘方式，信息来自中国生猪预警网、华夏养猪网、国家统计局网站等，其中个别月份数据缺失，利用文本挖掘或者数学插值法补齐。

7.1.3　结构突变检验

利用 Gauss9.0 软件对生猪价格月度数据进行 Bai - Perron 结构突变检验，结果如表 7 - 1 所示。

表 7 - 1　　Bai - Perron 结构突变检验结果

Bai - Perron 检验统计量	F 统计量	比例 F 统计量	加权 F 统计量	临界值 ***
$SupF_T(1)$	4.74	4.74	4.74	8.58
$SupF_T(2)$	4.11	4.11	4.89	7.22
$SupF_T(3)$ ***	12.2	12.19	17.56	5.96
$SupF_T(4)$ ***	10.43	10.43	17.94	4.99
$SupF_T(5)$ ***	11.26	11.26	24.7	3.91
$SupF_T(2\|1)$	$SupF_T(3\|2)$	$SupF_T(4\|3)$		$SupF_T(5\|4)$
9.64 ***	10.56 ***	12.56 ***		1.72
UDMax statistic ****	12.19	UDMax critical value **		8.88
WDMax statistic ***	24.7	WDMax critical value **		9.91

模型参数估计值

$\hat{\delta}_1$	$\hat{\delta}_2$	$\hat{\delta}_3$	$\hat{\delta}_4$	$\hat{\delta}_5$	$\hat{T}_1$	$\hat{T}_2$	$\hat{T}_3$	$\hat{T}_4$
6.05 (0.27)	7.81 (1.09)	12.98 (3.28)	15.59 (2.48)	15.77 (1.6)	2003M03	2007M05	2013M04	2016M10

注：$SupF_T(L+1\|L)$ 统计量的原假设为存在 L 个突变点，$SupF_T(k)$ 统计量和 Dmax 统计量的原假设均为不存在结构突变点；$\hat{\delta}_i$ 是第 i 个断点的估计，其下面分别是每个样本期内的均值和方差；$\hat{T}_i$ 是第 i 个突变点。*** 、** 分别代表 1% 和 5% 的显著性水平。

可以看出，在 1% 水平上，$SupF_T(l)$ 检验从 $SupF_T(3)$ ~ $SupF_T(5)$ 都显著，表明价格数据存在多个结构变点，$SupF_T(2|1)$、$SupF_T(3|2)$、$SupF_T(4|3)$ 在 1% 水平上显著，$SupF_T(5|4)$ 在 10% 水平上不显著，

表明结构变点的个数是4个，分别是2003年3月、2007年5月、2013年4月、2016年10月（图7-1）。生猪价格波动成因复杂，供求关系决定价格的趋势，发生结构性改变的时间节点，一般是重大突发事件通过外部冲击导致的。2003年“非典”的暴发导致生猪价格暴跌；2006年“猪蓝耳病”的暴发凸显了畜牧业生产的弱质性；生猪存栏量大幅度下降、金融危机期间4万亿元投资、猪周期等因素叠加使得2007~2008年成为生猪养殖业盈利的时期；2016年8月湖北江西省暴发的猪丹毒、湖北湖南暴发的猪肺疫等疫情使得生猪死亡数增加、存栏量减少，生猪价格在小幅度上涨中呈逐渐下降趋势。由此可见，生猪价格在2003年3月、2007年5月、2013年4月、2016年10月发生了结构突变。

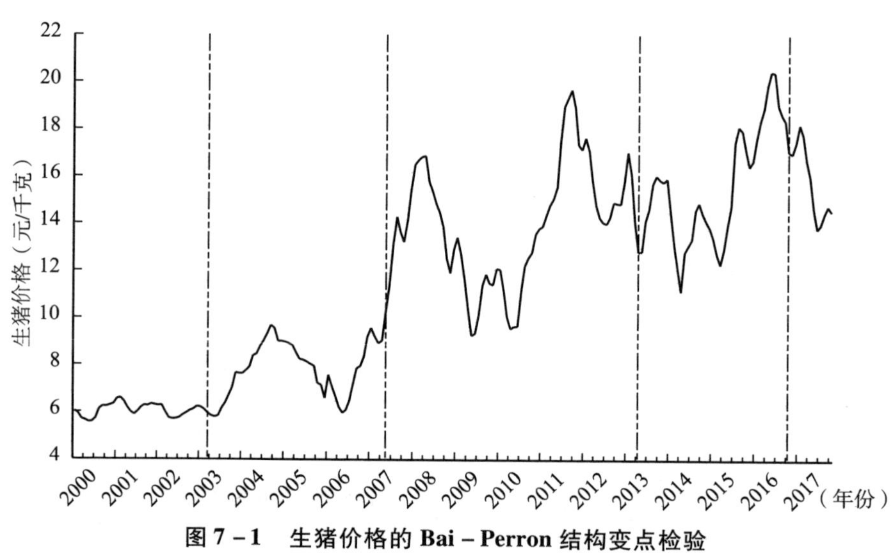

图7-1　生猪价格的Bai-Perron结构变点检验

对生猪价格数据进一步运用Mann-Kendall检验，运用Matlab7.0软件编程求出UB_k和UF_k，并绘图（见图7-2）。可以看出，UF_k曲线一直呈上涨趋势，2007年后值大于0，说明生猪价格呈明显的上涨趋势。尤其在2007年3月之后，UF_k统计量超过了0.05显著性水平的临界值（上限为1.96），表明价格上涨的趋势更加明显。UF_k和UB_k相交于

2007 年年初，且交点位于临界值之间。

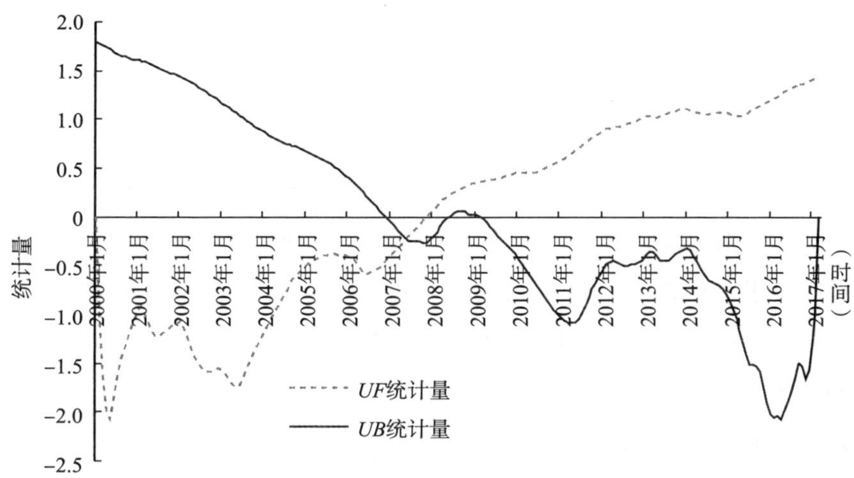

图 7－2　生猪价格的 Mann－Kendall 突变检验

综合 Bai－Perron 结构突变检验和 M－K 检验的结果，以 2007 年 5 月为界，把整个样本一分为二，以此探讨生猪价格波动的形成机理异质性。

7.1.4　结构突变视角下生猪价格波动形成机理的异质性

基于理论分析和文献回顾，选取玉米价格（corn）、仔猪价格（piglet）、替代品价格（去骨牛肉，beef）、去皮带骨猪肉价格（prok）、疫情（epidemic）等作为解释变量，待宰活猪（hog）作为被解释变量，根据数据可得性，样本期设定为 2000 年 1 月～2017 年 10 月。

在这里选取对数线性模型作为基本的回归模型，由于疫情是虚拟变量，故不取对数，具体模型如下：

$$\log(hog) = C_0 + C_1 \times \log(corn) + C_2 \times \log(piglet) + C_3 \times \log(beef) + C_4 \times \log(pork) + C_5 \times epidemic + u_t \quad (7-8)$$

利用软件 EVIEWS 8.0 运行模型，输入结果如下：

$$
\begin{aligned}
\log(hog) = & \underset{[-14.92]}{-0.636} + \underset{[1.546]}{0.027} \times \log(corn) + \underset{[1.978]}{0.034} \times \log(piglet) \\
& \underset{[-7.135]}{-0.073} \times \log(beef) + \underset{[35.96]}{1.096} \times \log(pork) \\
& + \underset{[4.23]}{0.017} \times epidemic + u_t \\
& R^2 = 0.996,\ F = 9628.82,\ D.W = 0.648 \qquad (7-9)
\end{aligned}
$$

方程中系数下面的方括号内是 t 统计量，从结果发现，在 10% 显著性水平下玉米价格的影响不显著，F 统计量较大，但 $D.W$ 统计量为 0.648，表明残差序列存在显著的正相关。为进一步检验是否存在残差自相关，选择滞后阶数为 2，进行 LM 检验，得到 F 统计量为 94.49，nR^2 统计量为 98.26，P 值均为 0.000，非常显著，故生猪价格存在残差序列二阶自相关，故加入残差二阶滞后项对式（7－8）进行修正，最终的模型如下：

$$
\begin{aligned}
\log(hog) = & C_0 + C_1 \times \log(corn) + C_2 \times \log(piglet) + C_3 \times \log(beef) \\
& + C_4 \times \log(pork) + C_5 \times epidemic + u_t \\
u_t = & \alpha u_{t-1} + \beta u_{t-2} + \phi_t \qquad (7-10)
\end{aligned}
$$

为看出三阶段生猪价格影响因素及大小是否有变化，分三阶段回归，结果如表 7－2 所示。

表 7－2　不同阶段生猪价格的影响因素及影响大小的比较

系数	2000.1～2007.5		2007.6～2017.10		2000.1～2017.10	
	系数值	t 统计量	系数值	t 统计量	系数值	t 统计量
C_0	-0.752***	-5.128	-0.664***	-7.02	-0.606***	-10.804
C_1	0.029	1.081	0.011*	1.982	0.036	1.546
C_2	0.115***	2.733	0.007**	2.212	0.05*	1.936
C_3	0.003	0.046	0.055***	3.099	-0.073***	-4.385
C_4	0.983***	13.258	1.082***	18.74	1.069***	23.35
C_5	0.005	1.238	-0.03***	-3.579	0.012***	4.807
α	0.344***	2.84	0.952***	10.481	0.793***	10.462

续表

系数	2000.1~2007.5		2007.6~2017.10		2000.1~2017.10	
	系数值	t 统计量	系数值	t 统计量	系数值	t 统计量
β	0.395***	3.09	-0.413***	-4.79	-0.146**	-2.003
R^2	0.99		0.995		0.993	
F	1058.89		3181.21		2798.08	
$D.W$	1.986		2.001		2.02	

注：***、**、*分别表示在1%、5%和10%的水平上显著。

从表7-2可知，3个模型拟合的 R^2 均在0.99以上，$D.W$ 值位于（1.986，2.02）区间内，表明不存在残差自相关，3个回归方程较好地解释了生猪价格波动的内在机理。从整个样本期来看，养殖成本、替代品价格、需求和疫情是生猪价格的影响因素，玉米价格对生猪价格的影响不显著。分阶段来看，2000年1月~2007年5月期间，在10%的显著性水平下，仔猪价格和猪肉价格对生猪价格影响较显著，而玉米价格、牛肉价格和疫情没有显著的影响。但在2007年6月~2017年3月期间，生猪价格的形成机理发生了结构性变化，在1%显著性水平，猪肉价格、疫情和牛肉价格对生猪价格有着显著影响，在5%显著性水平下，仔猪价格对生猪价格存在显著的正向作用关系，10%显著性水平下，玉米价格对生猪价格也存在显著的正向拉动效应。与前一阶段相比，2007年5月至今，疫情和成本成为生猪价格的新型影响因素。

为更清楚地量化变量对生猪价格的影响大小和排序情况，通过式（7-11）把表7-3中的偏回归系数转化为可以比较的标准化系数。式（7-11）中，σ_{Xi}、σ_Y 表示解释变量 X_i、被解释变量 Y 的标准差。

$$\widehat{C}_i = C_i \frac{\sigma_{X_i}}{\sigma_Y} \qquad i=1, 2, \cdots, k \tag{7-11}$$

表 7-3　　不同阶段生猪价格的影响因素贡献度的比较

系数	2000.1~2007.5		2007.6~2017.10		2000.1~2017.10	
	偏回归系数	标准化系数	偏回归系数	标准化系数	偏回归系数	标准化系数
C_0	-0.752***	—	-0.664***	—	-0.606***	—
C_1	0.029	0.016	0.011*	0.008	0.036	0.029
C_2	0.115***	0.152	0.007**	0.01	0.05*	0.087
C_3	0.003	0.002	0.055***	0.085	-0.073***	-0.104
C_4	0.983***	0.818	1.082***	0.951	1.069***	0.978
C_5	0.005	0.014	-0.03***	-0.055	0.012***	0.014

注：***、**、*分别表示在1%、5%和10%的水平上显著。

从表7-3可以看出，整体来看，猪肉价格、玉米价格、仔猪价格和疫情对生猪价格有着正向影响关系，而替代品价格对生猪价格的影响为负，可能是全样本期存在多重共线性导致的。猪肉价格和仔猪价格对生猪价格的影响较大，表明成本和需求仍然是2000年1月~2017年10月生猪价格波动的主要驱动因素，2016年年初以来，全国仔猪价格累计上涨49%。测算出来玉米价格的贡献度不大，可能是因为近几年来，豆粕价格上涨过快，增加了生猪养殖成本，据测算，未来育肥猪出栏成本已超过16元/千克分阶段来看，2000年1月~2007年5月期间，所有变量对生猪价格的影响均为正影响，按照变量对生猪价格贡献度从大到小排序为：猪肉价格>仔猪价格>玉米价格>疫情>替代品价格，猪肉价格和仔猪价格的贡献度高达97%，和全样本期基本相同；2007年5月~2017年3月期间，猪肉价格和替代品价格变成了生猪价格的主要影响因素，疫情对生猪价格的影响变成了负向作用，这与綦颖等的研究结果一致，疫情对生猪价格的影响具有双重性。一方面，疫情发生时，人们减少日常的猪肉消费量，需求减少，从而价格导致生猪价格下降。另一方面，疫情发生时，使得生猪养殖户缩减生猪养殖规模，母猪存栏量下降，促使生猪价格上涨。

两个阶段相比较来看，相同点是猪肉价格和成本仍然是生猪价格的主要影响因素。不同点是，相对于第一阶段，替代品价格的影响变大，这主要和人们对肉类的消费结构转变有关，随着居民收入的提高，人们对牛肉、羊肉等高蛋白红肉的消费一直呈增长趋势，当猪肉价格在高位盘旋时，人们更多的是选择牛肉、羊肉等来替代猪肉，因此，替代品价格对生猪价格的影响变大。因素的显著性和作用方向出现了改变，生猪价格形成机理发生了结构性变化。

7.2　结构突变视角下生猪价格波动特征的异质性

7.2.1　理论框架

从时间维度，考虑到影响生猪价格波动的因素可能具有结构突变性（Moschini & Meilke，1989），在不同样本内波动特征会有所不同，故首先对生猪价格的时间序列数据进行基于残差的 REC—MOSUM 结构突变检验，找出结构变点，根据结构变点把整个样本期划分为几个样本期，考察每个样本期内生猪价格波动的聚集性、风险性、非对称性和非线性转换特征。

从空间维度来看，空间价格间可能会存在异质性，即：不同空间位置的生猪价格存在系统性差异，波动幅度显著不同。由于不同省区市生猪价格的各个影响因素（如仔猪价格、玉米价格、人工价格、需求、疫情等）的特征存在明显差异，所以生猪价格的波动幅度可能会存在一定的异质性（彭程等，2014；Mcorist et al. ，2011）。为此，利用空间统计方法对中国生猪价格的空间集聚进行划分与可视化，并进一步以空间计量经济学方法对生猪产业空间相邻效应、集聚效应和空间溢出效应进行估计，通过局域空间自相关分析，可以更清楚地解释价格的地区差异，发现价格分布的热点地区和冷点地区，揭示价格是否具有空间异质性。通过基于空间层面对生猪价格的影响因素及空间交互作用的研究，可以从更宽的视角探究生猪价格变动机理，为稳定和减缓生猪价格波动、减少生产者价格风险以及可持续发展生猪产业提供政策参考和依据。

本书研究生猪价格波动特征的基本思路如图 7－3 所示。

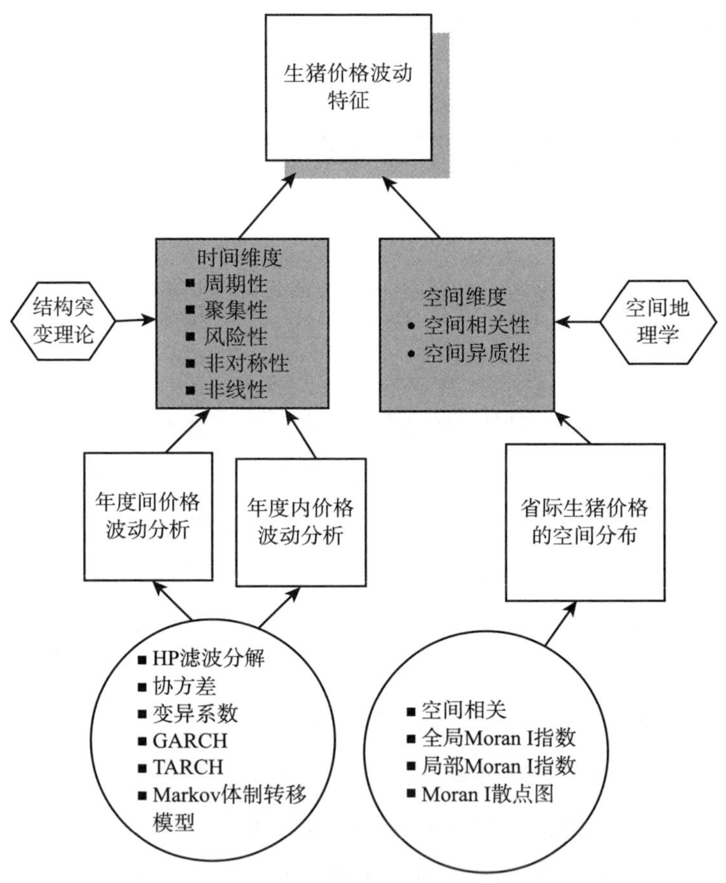

图 7－3　生猪价格波动特征研究的基本思路

农产品市场存在一定的异质性（彭程，2014），生猪市场同样存在异质性。生猪价格波动取决于生猪的需求、消费和外部冲击，经济运转中很容易受到外生事件的影响，2000～2017 年历经金融危机、自然灾害、生猪疫情、政策的发布等不确定性事件，使得生猪价格的数据生成过程发生结构突变。数据上表现的是统计量显著性发生了变化，经济上表征的是生猪价格波动特征或波动机理发生了结构性转变。根据变点划分为不同的样本期，其间生猪价格波动的时间特征——波动聚集性、非对称性、不规则成分和高风险高回报等特征可能会存在差异，生猪产业链的改变、生猪期货市场的完善、生猪价格预警体制的构建等均会导致价格的风险特征、杠杆效应、聚集效应在不同样本期内存在差异，在时间维度可能存在异质性（Chang et al.，2011）。自佩龙提出结构突变单位根检验以来，越来越多的研究聚焦于结构突变理论，生猪价格月度数据在全样本期内的结构变点未知，传统的结构突变检验需要事先设定结构变点。拜和佩龙于 2003 年提出一种新的检验结构变点的方法即多重内生结构突变检验（Bai－Perron 检验法），克服了需要设定外生突变点的问题。

生猪价格不仅存在时间维度的特征，还存在空间维度的特征。随着区域经济联动性的加强，不同省域之间的生猪价格越来越呈现出相互影响、相互依赖的特征，价格之间的空间交互作用和溢出效应日益显著（谭莹等，2017）。相邻省区市由于地理距离、气候特征、消费喜好等因素相似，生猪价格在空间上存在正相关性，而不同省区市或不同城市的生猪价格间由于上述因素差异大而存在一定差异（董玲，2010），从而使得省域间生猪价格的空间负相关性、空间异质性显著。此外，不同区块内的各个省份的生猪养殖规模差异较大，面对价格上涨或下跌的冲击时，表现出的脆弱性有较大差异。生猪主产区和主销区在空间上价格的分布也会带来不同的联动机制。在价格上涨期，一个地区生猪价格的上涨可能会导致邻近地区价格上涨；在价格平稳期，一个地区的生猪价格上涨可能会导致价格空间分布出现下跌或持平状态。

为此，基于结构突变理论和空间统计学，本研究从时间和空间两个维度全面勾勒生猪价格波动的特征。首先，对月度价格数据进行 Bai－

Perron 结构突变检验和 Mann – Kendall 非参数检验，动态搜索突变点，从而揭示不同样本期内生猪价格波动的聚集性、风险性和非对称的异质性。然后，运用空间统计学从空间维度分析全国 30 个省区市生猪价格波动的空间特征，从整体和局部考察生猪价格在“价格高峰期”和“价格稳定期”两种状态下的空间自相关性、空间聚集性和空间异质性。

7.2.2 研究方法

7.2.2.1 （G）ARCH 模型

ARCH 模型族，见第 4 章的方法介绍。

7.2.2.2 X12 季节调整模型和协方差分析法

经济变量的月度时间序列通常包括 4 种信息：趋势成分（trend）、周期成分（cycle）、季节成分（seasonal）和不规则成分（irregular）。月度生猪价格具有较强的季节性，需剔除季节因子。季节调整模型以 X12 方法应用最多，X12 把月度或季度时间序列分解为周期成分、季节成分和不规则成分，本节利用乘法模型，其形式如下：

$$Y = TC \times S \times I \tag{7-12}$$

本节在季节调整模型的基础上，运用协方差法，分析各种成分对生猪价格的贡献程度。对式（7 – 12）取对数，得到：

$$\ln Y = \ln TC + \ln S + \ln I \tag{7-13}$$

对式（7 – 13）两边乘以 $\ln Y$ 之后取协方差，得到式（7 – 14）：

$$\mathrm{cov}(\ln Y,\ \ln Y) = \mathrm{cov}(\ln Y,\ \ln TC) + \mathrm{cov}(\ln Y,\ \ln S) + \mathrm{cov}(\ln Y,\ \ln I) \tag{7-14}$$

在式（7 – 14）两端除以 $\mathrm{cov}(\ln Y,\ \ln Y)$ 得到式（7 – 15）：

$$\frac{\mathrm{cov}(\ln Y,\ \ln TC)}{\mathrm{cov}(\ln Y,\ \ln Y)} + \frac{\mathrm{cov}(\ln Y,\ \ln S)}{\mathrm{cov}(\ln Y,\ \ln Y)} + \frac{\mathrm{cov}(\ln Y,\ \ln I)}{\mathrm{cov}(\ln Y,\ \ln Y)} = 1 \tag{7-15}$$

令 $tc = \frac{\mathrm{cov}(\ln Y,\ \ln TC)}{\mathrm{cov}(\ln Y,\ \ln Y)}$，$s = \frac{\mathrm{cov}(\ln Y,\ \ln S)}{\mathrm{cov}(\ln Y,\ \ln Y)}$，$i = \frac{\mathrm{cov}(\ln Y,\ \ln I)}{\mathrm{cov}(\ln Y,\ \ln Y)}$，得到

下式：

$$tc + s + i = 1 \tag{7-16}$$

式中：tc 表示趋势周期成分对生猪价格的贡献度，s 代表季节成分对生猪价格的贡献度，i 代表不规则成分对生猪价格的贡献度。

7.2.2.3　空间统计

一般用全局和局部两种指标来衡量空间自相关，全局指标描述的是生猪价格在整个研究区域的空间特征，而局部指标是分析每个区域单元的价格和相邻区域价格的相关性（廖翼等，2017）。运用 Moran's I 和 LISA 分别度量全局相关和局部自相关，Moran's I 的公式为：

$$I = \frac{n}{\sum_{i=1}^{n}\sum_{j=1}^{n} w_{ij}} \frac{\sum_{i=1}^{n}\sum_{j=1}^{n} w_{ij}(x_i - \bar{x})(x_j - \bar{x})}{\sum_{i=1}^{n}(x_i - \bar{x})^2} \tag{7-17}$$

其中，n 为样本容量，x_i、x_j 为观测单元 i、j 的观测值，w_{ij}是两个观测单元之间的空间权重矩阵，$\bar{x}$ 是观测单元的平均值。Moran's I 的取值范围为［-1，1］，值大于零则为正相关，值越大，空间上的相关性就越大，聚集性就越大，I=0 表示不相关。

LISA 的公式如下：

$$I_i = \frac{x_i - \bar{x}}{\sum_{i}(x_i - \bar{x})^2}\sum_{j} w_{ij}(x_j - \bar{x}) \tag{7-18}$$

LISA 度量的是一个区域与相邻区域局部关联程度。w_{ij}表示的是两个省份之间的权重因子，本书用区域间距离定义的反距离权重法和 K 最近邻法定义空间权重矩阵（廖翼等，2017）。

7.2.3　生猪价格波动的时间特征的异质性

选取 2000 年 1 月 ~2017 年 10 月待宰活猪价格表示生猪价格，数据来源于中国畜牧业信息网，对原数据取对数再差分求出生猪价格收益率

（见表 7－4）：

$$r_t = 100 \times [\ln p_t - \ln p_{t-1}]$$

式中，r_t 表示生猪市场收益率，p_t 表示第 t 月的生猪价格。

表 7－4　　生猪价格收益率的描述性统计分析

变量	均值	中位数	最大值	最小值	标准差	偏度 S	峰度 K	JB	Q（10）	ADF
Rhog	0.413	0.208	17.07	－13.42	5.42	0.24	3.31	7.94（0.03）	69.7***	－8.77（＜－3.46）

注：*** 代表 1% 的显著性水平。Q(10）是 Ljung－Box Q 统计量，检验收益率序列滞后 1～10 阶的自相关系数是否联合为 0。JB 统计量用来检验序列是否服从正态分布，括号内为相伴概率值。ADF 统计量用来检验序列是否平稳，括号内为 1% 水平下的临界值。

7.2.3.1　结构变点前后生猪价格波动成分的比较分析

基于以上结构突变检验的结果，以 2007 年 5 月为临界点，把整个样本期一分为二：2000 年 1 月～2007 年 5 月、2007 年 6 月～2017 年 10 月。借助于乘法算法的 X12 季节调整模型，分离出两个不同阶段生猪价格的不规则因素、季节性因素以及长期趋势因素。图 7－4 表明，生猪价格的不规则成分（Hog price_IR）在 2007 年之前较为平稳，标准差为 0.016，2007 年 5 月之后波动较之前厉害，标准差为 0.023，是前一个样本期的 1.43 倍，表明 2007 年之后，外部不可控因素对生猪价格的影响越来越大。

生猪价格具有显著的季节性。每年的一二月的季节因子较大，之后逐渐下降，到当年的五六月到达波谷位置，随后慢慢上升，到当年的 12 月、第二年的 1 月到达一个周期的波峰位置，之后又开始另一个周期的循环。从两个子样本期来看，2000 年 1 月～2007 年 5 月季节因子最大值为 1.042，标准差为 0.028；2007 年 6 月～2017 年 10 月季节因子最大值 1.085，标准差 0.059，2007 年 5 月之后生猪价格的季节性比之前的季节性更明显。

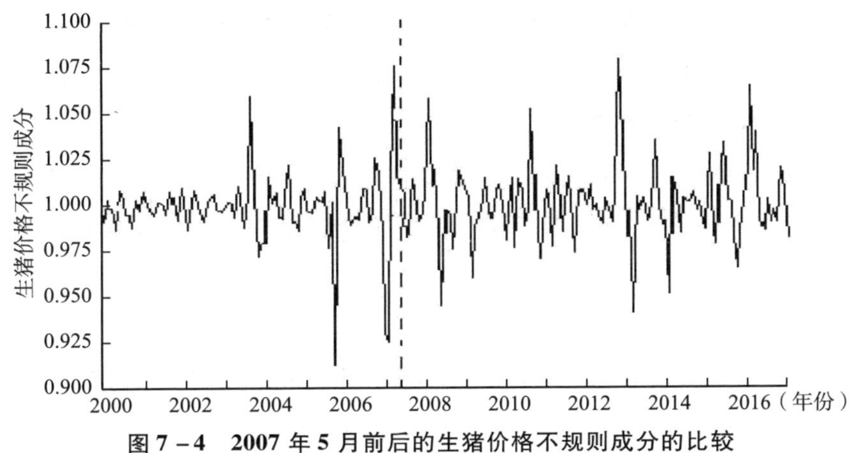

图 7 – 4　2007 年 5 月前后的生猪价格不规则成分的比较

把 X12 分解后得到的生猪价格的趋势周期成分分成两阶段绘图，从图 7 – 5 可以发现，生猪价格的趋势周期成分（*Hog price_TC*）在 2000 年 1 月 ~2007 年 5 月经历了 2 个完整的周期，均值为 7. 14 元/千克，标准差为 1. 171，2007 年 6 月 ~2017 年 10 月经历了 6 个周期，大周期里面含小周期，周期历经的时间也变短了，均值为 14. 71 元/千克，标准差为 2. 87，是前一个样本期的 2. 45 倍。2007 年 5 月之后的生猪价格和时间之间的非线性关系更明显，表明 2007 年之后，生猪价格背后影响因素对其非线性作用更为突出。

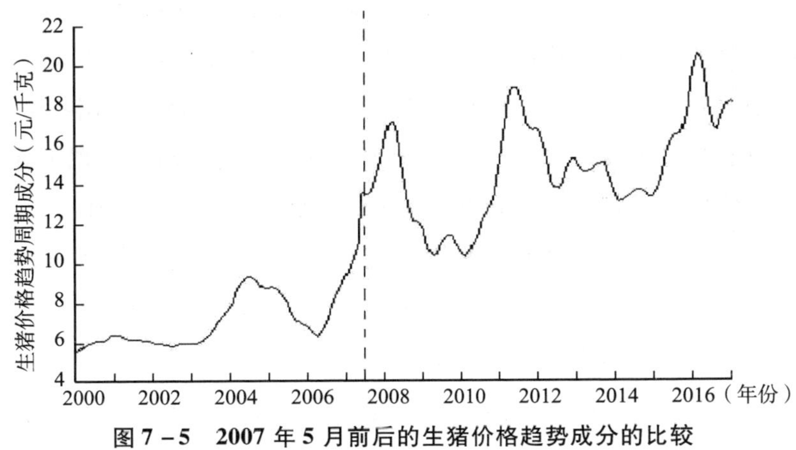

图 7 – 5　2007 年 5 月前后的生猪价格趋势成分的比较

7.2.3.2 基于协方差分析的三种成分对生猪价格的贡献度测算

接下来以2007年5月为临界点，把整个样本期（T3）一分为二：2000年1月~2007年5月（T1）、2007年6月~2017年10月（T2），利用协方差分析法，按照式（7-13）~式（7-16）测算三种因素对生猪价格波动的贡献度，同时考察不同样本期内各因素对生猪价格的贡献度差异。

表7-5　生猪价格的不规则因素、季节性因素和长期趋势因素的贡献度

因素贡献率	不同样本期		
	2000.1~2007.5（T1）	2007.6~2017.10（T2）	2000.1~2017.10（T3）
i	0.004	0.014	0.003
s	0.029	0.065	0.016
tc	0.967	0.921	0.981

注：*i*、*s*、*tc*分别表示不规则因素、季节因素和趋势周期因素对生猪价格的贡献度。

从全样本期来看，趋势周期因素对生猪价格的贡献度为0.981，季节因素对生猪价格的贡献度为0.016，不规则因素对生猪价格的贡献度为0.003。长期来看，生猪价格主要还是受到趋势周期因素的影响，说明生猪存栏量、饲料价格、居民收入、经济结构、猪肉价格、货币供应量等因素仍然是生猪价格波动的主要驱动力。短时间内，不规则因素对生猪价格的影响可能较大，但长远来看，其对生猪价格的作用甚微。

纵向来看，把表7-5中的第2列和第3列进行比较，发现不规则因素对生猪价格的贡献度从阶段T1的0.004增加到T2的0.014，季节因素对生猪价格的贡献度从0.029上升到0.065，但趋势周期因素的贡献度从T1的0.967下降为T2的0.921。和前几年相比，2007年以来不规则成分对生猪价格的贡献度增加了2.4倍，表明生猪价格预警机制还不是很健全，以至于当出现生猪疫情、气候变化等突发因素时，不能及时对生猪价格进行调控，导致了羊群效应、跟风行为，从而使得供给失衡，生猪价格波动异常。随着民众对端午、中秋、“谢师宴”等传统习惯的偏好，猪肉作为餐桌上必不可少的菜肴，导致了猪肉需求量随季节而改变，从而从需求方面导致了生猪价格的波动，故2007年之后季节成分对生猪价格的贡献度较2007年之前相比，增加了1.26倍。在3种成分中，只有趋势周期成分的贡献度下降了，表明猪肉产业的发展已经形成了较完善的产业体系，随着中国猪肉市场的开放，生猪存栏量、饲料价格、居民收入、经济结构、货币供应量等传统影响因素的贡献度较为稳定，新型影响因素对生猪价格的贡献度处于上升状态。

7.2.3.3　生猪价格波动的聚集性、非对称性和风险性的异质性

根据价格收益率的描述性分析知，价格收益率序列峰度大于3，“尖峰肥尾”特征明显，偏度大于0，价格收益率呈右偏。在1%显著性水平下，ADF统计量显示价格收益率平稳，Q（10）统计量拒绝了不存在自相关的原假设，故建模时应考虑序列的自相关性。

综合上一节的Bai－Perron结构突变检验和M－K检验的结果，以2007年5月为界，把整个样本一分为二，以此探讨生猪价格波动特征是否出现了差异?[①] 2000年1月～2007年5月生猪价格收益率均值为0.14，标准差为3.63，2005年5月之后的生猪价格收益率均值为0.74，标准差为6.31，均值和标准差都比前一阶段大，后一阶段的标准差是前阶段的1.74倍，表明2007年5月之后的生猪价格波动更为剧烈。两个阶段的峰度均大于0，序列呈右偏，JB统计量显示价格序列均呈现非正态分布，波动聚集性明显。

由表7－6可知，2000年1月～2007年5月生猪价格收益率的模型为AR（2）－ARCH（1），ARCH项系数为0.505，在1%显著性水平下大于0，疫情、国家政策等外部因素加剧了对价格波动的冲击；ARCH－M中的风险项ρ不显著，表明2000年1月～2007年5月生猪市

① 注：Bai－Perron结构突变检验有4个突变点，如果划为5个样本，样本期太短，建立计量模型效果差。故本书结合两种突变检验方法，找出共同的突变点。

场不存在风险特征；TARCH 模型中的非对称项 γ 也不显著，2007 年 5 月之前生猪市场不存在明显的杠杆效应。2007 年 6 月 ~2017 年 10 月价格收益率均值方程满足 ARIMA（1，1）-GARCH（1，1）。GARCH-M 中的风险项 ρ 为 -0.2，1% 的显著性水平下显著，当市场的预期风险增加一个单位时，收益率减少 0.2 个百分点，相比 2006 年 3 月之前，之后的生猪市场存在高风险高回报金融属性，表明生猪期货市场较前一阶段得到了完善，ARCH 项系数为 0.08，在 1% 显著性水平下大于 0，上一期的波动对本期的影响为正，但影响不大，GARCH 项系数为负值，可能是因为方差方程中存在常数项，另外，也有可能是因为价格收益率存在显著的非对称性；TARCH 模型中的非对称项 γ 系数为 -0.18，1% 的显著性水平下显著小于 0，2007 年 5 月之后的生猪市场存在明显的杠杆效应，与负向冲击相比，绝对值相同的正向冲击对生猪价格的冲击大 0.18，利空消息比等量利好消息对生猪市场的冲击要小。由此可见，2000 年 1 月 ~2007 年 5 月生猪价格没有风险性和非对称性，2007 年 5 月之后的生猪市场存在高风险高回报特征和非对称性，利空消息对等量利好消息对生猪市场的冲击要小。

表 7-6　　不同阶段生猪价格波动特征的比较

	2000 年 1 月 ~2007 年 5 月			2007 年 6 月 ~2017 年 10 月		
模型	ARCH（1）	ARCH（1）-M	TARCH（1）	GARCH（1，1）	GARCH（1，1）-M	TARCH（1，1）
AR（1）	—	—	—	0.264** （2.04）	0.31** （3.72）	0.38*** （3.38）
MA（1）	0.52** （2.534）	0.53** （2.54）	0.49** （2.39）	0.51*** （4.28）	0.51*** （6.16）	0.37*** （6.45）
MA（2）	0.295** （2.26）	0.28* （1.94）	0.34** （2.37）	—	—	—
ρ	—	-0.09 （-0.42）	—	—	-0.2*** （-2.86）	—

续表

模型	2000 年 1 月 ~2007 年 5 月			2007 年 6 月 ~2017 年 10 月		
	ARCH (1)	ARCH (1) - M	TARCH (1)	GARCH (1, 1)	GARCH (1, 1) - M	TARCH (1, 1)
C	5. 89*** (7. 25)	5. 77*** (7. 1)	6. 1*** (6. 79)	11. 6 (0. 2)	44. 7*** (7. 37)	51. 7*** (8. 56)
ARCH (1)	0. 505*** (2. 92)	0. 52*** (2. 69)	0. 33 (0. 93)	0. 02 (0. 25)	0. 08*** (5. 12)	0. 056** (2. 197)
GARCH (1)	—	—	—	0. 52 (0. 22)	-1. 06*** (6. 16)	-0. 95*** (-35. 8)
γ	—	—	0. 29 (0. 67)	—	—	-0. 18*** (-3. 59)
AIC	5. 147	5. 17	5. 169	6. 128	6. 03	6. 1
SC	5. 272	5. 33	5. 325	6. 24	6. 17	6. 24

注：***、**、*分别表示在1%、5%和10%的水平上显著。

7.2.4 生猪价格波动的空间特征的异质性

2000 年 1 月 ~2017 年 12 月生猪价格波动经过了 5 个周期①，最近的一个周期是 2015 年 3 月 ~2017 年 6 月（波峰和波谷之差为 7），为比较结构变点两侧生猪价格空间特征的异质性，结合 Bai - Perron 检验的结果，选择时间序列样本期为 2015 年 1 月 ~2017 年 7 月。省域层面上，由于西藏地区的消费习俗导致生猪价格数据缺失，港澳台地区因数据缺失不纳入考察区域，最终纳入研究范围的省区市共 30 个。故以 2015 年 1 月 ~2017 年 7 月全国 30 个省份的生猪价格面板数据作为研究对象，数据来源于中国畜牧业信息网、《中国农产品价格调查年鉴》，个别的数据缺失，使用数学插值法补全。运用 ArcGIS 和 Geoda 软件对生猪价格进行空间自相关分析，构建空间权重矩阵，计算 Moran's I 指数、绘制 LISA 聚集图，分析生猪价格分布的空间特征。

① 对价格进行 HP 滤波分解，把得到的周期成分按照“波谷—波谷”划分为 5 个完整的周期。

7.2.4.1 全局自相关分析

运用基于距离构建空间权重矩阵的反距离权重法和 K 最近邻法（K=1，2，3，4），计算全局自相关系数。从图 7－6 和图 7－7 看出，不同空间权重矩阵下的全局自相关系数变化趋势一致，且每个月份的 Morans'I 均为正值，整体存在显著的空间正相关，即空间聚集性；基于 K 最近邻法计算得出的 Morans'I 系数，K 取值为 1，2 时的 Morans'I 值大于 K 取值为 3，4 时的 Morans'I 值，说明两个地区距离越近，价格的相关性越大，验证了生猪价格存在空间相关性。相邻区域的气候、地理环境相似，气候和地理环境影响生猪的生长，生猪规模相关性大，从而导致价格具有空间相关性；同时，相邻区域的居民消费习惯和喜好可能相似，同样会影响到生猪养殖业，从而作用于生猪价格。2015 年的 1～4 月、6～7 月、8～10 月、2015 年 11 月～2016 年 2 月以及 2016 年 12 月～2017 年 5 月，Morans'I 随着生猪价格的变化而产生同向变化，其他时间样本内 Morans'I 和价格数据则呈现反向变化的趋势。2016 年 10 月前后 Morans'I 发生了质的变化，表明生猪价格在空间上具有不稳定性，波动剧烈，相邻区域之间的价格极易相互影响，尤其是疫情、自然灾害的外部冲击，更易打破价格的平衡性和稳定性。

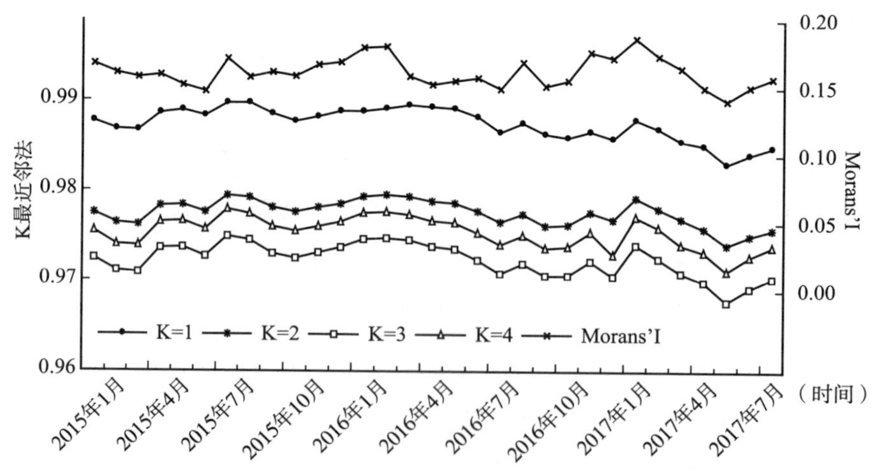

图 7－6 两种空间权重矩阵下生猪价格的全局自相关系数

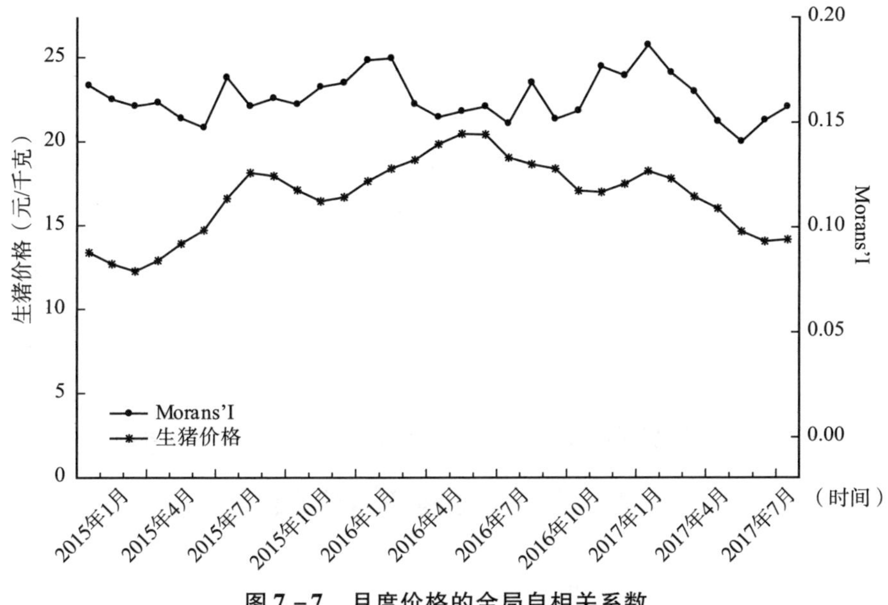

图7－7　月度价格的全局自相关系数

7.2.4.2　局部自相关分析

从全局自相关分析中可知，全国生猪价格存在显著的空间聚集性，未能揭示价格的空间聚集特征及分布情况。因此，本书采用局部自相关分析对生猪价格进行进一步探索，利用 LISA 聚集图检测我国生猪价格的空间聚集特征及分布，揭示生猪价格空间分布的异质性。

Bai－Perron 检验得到 2016 年 10 月是价格的突变点，为比较结构变点两侧价格空间分布的异质性，结合标准差方法，最终选择 2016 年 12 月为稳定期、2016 年 5 月为高峰期。运用 ArcGIS 和 GeoDa 软件作图，在通过 Z 检验（$p < 0.01$）的条件下，绘制 LISA 聚集图。结果表明，无论是在生猪价格的稳定时期还是高峰时期，全国生猪价格存在明显的“高—高”聚集的特征，占总体的 53.33%。在“价格稳定”状态，位于“高—高”型的有：北京、河北、辽宁、天津、山东、上海、江苏等东部地区，内蒙古、山西、吉林、河南、安徽、湖北等中部地区，以及四川、甘肃、云南等西部地区；位于“低—低”型的只有中部地区的江

西省；位于“高—低”型的有：浙江、福建、广东、广西、海南等东部地区，中部地区的湖南，重庆、贵州、新疆等西部地区。与“价格稳定”状态相比，在“价格高峰”期，位于“高—高”型的地区少了甘肃与四川，增加了陕西与黑龙江；而位于“高—低”型的地区少了新疆，增加了江西。结构变点前后生猪价格的空间分布存在异质性，当生猪价格增长时，存在空间聚集特征的地区总数不会改变，但总体聚集特征向“高—高”型与“高—低”型特征迁移。

7.3 生猪价格波动的非对称分析——基于 Markov 区制转移 VAR 模型

2003 年以来，生猪价格的波动特征、生猪价格波动的成因和价格预测引起了国内外学者的关注。在生猪价格波动特征方面，以蛛网理论、适应性预期等理论为基础，从价格标准差、变异系数、移动平均、Coppock 指数等对生猪价格波动进行测量（Futrell & Grimes，1978；李秉龙，何秋红，2007；Hao，Chen & Fu，2014）。基于 20 ~ 21 世纪初的数据，帕克和肖克威尔（2013）建立带时变振幅振荡的正弦周期时变序列模型，研究得出德国生猪价格波动周期为 4 年，且波动越来越大。在生猪价格影响因素方面，国内外学者主要从生猪的生产成本、流通成本、养殖主体行为、生猪生产周期、替代品价格、疫情等生猪价格波动的原因进行了探讨。

随着国内外经济环境的影响，生猪价格的影响因素也越来越多，政策变化、疫情、金融危机等外界条件的变化都会使时间序列数据展现出突变的特点，价格月度数据呈现出随机性、非线性性等新的特征（付莲莲等，2016），传统的线性时间序列模型难以捕捉不同状态下生猪价格和影响因素之间的复杂性关系。生猪价格和影响因素如果在不同状态下发生了转移，线性 VAR 模型就不是很准确，这就需要从结构突变和非线性的视角去研究分析生猪价格波动的机理及其转移特征。哈密尔顿（Hamilton）最早提出的马尔可夫区制转移模型能够准确地刻画变量序列的结构性变化，并能够对过程的状态预测效果良好。为此，本节借助Markov模型的优点，采用2000年1月~2017年6月的数据作为研究周期，将生猪价格分为“价格下跌”“价格稳定”和“价格上涨”三个状态，建立三区制Markov模型，估计生猪价格在不同状态之间转换的平滑概率及持续时间，测算某一种状态持续的平均时间，并根据当今状态测算出下几期转移至三个状态的转移概率，从而对未来短期的生猪价格做出预测。

7.3.1 研究方法

哈密尔顿最早把马尔可夫区制转移模型应用于研究经济周期的问题，克罗齐格（Krolzig，1997）在哈密尔顿的研究基础上提出了非线性的马尔可夫区制转移向量自回归（MS－VAR）模型，该模型能够估计出不同区制下的回归参数，充分考虑时间序列数据在生成过程中所发生的结构性变化，较好地拟合生猪价格和其影响因素之间的关系。滞后p阶的MS－VAR(p)的一般表达式为：

$$y_t = v(s_t) + A_1(s_t)(y_{t-1}) + \cdots + A_p(s_t)(y_{t-p}) + u_t$$
$$u_t \sim NID(0, \sum(s_t)) \quad (7-19)$$

其中，s_t表示不可观测的区制变量，$v(s_t)$表示依赖于区制的截距项，$A_1(s_t)\cdots A_p(s_t)$表示在不同区制下各变量滞后值的系数。从区制i到区制j的转移概率为：

$$p_{ij} = P_r(s_{t+1} = j \mid s_t = i), \sum_{j=1}^{m} p_{ij} = 1, \quad \forall i, j \in \{1, 2, 3, \cdots, m\} \quad (7-20)$$

其中，m代表区制的个数。根据生猪价格的波动情况（均值±标准差），将生猪价格划分为“低位价格”“中位价格”和“高位价格”三个状态区制，即 $m=3$，$s_t=\{1, 2, 3\}$，则相应的概率矩阵为：

$$P=\begin{bmatrix} p_{11} & p_{12} & p_{13} \\ p_{21} & p_{22} & p_{23} \\ p_{31} & p_{32} & p_{33} \end{bmatrix} \tag{7-21}$$

其中，p_{ij}表示状态变量 s_t 从上一时刻的 i 状态转移到下一时刻 j 状态的概率。$\forall i\in\{1, 2, 3\}$，都有 $p_{i1}+p_{i2}+p_{i3}=1$。而概率矩阵 P 只是一步转移概率矩阵，$P(k)$ 表示为 k 步转移概率矩阵，是在一步转移概率矩阵 $P(1)$ 的基础上转移了 k 次的概率，记为 $P(k)=P^k(1)$。构建马尔可夫模型进行计算分析和预测，已知系统在当期的状态 s_t（假定为系统处于基期状态，$k=0$），发生 k 步转移后，处于该状态的概率为 $s_t(k)$，且 $\sum s_t(k)=1$，则可计算得下一期的概率为 $s_t(k+1)=s_t(k)\cdot P_{ij}$。可递推在转移 k 步后的概率为 $s(k)=s(0)\cdot P$（向量形式）。该公式可预测出基于当期状态预测出未来第 k 期状态转移概率。

由于上述公式中的 s_t 是不可观测的区制变量，其转移概率也无法观测出，因此，本书运用最大似然估计法来推断出生猪价格在各时点的状态概率值，得到的概率序列为平滑概率，即基于全部信息推出当期的状态概率；而用当期之前的信息推出当期的概率为滤波概率；用当期的信息推出下一期的状态概率称为预测概率。

7.3.2 数据来源

7.3.2.1 生猪价格

以2000年1月~2017年6月待宰活猪月度数据表示生猪价格，记为 *HOG*。数据来自中国畜牧业信息网和《中国农产品价格调查年鉴》，其中个别月份数据缺失，利用文本挖掘或者数学插值法补齐。

7.3.2.2 生猪价格的影响因素

（1）成本。成本方面选取玉米价格（X_1）和仔猪价格（X_2）两个变量。玉米价格代表养殖成本，由于饲料价格占到生猪养殖成本的80%以上，玉米又是饲料的主要组成部分，故选择玉米价格表示养殖成本。

（2）需求。需求方面选择去皮带骨猪肉价格（X_3），猪肉价格对活猪价格有着直接的影响，相关系数也高达0.996，因此选择猪肉价格表示需求因素。由于本书用的是月度数据，收入水平只有年度或季度数据，故在此没有纳入指标体系。

（3）替代品价格。替代品价格方面选择去骨牛肉价格（X_4）和鸡蛋价格（X_5），当生猪价格上涨得高于预期时，消费者会倾向选择具有相同营养价值且价格相对低廉的其他产品如牛肉、鸡蛋等食物替代，从而会对生猪市场供应量和价格的波动产生影响。

（4）疫情和突发事件。疫情（X_6）如猪瘟、猪丹毒、猪肺疫等疫情的发生和突发事件会导致生猪存栏量的减少从而降低了市场供给量，形成市场价格上升；同时，疫情易给消费者造成“猪肉有病毒，食用有损健康”的心理暗示，从而导致市场对生猪的需求量减少，形成压低生猪价格的情况出现。因此，疫情和突发事件的出现会给生猪价格带来不确定影响。有疫情和突发事件发生，记为1，否则记为0。

以上变量的数据来源于中国畜牧信息网、国家统计局网站和《中国农产品价格调查年鉴》，选取2000年1月~2017年6月为样本期。

7.3.3　基于MS－VAR模型的生猪价格波动分析

7.3.3.1　平稳性检验

由于时间序列数据往往是非平稳的，如果对非平稳数据回归的话，可能会出现虚假回归。为此，采用ADF检验对变量进行平稳性检验（见表7－7）。

表 7-7　　变量 ADF 检验结果

变量	t 统计量	P 值	结论
Y	-0.0087	0.6787	不平稳
ΔY	-9.2658	0.0000***	平稳
X_1	-0.5793	0.8407	不平稳
ΔX_1	-18.4032	0.0000***	平稳
X_2	-0.3083	0.5736	不平稳
ΔX_2	-7.5205	0.0000***	平稳
X_3	0.3259	0.7787	不平稳
ΔX_3	-9.6305	0.0000***	平稳
X_4	0.5398	0.8318	不平稳
ΔX_4	-5.7196	0.0000***	平稳
X_5	-0.0359	0.6696	不平稳
ΔX_5	-2.9449	0.0034***	平稳
X_6	-1.2785	0.185	不平稳
ΔX_6	-10.5414	0.0000***	平稳

注：Δ 表示一阶差分，*** 表示 1% 的显著性水平。

所有变量都是非平稳的，但对变量进行一阶差分后，在 1% 的显著性水平下都是平稳的，故六个变量均为一阶单整。

7.3.3.2　Granger 检验

对上述指标进行 Granger 因果关系检验，检验结果如表 7-8 所示。

表 7-8　　生猪价格及各因素间的 Granger 因果关系检验

组别	Granger 假设	F 值	P 值	结论
1	ΔX_1 不是 ΔY 的 Granger 原因	5.6187	0.0042	拒绝
	ΔY 不是 ΔX_1 的 Granger 原因	1.4224	0.2435	接受
2	ΔX_2 不是 ΔY 的 Granger 原因	4.8164	2×10^{-6}	拒绝
	ΔY 不是 ΔX_2 的 Granger 原因	9.1629	7×10^{-13}	拒绝

续表

组别	Granger 假设	F 值	P 值	结论
3	ΔX_3 不是 ΔY 的 Granger 原因	4.6715	0.0104	拒绝
	ΔY 不是 ΔX_3 的 Granger 原因	21.7837	3×10^{-9}	拒绝
4	ΔX_4 不是 ΔY 的 Granger 原因	4.1825	0.0166	拒绝
	ΔY 不是 ΔX_4 的 Granger 原因	10.8118	3×10^{-5}	拒绝
5	ΔX_5 不是 ΔY 的 Granger 原因	2.6502	0.0731	接受
	ΔY 不是 ΔX_5 的 Granger 原因	5.2344	0.0061	拒绝
6	X_6 不是 ΔY 的 Granger 原因	16.183	3×10^{-7}	拒绝
	ΔY 不是 X_6 的 Granger 原因	8.2433	0.0004	拒绝

注：在5%的显著性水平下判断。

可以看出，玉米价格（X_1）是生猪价格的 Granger 原因，但生猪价格不是玉米价格的 Granger 原因；仔猪价格（X_2）、猪肉价格（X_3）、牛肉价格（X_4）、疫情（X_6）和生猪价格互为 Granger 原因；鸡蛋价格（X_5）不是生猪价格的 Granger 原因，而生猪价格是鸡蛋价格的 Granger 原因。替代品中只有牛肉进入了生猪价格的影响因素中，而鸡蛋价格被排除在影响因素指标之外。Granger 检验得出：玉米价格、仔猪价格、猪肉价格、牛肉价格和疫情是生猪价格的 Granger 原因。因此建立生猪价格与其影响因素之间的函数为：

$$\Delta Y = \underset{(0.4674)}{0.0077} + \underset{(0.9026)}{0.1714}\Delta X_1 + \underset{(2.0563)}{0.0168}\Delta X_2 + \underset{(26.0457)}{0.7148}\Delta X_3 - \underset{(-2.8461)}{0.0847}\Delta X_4 - \underset{(4.1386)}{0.1048}\Delta X_6$$

$$R^2 = 0.9037 \qquad \overline{R^2} = 0.9014 \qquad F = 381.1583 \qquad (7-22)$$

由于 R^2 较大并且 $F = 381.1583 > F_{0.05}(5, 203) = 3.11$，故认为生猪价格与上述影响因素间总体关系显著。由于 X_1、X_2、X_4、X_6 前参数估计的 t 检验值较小，测算出方差膨胀因子 VIF，可知变量间存在多重共线性。为了消除各指标之间的多重共线性问题，运用逐步回归法建立回归模型，筛选出最合适的影响因素指标。得到的回归模型如下：

$$\Delta Y = \underset{(0.4097)}{0.0069} + \underset{(2.1879)}{0.0211}\Delta X_2 + \underset{(26.1674)}{0.7323}\Delta X_3 - \underset{(-2.8645)}{0.0875}\Delta X_4$$
$$R^2 = 0.8954 \qquad \overline{R^2} = 0.8939 \qquad F = 585.1637 \qquad (7-23)$$

最终选择仔猪价格、猪肉价格和牛肉价格作为生猪价格的主要影响因素进入下面的实证建模。

7.3.4 MS－VAR 模型结果分析

7.3.4.1 模型估计结果

在 MS（3）－VAR（p）模型中一个重要的问题就是滞后阶数 p 的判断，根据 MS（3）－VAR（p）模型中的 AIC 和 SC 判断准则来选取出最合适的滞后阶数，由 EVIEWS 8.0 软件得出滞后阶数为 2 时 AIC 和 SC 的值最小，AIC 值为 －0.2788，SC 值为 －0.1778。因此，选择滞后阶数为 2 的模型进行分析。

MS－VAR 模型一般会根据随 s_t 变化而变化的方程的均值、自回归系数、截距和方差得出不同的 MS－VAR 模型。均值变化的模型为 MSM－VAR 模型，自回归系数变化的模型为 MSA－VAR 模型，截距变化的模型为 MSI－VAR 模型，方差变化的模型为 MSH－VAR 模型，或者是其中两个或三个值一起变化的混合模型。基于 OX 软件中的 MSVAR 优化包，得到表 7－9。MSIAH（3）－VAR（2）模型的 AIC 值、SC 值最优，且其 LR Linearity 统计量最为显著，故最终选定 MSIAH（3）－VAR（2）模型进行分析。

表 7－9　　最佳 MS－VAR 模型的选择

模型	LL	AIC	HQ	SC	LR
MSM(3)－VAR(2)	－442.6927	4.8334	5.2725	5.8498	26.342
MSA(3)－VAR(2)	－295.7228	3.9973	4.7552	5.8713	320.28
MSI(3)－VAR(2)	－437.8414	4.8334	5.2254	5.8027	36.0445

续表

模型	LL	AIC	HQ	SC	LR
MSH(3) - VAR(2)	-270.9769	3.3837	3.8003	4.8618	369.7735
MSIA(3) - VAR(2)	-320.2269	4.3129	5.123	6.3161	271.2736
MSIH(3) - VAR(2)	-287.6544	3.5695	4.0921	5.71	336.4185
MSMH(3) - VAR(2)	-312.29	3.8086	4.3313	5.101	287.1474
MSMA(3) - VAR(2)	-928.9201	10.2225	11.0327	12.2257	-946.1129
MSIAH(3) - VAR(2)	-204.5252	3.3299	4.3246	4.493	502.677
MSMAH(3) - VAR(2)	-928.9201	10.4167	11.3575	12.7430	-946.1129

基于 OX 软件中的 MSVAR 优化包，文章采用极大似然估计进行估计。从表 7 - 10 结果来看，生猪价格在区制 1 和区制 3 的标准差大于区制 2 的标准差，由此可以判断，生猪价格处于“价格上涨”和“价格下跌”区制时，价格的变动程度会很大；滞后期的生猪价格对当期生猪价格的影响是较大的，尤其是滞后 1 期的生猪价格对当期生猪价格的影响最为显著。滞后 1 期的猪肉价格在三种区制状态下对生猪价格均有显著影响，滞后 1 期的仔猪价格在“低位”时对生猪价格有显著影响，滞后期的牛肉价格在生猪“价格上涨”时对生猪价格有显著的影响，处于“价格适中”和“价格下跌”时的影响不显著，其背后的经济含义是，当价格上涨时，消费者更多的是选择牛肉替代猪肉，故牛肉价格显著影响着生猪价格。

由此可知，生猪价格的滞后效应显著影响着生猪价格本身，并且其影响因素的滞后期价格也会对生猪价格产生一定的影响，进一步印证生猪价格和影响因素之间存在复杂的非线性关系。

表 7 – 10　　MSIAH（3）– VAR（2）模型估计结果

变量	ΔY		
	区制 1	区制 2	区制 3
Const	−0.4154（−4.6974）***	0.0748（2.3194）**	0.6444（6.7661）***
ΔY_1	1.8627（5.1368）***	−0.1399（−0.5157）	1.5781（3.4540）***
ΔY_2	−0.0536（−0.1565）	0.2837（1.4565）	−0.0267（−0.0494）
ΔX_2_1	−0.1872（−2.1492）**	0.0633（0.9956）	0.0553（0.7421）
ΔX_2_2	0.0374（0.5136）	−0.0498（−1.1545）	0.1348（1.5329）
ΔX_3_1	−1.2398（−2.7098）***	0.3529（1.7236）*	−0.9851（−3.1512）***
ΔX_3_2	0.1459（0.5370）	−0.4341（−3.6172）***	−0.4355（−1.3038）
ΔX_4_1	0.0449（0.2659）	−0.0018（−0.0173）	0.5857（2.5402）**
ΔX_4_2	−0.0105（−0.0812）	−0.0222（−0.2780）	0.5202（2.4888）**
SE	0.4252	0.2854	0.4497

注：（）中的数据为 t 统计量，***、**、* 分别表示在 1%、5%、10% 的水平下显著。

7.3.4.2　区制概率分析

从图 7 – 8 可以明显地观察到，区制 2 的概率分布在三个区制的概率分布中占据主要位置。在 2000 ~ 2006 年，生猪价格大多处于价格适中的区间范围，说明这段时期内的生猪价格较为稳定。而在 2007 ~ 2008 年、2010 ~ 2011 年和 2015 年 7 月 ~ 2016 年 4 月的生猪价格处于“价格上涨”区间，价格波动较为剧烈。可能是因为全球农产品价格普遍上涨，生猪饲料的价格随之上涨，使生猪的饲养成本增加，加之遭受疫情的侵害，导致生猪存栏量急剧下降，供给不足，生猪价格上涨明显。

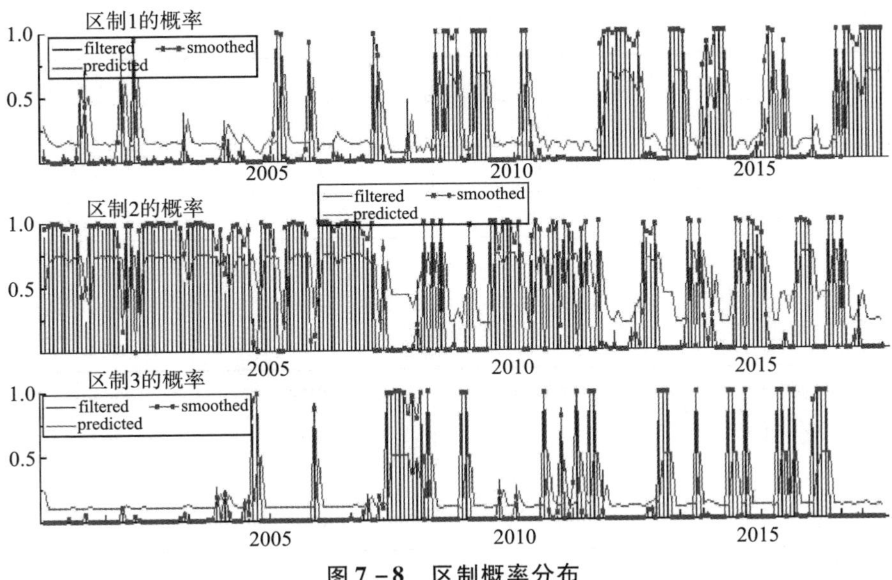

图 7 – 8 区制概率分布

注：图中 filtered、smoothed、predicted 分别表示滤波后的概率、平滑后的概率和预测的概率。此图根据笔者用 OX 软件运行出来的数据绘制而成。

表 7 – 11 和表 7 – 12 分别给出了生猪价格的状态转移概率矩阵和区制属性表。区制 2 的频率在三个区制中最高，达到 55.29%，说明生猪价格在较多时候还是处于“价格稳定”的阶段，价格稳定，波动程度小。当生猪价格进入区制 1 时，其维持在区制 1 的概率为 0.678，持续期为 3.11 个月；生猪价格进入区制 2 并维持在该区制的概率为 0.7553，持续期是 4.09 个月；生猪价格维持在区制 3 的概率是 0.5084，持续期为 2.03 个月。区制 1 转移至区制 3、区制 3 转移至区制 1 的概率分别为 0.1046 和 0.06，表明生猪价格出现从“价格上涨”到“价格下跌”转移的概率很小，生猪价格出现不间断的暴涨暴跌现象的概率较小，价格的涨跌过程中还是会有过渡和缓冲阶段。价格从“价格稳定”状态转移到“价格上涨”状态的概率为 0.1079，价格从“价格上涨”转移到“价格稳定”的概率为 0.4315，生猪价格波动具有明显的不对称性。

表 7－11 区制转移概率

区制名称	区制 1	区制 2	区制 3
区制 1	0.6785	0.2169	0.1046
区制 2	0.1368	0.7553	0.1079
区制 3	0.0601	0.4315	0.5084

表 7－12 区制属性

区制名称	样本数量	平均概率	持续期
区制 1	54.4	0.2686	3.11
区制 2	114.5	0.5529	4.09
区制 3	37.1	0.1785	2.03

7.3.4.3 生猪价格预测分析

基于 2017 年 6 月的生猪价格数据，利用表 7－11 中的转移概率，对 2017 年下半年生猪价格波动情况进行预测，并结合价格波动情况图及价格走势图进行分析。从收集到的 6 月数据来看，当期的生猪价格正处于“价格下跌”阶段，即该期的状态 $S(0)=(1,\ 0,\ 0)$，因此，下一期即 2017 年 7 月的概率为：

$$S(1)=S(0)\cdot P=(1,\ 0,\ 0)\begin{bmatrix}0.6785 & 0.2169 & 0.1046\\ 0.1368 & 0.7553 & 0.1079\\ 0.0601 & 0.4315 & 0.5084\end{bmatrix}$$

$$=(0.6785,\ 0.2169,\ 0.1046)$$

由 $s(1)$ 的结果可知，由当期 6 月份在区制 1 转移至下一期 7 月仍在区制 1 的概率最高，高达 06785，表明生猪价格在下一个月继续保持价格下跌的状态，转移至区制 3 的概率为 0.1046，出现价格剧烈波动的情况的概率很小，几乎不会出现暴涨暴跌的情况。以此类推，可计算出 2017 年下半年生猪价格波动的转移概率（见表 7－13）。

表 7－13　　　　　　　　　生猪价格波动转移概率

时间	转移概率
2017 年 7 月	(0.6785, 0.2169, 0.1046)
2017 年 8 月	(0.4963, 0.3561, 0.1476)
2017 年 9 月	(0.3943, 0.4403, 0.1654)
2017 年 10 月	(0.3377, 0.4895, 0.1728)
2017 年 11 月	(0.3065, 0.5175, 0.176)
2017 年 12 月	(0.2893, 0.5333, 0.1774)

由表 7－13 可知，2017 年下半年生猪价格在“价格下跌”的区制 1 的概率逐渐减小，向区制 2 和区制 3 转移的概率逐渐增大，并且区制 2 的概率占主要。结合图 7－9，生猪价格在 2017 年上半年一直处于“价格下跌”状态，6 月时价格在 14 元/千克左右。并且区制 1 的概率逐渐减小，同时向区制 2 转移的概率逐渐增大，结合图 7－10，价格有向正向波动的趋势，由此可知，下半年的生猪价格波动情况有从“价格

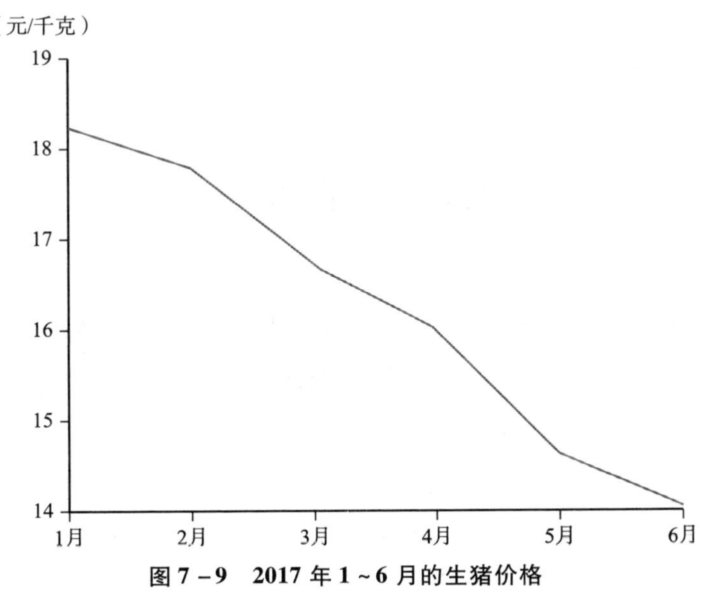

图 7－9　2017 年 1～6 月的生猪价格

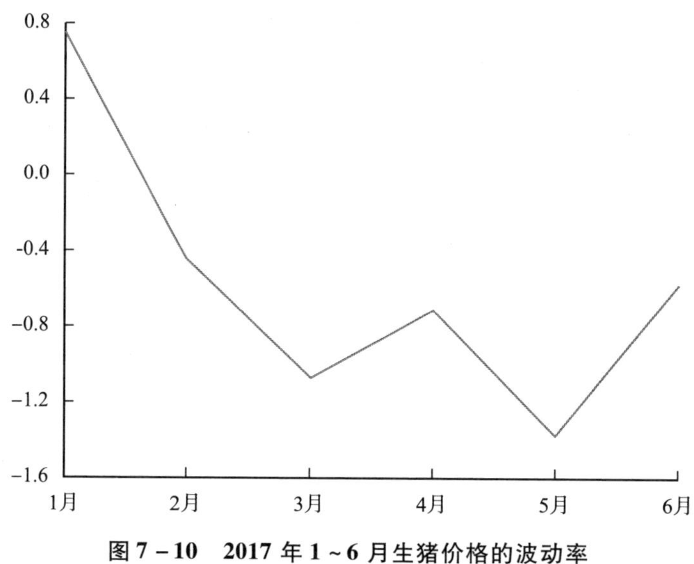

图 7－10　2017 年 1～6 月生猪价格的波动率

下跌”区制向“价格稳定”区制转移的趋势，价格波动的幅度会有所减少，趋于平稳。因此下半年波动的价格区间应在 14～15 元/千克左右。但在 2017 年年底，区制 3 的转移概率也变得逐渐明显（见表 7－13），说明到了年底时，生猪价格的波动会变得比较剧烈，可能会出现价格上涨较大的情况。

7.4　本章结论

借助 Bai－Perron 检验、Mann－Kendall 方法对月度数据检验，找出突变时间；然后以结构变点为界限，把样本期一分为二，基于对数线性模型探索生猪价格形成机理的结构性变化；接着从时间和空间两个维度生猪价格波动特征异质性，利用 Census－X12 分解方法分解出生猪价格的季节性成分、不规则成分和趋势周期成分，并运用协方差分析法量化 3 种成分对生猪价格的贡献度，从而考察 2 个样本期内 3 种成分的贡献度的异质性；最后，从非线性角度研究了生猪价格的非对称特征，运用Markov转移模型测算出生猪价格在三种不同状态之间的转移概率。得出如下结论：

（1）2000年1月~2017年10月期间，生猪价格数据是非线性的，在2007年5月发生了突变。Bai－Perron检验得到生猪价格在2003年3月、2007年5月、2013年4月和2016年10月发生结构突变，M－K检验得到2007年5月是生猪价格的非参数突变点，结合两种方法，以变点2007年5月划分样本期。

（2）2000年1月~2017年3月期间，猪肉价格和仔猪价格对生猪价格的影响较大；2000年1月~2007年5月期间，变量对生猪价格贡献度从大到小排序为：猪肉价格>仔猪价格>玉米价格>疫情>替代品价格，猪肉价格和仔猪价格的贡献度高达97%；2007年5月~2017年3月期间，猪肉价格和替代品价格变成了生猪价格的主要影响因素，疫情对生猪价格的影响为负，这与綦颖（2008）等的研究结果一致。

（3）相对于样本期2000年1月~2007年5月，2007年6月~2017年3月价格的不规则成分影响越来越大，季节性影响越来越显著。在趋势周期成分方面，2000年1月~2007年5月价格经历了2个大周期，标准差为1.171，2007年6月~2017年3月经历了6个周期，大周期里面含小周期，周期历经的时间变短，标准差为2.87。2007年5月之后生猪价格背后影响因素对其非线性作用更为突出。

（4）不规则因素对生猪价格的贡献度从第一阶段的0.004增加到第二阶段的0.014，季节因素对生猪价格的贡献度从0.029上升到0.065，但趋势周期因素的贡献度从0.967下降为0.921，这表明，传统因素对生猪价格的影响微降，不确定因素对价格的影响程度逐渐增加。

（5）2000年1月~2007年5月生猪价格存在波动聚集性，不具有高风险高回报和非对称性；2007年6月~2017年10月生猪市场存在高风险高回报特征和杠杆效应，利空消息比等量利好消息对生猪市场的冲击要小，这和董玲关于猪肉市场的研究相同（董玲，2010），和股票市场的非对称性不同。

（6）全国生猪价格全局上存在较为显著的空间自相关性，两个地区距离越近，则两地的生猪市场相关性越大。Morans'I 值显示生猪价格空间上呈现不稳定性；局部自相关分析显示全国生猪价格具有空间分布的异质性。无论是在价格的稳定期还是高峰期，全国生猪价格存在明显的“高—高”聚集的特征，占总体的53.33%。一个地区生猪价格的上涨，会带动周边地区生猪价格的上涨。在价格稳定期，生猪价格存在显著的地区差异。在价格高峰期，总体聚集特征向“高—高”型与“高—低”型特征迁移，结构变点两侧价格空间分异显著。

（7）2000 年 1 月 ~2017 年 6 月的生猪价格波动情况可以用 MSIAH（3）- VAR（2）模型描述。价格位于“价格上涨”和“价格下跌”区制的标准差远大于“价格稳定”的区制 2，且区制 1 和区制 3 的标准差相近，分别为 0.4497 和 0.4252，表明生猪价格处于上涨和下跌状态时，价格的波动程度剧烈，且上涨和下跌的波动幅度相近；仔猪价格、猪肉价格和牛肉价格显著影响着生猪价格的波动，其中生猪价格主要受自身的滞后期的影响，且在不同状态下，对生猪价格的影响有异质性。猪肉价格在三种区制状态下对生猪价格均有显著影响，仔猪价格仅在“价格下跌”时对生猪价格有显著影响，而牛肉价格仅在“价格上涨”时对生猪价格有显著影响。

（8）生猪价格位于区制 2 的频率最高，达到 55.29%，生猪价格仍以“价格稳定”状态为主；生猪价格进入“价格下跌”“价格稳定”“价格上涨”状态时，继续维持在相同状态下的概率分别为 0.678、0.7553、0.5084。区制 1 转移至区制 3、区制 3 转移至区制 1 的概率分别为 0.1046 和 0.06，生猪价格从“价格稳定”状态转移到“价格上涨”状态的概率为 0.1079，从“价格上涨”转移到“价格稳定”的概率为 0.4315，生猪价格波动具有明显的不对称性。

第 8 章

生猪价格波动的预测及风险预警研究

本书的理论框架“波动—因素—层次结构—路径—预警”，第 4 ~7 章已经研究了“波动—因素—层次结构—路径”，本章以江西省为研究区域，建立组合预测模型对生猪价格进行预测，运用人工智能的方法对生猪价格波动进行风险预警，为其他省份生猪价格风险预警研究提供方法和技术支持。种植业和畜牧业是江西省农业生产系统的主导产业，生猪养殖又是畜牧业的重要组成部分。2000 以来，江西省生猪养殖业规模越来越大，为生猪调出大省之一，已成为江西省农业的重要产业，由此成为东南沿海重要的猪肉产品供应基地。笔者作为“江西省 2011 协同创新中心”的骨干成员，多次参与江西彭泽、万年、德邦、萍乡兰坡村等地区生猪产业的调研、访谈和实地考察，从调研的结果来看，生猪价格周期波动的问题已是一个不争的事实，探讨江西省生猪价格波动的形成机理和风险预警，对于稳定江西省生猪生产，增加畜牧业产值，保障农民收入可持续增长，促进农业的发展、保障猪肉食品安全具有非常重要的现实意义。

在生猪价格波动的成因方面，国内外学者主要从生猪的生产成本、流通成本、养殖主体行为、生猪生产周期、替代品价格、疫情等生猪价格波动的原因进行了探讨（Tan & Zapata，2014；宁攸凉和乔娟，2010）。我国生猪饲养大都以农户散养为主，散养户基本不具备市场分析能力和决策能力，经常简单地依据市场价格做出生产决策。价格上涨时大家一窝蜂涌入市场，而价格下跌时纷纷退出，这种频繁进退市场行为容易引起生猪市场价格的剧烈波动（王明利和王济民，2007）。长期来看，收入水平、宏观经济、经济结构变动等这些趋势性因素对猪肉价格的影响较大，从而牵动着生猪价格的波动（Yu，2014；Shiva，2014）除了供给和需求层面的因素外，疫病、突发性事件和国家政策等外部冲击同样会影响生猪价格（Abao et al.，2014）

学者对生猪价格波动的成因还没达成共识，有些学者认为生猪生产周期、生猪养殖规模是生猪价格波动的主要原因，有些认为生猪饲料价格、人工成本、物流成本是生猪价格波动的驱动力，这主要是因为这些研究是从一个或几个角度来分析，缺少对诸多因素共同作用的综合集成分析。生猪价格波动对养殖者的收益带来很大的不确定性，如果在生猪价格不正常波动之前能给出预警，则可规避生猪价格波动带来的风险，保障生猪养殖者收入稳定。建立生猪市场指标体系、对生猪价格波动进行风险预警分析是个亟待解决的科学问题。

对生猪价格预测的方法有很多，如 BP 人工神经网络、ARIMA 模型、向量机（SVM）模型、结构模型中的 MIMIC 模型、GM（1，1）灰色模型法向量机（SVM）模型等。在价格预警方面，国内对畜产品价格预警模型主要是采用 ARIMA、结构方程模型等方法，但计量经济学模型在非平稳发展和缺乏规范行为理论的经济过程中显得心有余而力不足。生猪生产、销售是复杂的社会经济活动，价格月度数据具有非线性、不平稳性、时变性等多个特点，一般的预警模型很难满足构建生猪价格风险预警模型所需的要求。而 BP 人工神经网络，是一种非线性的建模过程，不需要分清非线性关系，便能从学习样本集中隐式地抽象出各个因素数据之间的规律，从相似的、不确定的甚至相互矛盾的环境中做出准确决策。

本章首先利用多元回归和灰色关联分析相结合选出进入预测的 6 个风险指标，运用 BP 人工神经网络模型、ARIMA 模型、向量机（SVM）模型分别对生猪价格的波动建立对应的预测模型，再进行组合预测，得到最终的预测结果，旨在建立生猪价格的波动风险预测机制，为江西省政府制定对生猪价格的宏观调控提供参考依据。其次，构建风险预警指标体系，构建 BP 神经网络模型对生猪价格波动的风险进行预警。剖析生猪价格波动的机理、建立有效的生猪价格波动的风险预警机制，有助于政府能够及时掌握生猪市场的情况，合理地制定宏观调控政策，有助于生猪养殖者能够有效规避生猪价格不平稳波动的所带来的风险，从而保持生猪生产市场平稳健康地发展。

8.1　生猪价格的波动机理及其预测——基于 ARIMA + BP 神经网络模型

生猪价格的波动直接影响了国民消费者的“菜篮子”，对中低收入者的影响尤为显著。江西省相对不发达，中低收入者占绝大多数，江西省又是生猪调出大省，这就意味着生猪价格的波动对江西畜牧业的影响为全国前列，研究其影响机制已经是迫在眉睫了。

对江西省养殖农户来说，生猪价格的高低更是直接影响其全年收入的高低。受 2011 年猪肉价格上涨的影响，养殖农户错误估计市场，大量提高了生猪的存栏量，导致 2014 年的生猪价格低迷，很多养殖户当年的辛苦劳作付之一炬，甚至有很多人遭受了巨大的损失。因为针对职业养殖农户而言，规模养殖对农户人力资源的专用性要求越来越高，生猪养殖几乎成了他们赖以生存的唯一收入来源或主要收入来源。

从政府层面来说，生猪价格的波动对 CPI 指数有着举足轻重的影响。CPI 是反映国民经济运行状况的主要指标之一，生猪价格波动导致了 CPI 的浮动，不利于江西省经济健康稳定的发展。对整个畜牧业来说，生猪价格波动导致相关的替代农产品生产也不稳定，对农村的经济发展形成了严重的阻碍，进而影响城镇居民的生活消费，关系到整个江西省范围内的经济稳定。

为此，首先结合多元回归和灰色关联分析遴选出生猪价格的影响因素，运用 BP 人工神经网络模型、ARIMA 模型、向量机（SVM）模型分别对生猪价格的波动进行科学分析，建立对应的预测模型，再通过加权的方式得到最终的预测结果。

8.1.1 指标选择和数据来源

基于第 3 章的理论分析，初步选取玉米价格、猪肉价格、猪肉替代品价格（活鸡、牛肉）、仔猪价格、豆粕价格、汇率、疫情等作为生猪价格波动成因（宁攸凉，乔娟，2010；唐江桥，2011）。基于数据可得性，样本范围定为 2000 年 1 月～2016 年 12 月，其中玉米价格、仔猪价格、猪肉价格、活鸡价格、牛肉价格和豆粕价格数据来源于中国畜牧业信息网，人民币有效汇率来自国际清算银行，疫情以虚拟变量表示，通过文本挖掘，如果当年发生疫情，记为 1，否则，记为 0。

8.1.2 基于灰色关联法的生猪价格影响因素的确定

8.1.2.1 灰色关联法

灰色关联是指事物之间的不确定关联，灰关联分析的基本任务是基于行为因子序列的微观或宏观的几何接近程度，以分析和确定因子间的影响程度或因子对主行为的贡献程度。借鉴前人的研究基础，本书选取待宰活猪价格代表生猪价格，即选定待宰活猪的价格作为参考序列。

（1）变量的无量纲化。对待宰活猪的价格及相关影响因素的数据进行无量纲化处理，以便得出结果的准确性。

$$x_i(k)=\frac{X_i(k)}{X_i(k)},\ k=1,2,\cdots,n;\ i=0,1,2,\cdots,m \quad (8-1)$$

（2）计算关联系数。$x_0(k)$ 与 $x_i(k)$ 的关联系数：

$$\zeta_i(k)=\frac{\min_i\min_k|y(k)-x_i(k)|+\rho\max_i\max_k|y(k)-x_i(k)|}{|y(k)-x_i(k)|+\rho\max_i\max_k|y(k)-x_i(k)|} \quad (8-2)$$

ρ 其中越小，分辨力越大，一般 ρ 的取值区间为（0，1），具体取值可视情况而定。当 $\rho \leqslant 0.5463$ 时，分辨力最好，通常取 $\rho = 0.5$。

（3）计算关联度。将比较数列和参考数列间关联程度用数量表示：

$$r_i = \frac{1}{n}\sum_{k=1}^{n}\zeta_i(k)\ ,\ k = 1,\ 2,\ \cdots,\ n \qquad (8-3)$$

8.1.2.2 实证结果

运用 Excel 求解得出仔猪价格、玉米价格、豆粕价格、实际有效汇率、去骨猪肉价格、活鸡价格、牛肉价格、货币供应量对待宰活猪价格的关联度（见表 8－1）。

表 8－1　　关联度排序

项目	玉米价格	仔猪价格	去骨猪肉价格	豆粕价格	货币供应量	牛肉价格	活鸡价格	实际有效汇率
关联度	0.8469	0.8432	0.9341	0.8142	0.7141	0.7299	0.8375	0.7323
排序	2	3	1	5	8	7	4	6

关联度越大，说明影响待宰活猪的价格波动的因素越重要。由表 8－1 可知，影响因素的关联度排序为去骨猪肉价格、玉米价格、仔猪价格、活鸡价格、豆粕价格、实际有效汇率、牛肉价格、货币供应量。

同时，建立线性模型对生猪价格的影响因素进行筛取，模型具体形式如下：

$$P_d = \alpha_0 + \alpha_1 P_y + \alpha_2 P_z + \alpha_3 P_p + \alpha_4 P_j + \alpha_5 P_n + \alpha_6 P_c + \beta_1 R + \beta_2 D \qquad (8-4)$$

其中 P_d、P_y、P_z、P_p、P_i、P_n、P_c、R、D 分别表示待宰活猪价格、玉米价格、仔猪价格、去皮带骨猪肉价格、活鸡价格、牛肉价格、豆粕价格、人民币有效汇率和疫情。

求 P_y、P_z、P_p、P_j、P_n、P_c、R、D 之间的相关系数，发现玉米和豆粕价格、牛肉和活鸡价格之间的相关系数达到了 0.9 以上，表明模型可能存在多重共线问题，故采用 Stepwise 逐步回归法回归，考虑生猪价格可能存在滞后效应，依次加入生猪价格的 n 阶滞后项进行调试，最终确定为滞后 3 期价格，这个变量代表生产者预期，估计结果如下：

$$P_d = \underset{[-1.478]}{-0.628} + \underset{[2.64]}{1.032}P_y + \underset{[3.559]}{0.121}P_z + \underset{[9.54]}{0.392}P_p + \underset{[-4.42]}{0.122}P_j + \underset{[2.3]}{0.264}P_c + \underset{[2.52]}{0.123}P_{d-3} - \underset{[-1.724]}{0.096}D$$

$$R^2 = 0.978, \ F = 1259.39 \tag{8-5}$$

式（8-5）方括号内数字表示 t 统计量，在 5% 的显著性水平下，玉米价格、仔猪价格、猪肉价格、活鸡价格、豆粕价格、生产者预期和疫情对生猪价格的影响均比较显著。玉米价格的边际影响系数为 1.032，高于其他因素的影响程度，表明生产成本对生猪价格的影响较大。而且，猪肉价格产生的需求拉动效应对生猪价格的影响也比较明显。

通过多元回归对生猪价格影响因素的分析，显著性较高的影响因素为去骨猪肉价格、仔猪价格、玉米价格、豆粕价格、活鸡价格、生猪疫情。灰色关联分析法的关联度排序与显著性较高的几个因素大致符合。结合两种方法的结果，确定生猪价格波动的主要影响因素为去骨猪肉价格、玉米价格、仔猪价格、活鸡价格、豆粕价格以及生猪疫情。

8.1.3 基于 ARIMA + BP 神经网络模型的生猪价格预测

8.1.3.1 模型思路

由于江西省生猪价格历史数据中既有线性趋势，又有非线性趋势，单纯使用 ARIMA 与 BP 人工神经网络模型都有可能导致误差过大。而 ARIMA 与 BP 人工神经网络模型分别对线性模型及非线性模型处理具有优势，之间亦存在优势互补，因此，二者组合起来进行价格预测，可以达到提高预测效果的目的。

假设时间序列 Y_t 可视为线性自相关部分 L_t 与非线性残差 N_t 两部分的组合，即：$Y_t = L_t + N_t$，拟采取如下步骤构建组合预测模型：

（1）利用 ARIMA 模型对线性部分建模，设预测结果为 $\hat{L}_t$，序列 $\hat{L}_t$ 的残差为 N_t，N_t 中包含了序列 Y_t 的非线性关系。

（2）对（1）中得到的 N_t 序列进行重构得到 BP 样本集，利用 BP 人工神经网络对残差进行预测，得到预测结果 $\hat{N}_t$。

（3）将现行预测得到的 $\hat{L}_t$ 序列与非线性集合得到的 $\hat{N}_t$ 序列组合，得到预测结果 $\hat{Y}_t = \hat{L}_t + \hat{N}_t$。组合预测原理如图 8－1 所示。

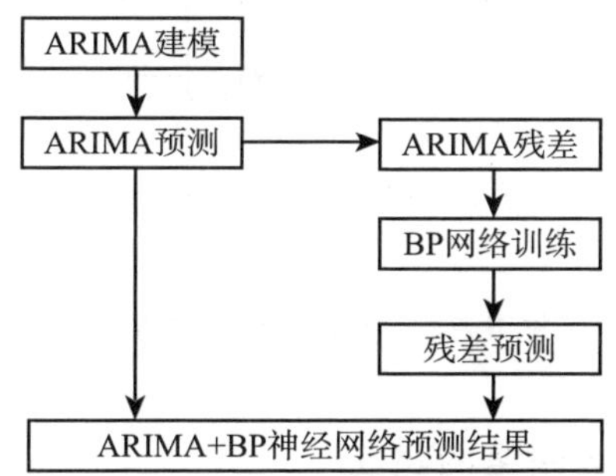

图 8－1　ARIMA＋BP 神经网络组合预测模型

8.1.3.2　神经网络原理

Matlab 的神经网络工具箱几乎囊括了所有现有的神经网络，包括 BP 神经网络、线性网络、自组织网络和回归网络等一系列网络模型。Matlab 神经网络工具箱对于多种不同的网络模型，集成了多种学习算法，可以快速地实现对实际问题的建模求解，节约大量的编程时间。本研究中的 BP 神经网络便是基于 Matlab 神经网络工具箱建立的。

神经网络是一个并行和分布式的信息处理网络结构，连接机制结构的基本处理单元与神经生理学类比往往称为神经元，每个构造网络的神经元模型模拟一个生物神经元。每个神经元只有一个输出，它可以连接到很多其他的神经元，每个神经元输入有多个连接通道，每个连接通道对应于一个连接权系数（龙勇等，2018）。

该神经元单元由多个输入 x_i，$i = 1, 2, \cdots, n$ 和一个输出 y_j 组成

（见图8－2）。中间状态由输入信号和权值运算的和表示，而输出 y_j 可以用数学表达式表示为：

$$y^i(t) = f(\sum_{i=1}^{n} w_{ji}x_i + \theta_j)$$

该公式中，θ_j 为神经元单元的偏置值（阈值），W_{ij}为连接权系数，n 为输入信号，y_j 为神经元输出，t 为时间，f 为输出变换函数。

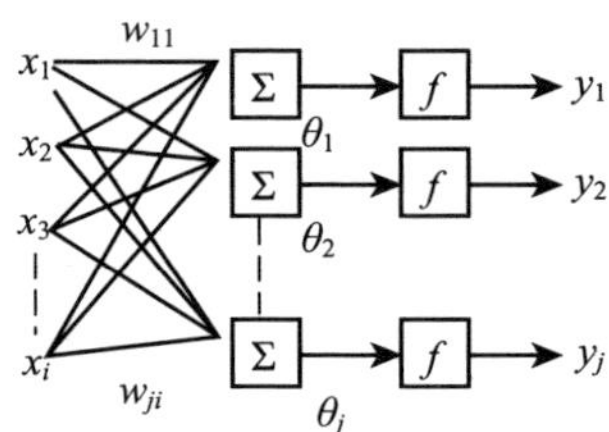

图8－2　神经网络工作原理

8.1.3.3　BP神经网络的建立

神经网络工具箱提供了建立神经网络的专用函数：

$net = newff(PR, [S_iR \cdots S_N], \{TF_1 TF_2 \cdots TF_N\}, BTF, PF)$

其中，PR 表示 R 维输入是输入的最小值与最大值之间的范围；S_i 表示第 i 层的神经元数目；TF_i 表示第 i 层神经元采用转移函数；BTF 表示网络训练函数，即学习算法；PF 表示训练误差函数。

（1）学习样本的确定。一个神经网络模型性能的优劣在很大程度上取决于它的泛化能力，即当输入网络没有“见过”的样本时，也同样能够正确地输出。而保障网络的泛化能力的必要条件是：样本数量需要足够大。让神经网络模型进行充分的“学习”，才能具有良好的性能，具有归纳推理的能力。

在建立模型的过程中，把样本划分为训练样本和测试样本两个部分。本研究选取2000年1月～2014年12月的江西省月度生猪价格作为训练样本，2015年1月～2017年6月的数据作为测试样本。

（2）权值和阈值的确定。神经网络工具箱提供的初始化函数及调用格式为：

$$net = \mathrm{init}(net)$$

其中，参数 *net* 为 newff 所建立的网络，变量 *net* 为初始化后的网络。

对前馈网络来说，有两种不同的初始化方式经常被用到：initwb 和 initnw。initwb 函数根据每一层自己的初始化参数初始化权重和阈值，初始化权重通常设为 rands，它使权重在 -1 ~ 1 之间随机取值，这种方式经常用在转换函数是线性函数时。initnw 通常用于转换函数是曲线函数时，它根据 Nguyen 和 Widrow 方法为每一层产生初始化权重和阈值，使得每层神经元的活动区域能大致平坦地分布在输入空间。

初始化在调用网络建立函数 newff 时根据缺省的参数自动完成，可以不必再单独调用 init 函数，只有当要重新初始化权重和阈值或者进行自定义的初始化时才需要调用 init。

（3）训练网络。建立网络之后就可以调用神经网络工具箱中的 train 函数对网络进行训练了，具体用法为：

$$net = \mathrm{train}(net,\ P,\ T)$$

其中，*P* 和 *T* 分别为训练样本举证和目标输出矩阵，*net* 为由 newff( ) 函数生成待训练的网络。在设置了训练参数后，train 函数会根据 netff( ) 函数中确定的训练函数来训练网络。本节初始训练参数选取：最大训练步长选择 5000，目标误差选择 0.01，其他参数采用缺省值。

（4）检验网络。利用仿真函数可以对训练好的网络用检验样本进行检验，具体调用格式为：

$$\alpha = \mathrm{sim}(net,\ P)$$

其中，*net* 为训练好的网络对象，*P* 为输入向量或举证，*a* 为网络输出。*P* 若为向量，则为单点仿真，*P* 为矩阵，则为多点仿真。

在训练误差达到要求后，输出检验样本，根据检验输出与实际输出的误差，判断网络的性能，以便取舍。

8.1.3.4　BP 神经网络预测 ARIMA 过程

江西省生猪价格受社会经济活动的影响因素比较多，在建立预测模型时江西省生猪价格是许多影响因素相互作用的结果，其中隐含所有影响因素对江西省生猪价格影响的规律。

本模型先对江西省生猪价格进行单步预测，然后再将输出反馈给输入端作为网络输入的一部分，构建滚动神经网络预测模型，避免因外部因素不同造成的预测偏差。据此，提出组合预测模型，模型中神经网络预测选用滚动预测方法对 ARIMA 模型的误差进行预测。

（1）网络输入层输出层的考虑。利用 BP 神经网络模型进行江西省生猪价格预测，其中一个重要的假设是时间序列的历史值可以用来预测未来值，本模型选用比较常用的方法 AIC 准则，生猪价格时间序列最佳滞后期为5。因此取输入数据的维数为5，可以表示为一个5维的向量，可确定输入层节点为5。输出层的节点数可以根据实际要求选取，在本研究中输出层节点选取为1。依据2000年1月~2017年6月的预测误差数据作为理想输入，2011年1月~2017年6月的预测误差数据作为理想输出，拟建立一个有5个输入层1个输出层的三层网络。

（2）隐层的考虑。根据隐层节点数计算公式：

$$k < \sum_{i}^{n} C\binom{n_1}{i}$$

式中，k 为样本数，n_1 为隐节点数，n 为输入层单元数，当 $i > n_1$ 时，取 $C\binom{n_1}{i} = 0$。

$$n_1 = \sqrt{m+n} + a$$

其中，m 为输出节点数，常数 $a = 1, 2, \cdots, 10$。

初始确定 $\sqrt{5+1}+8$ 个节点。即网络初始结构为 $5 \times 10 \times 1$，根据输出结果逐步调整隐层节点的数量。

（3）Matlab 实现。使 BP 神经网络的输入输出值限制在［-1，1］之间，然后再输入网络进行计算。具体步骤如下：

（a）归一化处理，使所有的数据的值处于［0.2，0.9］之间。

（b）初始化 Epochs 值和精度值，控制循环次数和性能。

（c）初始化权值和阈值，第一次取值尽可能小，防止网络饱和过快。

（d）执行循环。

（e）判断网络是否收敛到预设精度，没有则返回（c）。

（f）输入仿真值，比较网络预测值是否达到误差要求，没有则返回（c）。

（g）以五组数据为一单元预测，并与真实值进行比较。

（h）对（g）中预测值与真实值进行比较，分析网络是否具有较好的拟合效果。

8.1.3.5　预测结果

根据上述流程，模型输出预测结果如表 8－2 和图 8－3 所示。

表 8－2　　2015 年 1 月～2017 年 6 月预测值与真实值比较

年份/月份	真实值	预测值	绝对误差	相对误差（%）
2015/1	13.69	14.37	0.68	4.99
2015/2	12.85	13.35	0.50	3.91
2015/3	12.3	12.58	0.28	2.28
2015/4	13.02	13.03	0.01	0.10
2015/5	14.31	14.03	-0.28	1.93
2015/6	15.22	15.21	-0.01	0.05
2015/7	16.8	15.93	-0.87	5.15
2015/8	18.62	17.67	-0.95	5.10
2015/9	18.23	19.30	1.07	5.86
2015/10	17.38	17.95	0.57	3.26
2015/11	16.59	17.21	0.62	3.72
2015/12	16.68	16.57	-0.11	0.68
2016/1	17.61	16.91	-0.70	3.97
2016/2	18.6	17.87	-0.73	3.92
2016/3	19.4	18.58	-0.82	4.20
2016/4	20.29	19.34	-0.95	4.67
2016/5	20.81	20.24	-0.57	2.75
2016/6	20.54	20.54	0.00	0.01

续表

年份/月份	真实值	预测值	绝对误差	相对误差（%）
2016/7	19.17	19.97	0.80	4.17
2016/8	18.72	18.10	-0.62	3.29
2016/9	18.57	18.30	-0.27	1.45
2016/10	17.29	18.33	1.04	6.04
2016/11	16.92	16.58	-0.34	2.01
2016/12	17.26	16.79	-0.47	2.71
2017/1	18.16	17.22	-0.94	5.20
2017/2	17.87	18.12	0.25	1.42
2017/3	17.04	17.37	0.33	1.95
2017/4	16.41	16.64	0.23	1.38
2017/5	15.2	16.35	1.15	7.58
2017/6	14.02	14.66	0.64	4.54

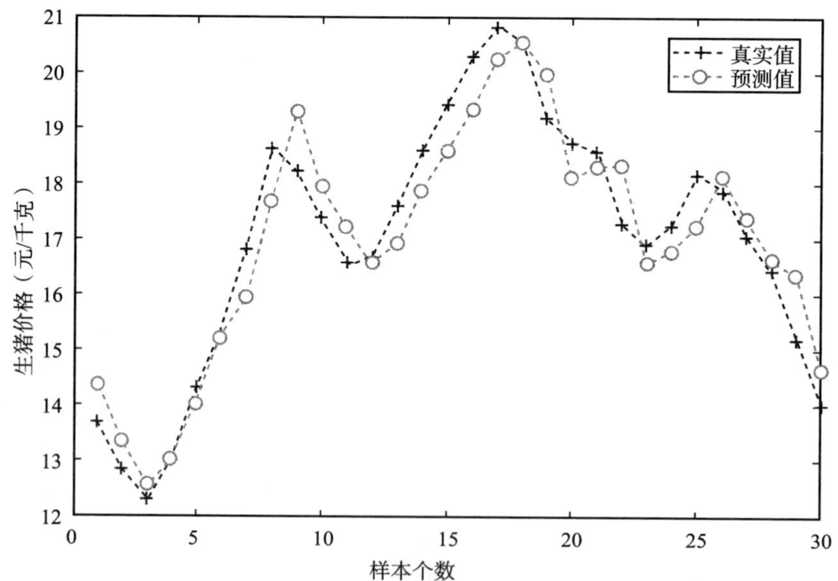

图 8-3　基于 ARIMA + BP 神经网络模型的生猪价格预测结果

由表8－2和图8－3可以看出，真实值与预测值虽然有一定的误差，但都在允许的范围之内，这样网络取得较好的拟合效果，预测值与实际值之间的差距不大，平均相对误差为3.28%，ARIMA＋BP神经网络模型预测效果较为精确。

8.1.4　小结

本节结合多元回归和灰色关联分析遴选出生猪价格的影响因素，建立BP人工神经网络模型和ARIMA模型对生猪价格进行预测，得到：

（1）灰色关联法所得的各因素关联度排序为：去骨猪肉价格、玉米价格、仔猪价格、活鸡价格、豆粕价格、实际有效汇率、牛肉价格、货币供应量。需求因素和成本因素对生猪价格的影响很大。

（2）多元逐步回归识别出去骨猪肉价格、仔猪价格、玉米价格、豆粕价格、活鸡价格、生猪疫情为生猪价格的显著因素。

（3）选取2000年1月～2014年12月的生猪价格数据作为训练样本，2015年1月～2017年6月的数据作为测试样本，建立ARIMA＋BP神经网络组合模型，得到真实值和预测值的平均相对误差为3.28%。

8.2　基于LS_SVM模型的生猪价格预测

8.2.1　LS_SVM支持向量机模型

SVM支持向量机是由万普尼克（Vapnik）领导的小组在1963年提出的一种新的机器学习方法，从数据分类问题的研究中发展起来的，是统计学习理论在实际应用中的一种实现方法。支持向量机在解决小样本、非线性及高维模式识别问题中表现出许多特有的优势，有效地避免了经典学习方法中过学习、维数灾难、局部极小等传统分类存在的问题，因此受到了广泛的关注，并在很多领域都得到了成功的应用。许多研究学者也将其应用于预测研究中，并取得了良好的预测结果。

与经典支持向量机相比，LS_SVM 用等式约束代替不等式约束，求解过程变成解一组等式方程，避免了求解耗时的 QP 问题，加快解答速度。

给定 n 个训练样本 $\{x_i, y_i\}_{i=1}^{n}$。其中，$x_i \in R^m$ 为 m 维的训练样本输入，$y_i \in R$ 为训练样本输出。LS_SVM 在优化目标中选择了误差的二范数作为损失函数，所以优化问题变为：

$$\min_{w,b,\varepsilon} \frac{1}{2}\|w\|_2 + C\frac{1}{2}\sum_{i=1}^{n}\varepsilon_i^2 \tag{8-6}$$

约束条件为：

$$y_i(w^T \cdot \varphi(x_i) + b) = 1 - \varepsilon_i \qquad i = 1, 2, \cdots, n$$

式中：$w \in R_m$ 为权矢量；$b \in R$ 为偏置量；ε 为误差，由用户自定义；$C>0$ 为惩罚因子，用于调节误差，能够在训练误差和模型复杂度之间取一个值，以使所求的函数具有较好的泛化能力，C 值越大，模型的误差越小。

定义 Lagrange 函数：

$$L(w, b\alpha, \varepsilon) = \frac{1}{2}\|w\|^2 + C\frac{1}{2}\sum_{i=1}^{n}\varepsilon_i^2 - \sum_{i=1}^{n}\alpha_i\{y_i(w^T \cdot \varphi(x_i) + b) - 1 + \varepsilon_i\} \tag{8-7}$$

其中 α_i 为拉格朗日乘子。根据 KKT 条件可以得到如下等式和约束条件：

$$\begin{cases} w = \sum_{i=1}^{n}\alpha_i y_i \varphi(x_i) \\ \sum_{i=1}^{n}\alpha_i y_i = 0 \\ \alpha_i = C\varepsilon_i \\ y_i(w^T \cdot \varphi(x_i) + b) - 1 + \varepsilon_i = 0 \end{cases}$$

对于 $i=1$，2，…，n，消去 w 和 ε 就能得到线型系统：

$$\begin{bmatrix} 0 & \rho^T \\ p & ZZ^T + C^{-1}I \end{bmatrix} \begin{bmatrix} b \\ \alpha \end{bmatrix} = \begin{bmatrix} 0 \\ y \end{bmatrix}$$

其中：

$$\begin{cases} Z = \begin{bmatrix} \varphi(xi)T \\ \vdots \\ \varphi(x_n)^T \end{bmatrix} \\ Y = [y_1,\ y_2,\ \cdots,\ y_n]^T \\ \rho = [1,\ 1,\ \cdots,\ 1]^T \\ \alpha = [\alpha_1,\ \alpha_2,\ \cdots,\ \alpha_n]^T \end{cases}$$

根据 Mercer 条件，可得：

$$\begin{bmatrix} 0 & y_1 & \cdots & y_n \\ y_1 & y_1y_1K(x_1,\ x_n)+\dfrac{1}{C} & \cdots & y_1y_nK(x_1,\ x_n) \\ \vdots & \vdots & & \vdots \\ y_n & y_ny_1K(x_n,\ x_1) & \cdots & y_ny_nK(x_n,\ x_n)+\dfrac{1}{c} \end{bmatrix} \begin{bmatrix} b \\ \alpha_1 \\ \vdots \\ \alpha_n \end{bmatrix} = \begin{bmatrix} 0 \\ 1 \\ \vdots \\ 1 \end{bmatrix}$$

式中 $K(x_i,\ x_j)=\varphi(x_i)^T\varphi(x_j)$ 是定义满足 Mercer 条件的核函数，最后用最小二乘法求出 α_i 和 b，则预测输出为：

$$y(x) = \sum_{i=1}^{n} \alpha_i K(x,\ x_i) + b \tag{8-8}$$

8.2.2　LS_SVM 模型的构建

选择玉米价格、猪肉价格、仔猪价格、生产者预期、牛肉价格和疫情作为训练输入变量，生猪价格作为输出变量，以 2000～2014 年江西省生猪价格和主要影响因素数据建立 LS－SVM 模型。

根据公式：

$$y_i = (0.9 - 0.2)\frac{x_i - \min(x)}{\max(x) - \min(x)} \tag{8-9}$$

将原始数据映射到［0.2，0.9］区间，其中 x 为样本数据，y 为归一化后的数据。

由于低维空间向量集通常难以划分，将其映射到高维空间中能够很好地解决这个问题，但这个方法带来的困难是计算复杂度的增加，而核函数能够很好地解决这个问题。

所以在建立最小二乘支持向量机模型时，选择一个适当的核函数是极其重要的。在支持向量机理论中，采用不同的核函数将导致不同的支持向量机算法。常用的核函数主要有线性核函数、多项式核函数、径向基核函数等（付莲莲等，2016）。

（1）线性核函数：

$$K(x_i,\ x_j) = x_i x_j$$

（2）多项式核函数：

$$K(x_i,\ x_j) = [(x_i x_j) + 1]^q$$

（3）径向基核函数：

$$K(x_i,\ x_j) = \exp\left\{-\frac{|x_i - x_j|^2}{\sigma^2}\right\}$$

大量的研究表明，径向基核函数的泛化能力比较强。除此之外，径向基核函数还具有表达形式简单、光滑型号、存在任意阶倒数的优点。因此在本研究中选择径向基核函数。

8.2.3 基于 LS_SVM 模型的生猪价格预测

LS_ SVM 具有参数的复杂性，因此本研究是基于 MATLAB（R2014b）平台的 LSSVMlabv1_8_R2009b_R2011a 工具箱下完成的。该工具箱中包含了大量 MATLAB 中 LS_SVM 算法的实现，其中涉及分类、回归、时间序列预测和无监督学习。

以 2000 年 1 月 ~2014 年 12 月的生猪价格和影响因素相关数据作为训练样本，选取 2015 年 1 月 ~2017 年 6 月相关数据作为测试样本。

利用 LSSVMlabv1_8_R2009b_R2011a 工具箱得到 2015 年 1 月 ~2017 年 6 月测试样本的预测值与真实值的比较情况如表 8 -3 和图 8 -4 所示。

表 8 -3　　LS -SVM 模型的预测值与真实值比较

年份/月度	真实值	预测值	绝对误差	相对误差（%）
2015/1	13.69	13.82	0.13	0.97
2015/2	12.85	13.64	0.79	6.19
2015/3	12.3	13.47	1.17	9.48
2015/4	13.02	13.55	0.53	4.04
2015/5	14.31	14.24	-0.07	0.47
2015/6	15.22	14.93	-0.29	1.89
2015/7	16.8	16.07	-0.73	4.34
2015/8	18.62	17.83	-0.79	4.22
2015/9	18.23	17.79	-0.44	2.43
2015/10	17.38	17.10	-0.28	1.60
2015/11	16.59	16.50	-0.09	0.55
2015/12	16.68	16.41	-0.27	1.60
2016/1	17.61	16.79	-0.82	4.68
2016/2	18.6	17.68	-0.92	4.94
2016/3	19.4	18.08	-1.32	6.80
2016/4	20.29	18.63	-1.66	8.17
2016/5	20.81	19.05	-1.76	8.44
2016/6	20.54	19.20	-1.34	6.54
2016/7	19.17	18.73	-0.44	2.28
2016/8	18.72	18.58	-0.14	0.73
2016/9	18.57	18.64	0.07	0.39
2016/10	17.29	18.04	0.75	4.33
2016/11	16.92	17.78	0.86	5.09
2016/12	17.26	17.89	0.63	3.66
2017/1	18.16	18.25	0.09	0.48
2017/2	17.87	17.98	0.11	0.60

续表

年份/月度	真实值	预测值	绝对误差	相对误差（%）
2017/3	17.04	16.93	-0.11	0.65
2017/4	16.41	16.80	0.39	2.39
2017/5	15.2	16.22	1.02	6.74
2017/6	14.02	15.55	1.53	10.93

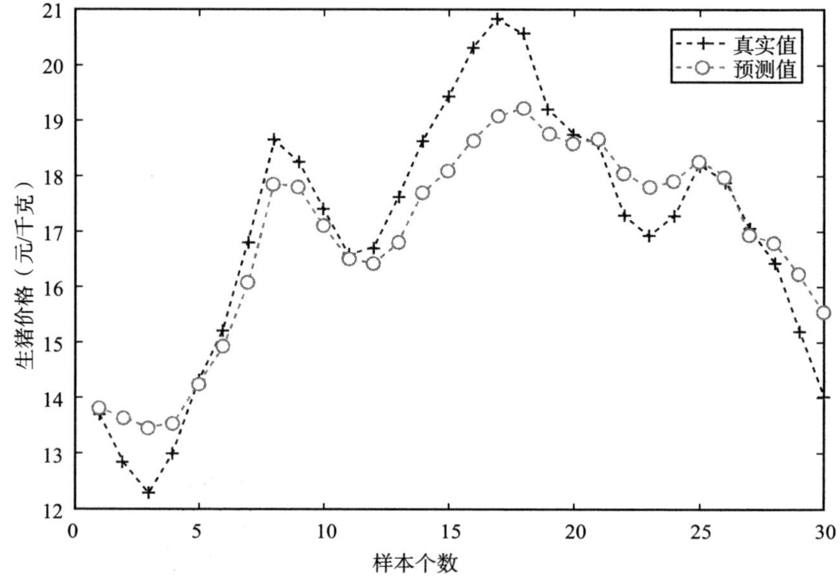

图8-4　基于LS-SVM模型的生猪价格预测结果

表8-3显示，LS-SVM模型取得较好的拟合效果，真实值和预测值非常接近，平均误差仅为3.85%，表明LS-SVM模型在生猪价格预测方面具有良好的预测性能，能较好地表征江西生猪价格及其影响因素的复杂的、非线性的关系，在生猪价格预测方面具有良好的应用前景。

8.2.4　小结

选择玉米价格、猪肉价格、仔猪价格、生产者预期、牛肉价格和疫情作为训练输入变量，生猪价格作为输出变量，以 2000 年 1 月 ~2014 年 12 月的生猪价格和影响因素相关数据作为训练样本，以 2015 年 1 月 ~2017 年 6 月的数据作为测试样本，建立 LS - SVM 模型。结果表明，LS - SVM 模型取得较好的拟合效果，真实值和预测值非常接近，平均误差仅为 3.85%。

8.3 基于梯度提升回归模型的生猪价格预测

8.3.1 梯度回归模型

梯度提升算法是以弱预测模型集合的形式产生预测模型，必须要有训练集，笔者将贝叶斯岭回归、普通线性回归、弹性网络和支持向量机作为训练，对每个回归模型导入交叉检验模型中做训练检验并设置检验 6 次，流程如图 8 -5 所示。

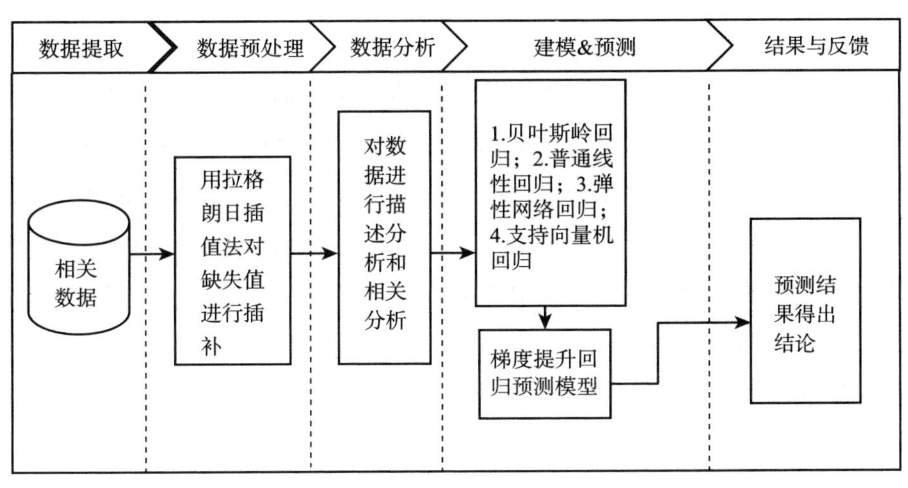

图 8 -5 梯度提升模型流程

梯度提升算法首先给定一个目标损失函数，定义域是所有可行的弱函数集合（基函数），提升算法通过迭代选择一个负梯度方向上的基函数来逐渐逼近局部极小值。步骤如下：

给定训练集$\{(x_i, y_i)\}_{i=1}^{n}$，一个可区分的损失函数为$L(y, F(x))$，用固定值初始化模型：

$$F_0(x) = \arg\min_{\gamma}\sum_{i=1}^{n}L(y_i, \gamma) \tag{8-10}$$

计算伪残差：

$$r_{im} = \left[\frac{\partial L(y_i, F(x_i))}{\partial F(x_i)}\right]_{F(x)=F_{m-1}(x)}, (i=1, 2, 3, \cdots, n) \tag{8-11}$$

通过解决一维优化问题计算乘数 γ_m：

$$\gamma_m = \arg\min_{\gamma}\sum_{i=1}^{n}L(y_i, F_{m-1}(x_i+\gamma h_m(x_i))) \tag{8-12}$$

$h_m(x)$ 为适合基础学习者（例如树）的伪残差。

$$F_m(x) = F_{m-1}(x) + \gamma_m h_m(x) \tag{8-13}$$

8.3.2 生猪价格的描述性统计

选取去骨猪肉价格、玉米价格、仔猪价格、活鸡价格、豆粕价格以及生猪疫情作为生猪价格的影响因素。基于数据可得性，选取2000年1月~2017年12月月度数据。其中，玉米价格、豆粕价格、猪肉价格、替代品（活鸡、牛肉和羊肉价格）、仔猪价格的数据来源于中国畜牧业信息网（www. caaa. cn）和《中国农产品价格调查年鉴》，汇率数据来源为财情（cn. investing. com），疫情基于文本挖掘，信息来自中国畜牧业信息网、中国生猪预警网等，个别缺失的数据采用拉格朗日插值法进行插补。变量的描述性统计如表8－4所示。

表 8－4　　　　　　　　变量的描述性统计

项目	最小值（M）	最大值（X）	平均值（E）	标准偏差	方差
去皮带骨猪肉（元/千克）	9.74	30.79	19.17	6.45	41.65
去骨牛肉（元/千克）	12.17	82.01	39.9	24.56	603.3
带骨羊肉（元/千克）	14.55	73.44	37.23	19.62	385.0
白条鸡（元/千克）	8.14	23.32	14.25	4.61	21.29
玉米（元/千克）	1.06	2.96	1.96	0.57	0.32
豆粕（元/千克）	2.05	4.56	3.25	0.68	0.46
育肥猪配合饲料（元/千克）	1.51	3.43	2.48	0.66	0.44
汇率（人民币/美元）	6.05	8.28	7.25	0.85	0.72
待宰活猪（元/千克）	5.42	20.81	11.83	4.3	18.45

由表8－4可见待宰活猪价格的方差是18.45，最小值是5.42，最大值是20.81，牛肉和羊肉价格波动剧烈，玉米、豆粕、饲料和汇率较为稳定。

8.3.3　基于梯度提升回归的生猪价格预测

因变量为待宰活猪价格，自变量X为2000年1月~2017年6月的去皮带骨猪肉价格、去骨牛肉价格、带骨羊肉价格、白条鸡价格、玉米价格、豆粕价格、育肥猪配合饲料，以及汇率8个变量。利用Python语言实现进行编程，Python是一种面向对象的计算机程序设计语言，在科学计算、机器学习、预测与决策等有着重要的应用，可以实现从数据收集和数据管理到数据分析和挖掘的完整过程。

8.3.3.1　模型拟合效果检测

首先设置交叉检验的次数为6；接着分别建立贝叶斯岭回归、普通线性回归、弹性网络回归、支持向量机、梯度增强回归模型对象；然后分别建立不同模型的名称列表、回归模型对象的集合、交叉检验结果空列表、回归模型预测的 y 值空列表，分别用于后续名称读取、模型代入交叉检验算法、交叉检验结果数据存储和回归预测的结果存储；最后通过 for 循环读出每个回归模型对象，对每个回归模型导入交叉检验模型中做训练检验并设置检验 6 次。以 2000 年 1 月 ~2016 年 6 月数据作为训练样本，对 2016 年 7 月 ~2017 年 1 月数据进行预测，用解释回归方差得分、平均绝对误差、均方差和拟合优度四个指标衡量各模型的预测效果，如表 8 -5 所示。

表 8 -5　　　　模型预测精度

模型	解释回归方差得分（EV）	平均绝对误差（MAE）	均方差（MSE）	拟合优度（R^2）
Bayesian Ridge	0.9668	0.4593	0.6186	0.9668
Linear Regression	0.9671	0.4496	0.613	0.967
Elastic Net	0.9616	0.5224	0.7165	0.962
SVR	0.9353	0.6	0.85	0.935
GBR	0.9977	0.15	0.042	0.998

解释回归模型方差得分（explained variance score，EV）和拟合优度，其值取值范围是［0，1］，越接近于 1 说明自变量越能解释因变量的方差变化，值越小则说明效果越差。在五种模型中，GBR 模型的 EV 值最大，为 0.9977，效果最佳。

平均绝对误差（mean absolute error，MAE），用于评估预测结果和真实数据集的接近程度的程度，其值越小说明拟合效果越好。从表 8 -5 发现单一模型的平均绝对误差均大于 0.4，综合集成上述四种模型得到的 GBR 模型的 MAE 最小，为 0.15。

均方差（mean squared error，MSE），该指标计算的是拟合数据和原始数据对应样本点的误差的平方和的均值，其值越小说明拟合效果越好。单一模型的均方差均大于 0.6，综合集成后的 GBR 模型的 MSE 最小，为0.042。

综上，梯度提升回归（GBR）是所有模型中拟合效果最好的，能解释99.77%的方差变化，平均绝对误差、均方差又是最小的。

8.3.3.2　基于梯度提升回归的生猪价格预测

基于2000年1月~2017年1月的数据，用建立的梯度提升回归模型对2017年2月~2017年11月的生猪价格数据进行预测，结果如表8-6所示。

表8-6　梯度提升回归模型的预测值与真实值

样本期	预测值	真实值	误差	相对误差（%）
2017年2月	17.74	17.87	-0.13	0.728
2017年3月	16.87	17.04	-0.17	0.998
2017年4月	16.32	16.41	-0.09	0.548
2017年5月	15.67	15.20	0.47	3.092
2017年6月	14.51	14.02	0.49	3.495
2017年7月	14.36	14.02	0.34	2.425
2017年8月	14.36	14.53	-0.17	1.17
2017年9月	14.70	14.79	-0.09	0.609
2017年10月	14.62	14.57	0.05	0.343
2017年11月	14.62	14.50	0.12	0.823

从结果可以看出，10组数据中真实值与预测值相差不大，最小相对误差为0.343%；最大相对误差为3.495%，表明梯度提升回归模型对于具有非线性的月度生猪价格的预测较为准确。

8.3.4　小结

基于2000年1月~2017年1月数据，利用Python语言分别建立贝叶斯岭回归、普通线性回归、弹性网络回归和支持向量机，将这 4 个模型的预测结果作为梯度提升回归模型的训练集，建立梯度提升回归（GBR）模型对生猪价格进行预测，表明集成后的梯度提升回归模型比单一模型的预测效果好。将 2017 年 2 月 ~ 11 月的数据输入预测模型，对比预测值与真实值，发现预测值与真实值基本吻合，最小相对误差为 0.343%，最大相对误差为 3.495%，梯度提升回归模型对于生猪价格的预测具有良好的预测效果，适合具有非线性和突变性的生猪价格月度数据预测。

8.4 基于 BP 神经网络的生猪价格波动预警分析

8.4.1 生猪价格波动预警的逻辑过程

不同学者对经济预警逻辑过程看法不一。聂富强（2005）认为，从逻辑上讲，国家经济安全预警分为六个阶段：明确警义、寻找警源、分析警素、研究警度、确定警限、探讨警级。顾海兵（1997）认为，经济预警的逻辑过程分为明确警义—寻找警源—分析警兆—预报警度四个阶段。在这里采用的预警过程如图 8 - 6 所示。

8.4.2 生猪价格波动风险预警模型设计

8.4.2.1 警情指标的确定

采用增长率指标作为警情指标往往比较合适，因为在经济指标中，绝对指标呈现的状态是递增型的，而增长率指标呈现的状态是波动型，波动型的指标能够更方便地确定警限和警度，故选取生猪价格的波动率作为模型的警情指标（付莲莲等，2017）。江西省生猪价格是增长型指

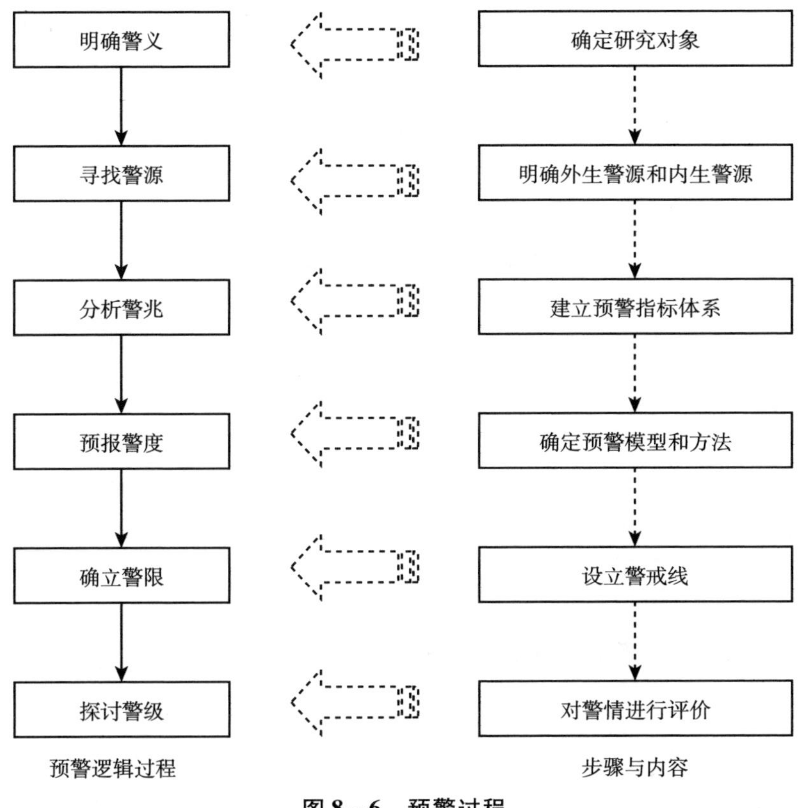

图 8－6 预警过程

标，故按公式（8－14）将其进行转换。

$$R_t = (\ln P_t - \ln P_{t-1}) \times 100 \quad (8-14)$$

其中，P_t 和 P_{t-1} 分别表示第 t 月和第 $t-1$ 月的生猪价格，R_t 为生猪价格波动率。

8.4.2.2 警限的确定

生猪供求关系的变化在很大程度上决定了生猪的市场价格，在生猪市场处于健康状态时，生猪价格表现出的是在一定范围内的平稳波动。当生猪市场处于非平稳的状态时，生猪价格波动会表现出超出这个范围的不平稳波动，此时将会发生价格波动风险。因此，价格的波动状态可以在一定程度上反映出生猪价格波动的风险程度。以消费者价格指数为基础来划分警限是一种可行的选择，生猪价格波动需与近期的消费价格指数相适应，如果波动偏离了价格消费指数，视作发生了警情（唐江桥，2011）。本书设置各个警限及其对应的警度、信号灯和状态情况如表 8－7 所示。

表 8－7　　生猪价格预警的警限和警度

警限	警度	信号灯	状态
（－∞，－4）	负向重警	白灯	价格下跌过快
[－4，－2）	负向轻警	蓝灯	价格下跌较快
[－2，2]	无警	绿灯	价格稳定
（2，4]	正向轻警	黄灯	价格上涨较快
（4，＋∞）	正向重警	红灯	价格上涨过快

8.4.2.3　生猪价格预警系统的警兆指标的确定

（1）先行、同步、滞后警兆指标的确定。从警源分析中选出警兆指标，进一步还需要依据一定的标准将警兆指标确定为先行、同步和滞后三类指标。

基准循环指标在划分警兆指标的先行、同步和滞后性质是所依据的标准。本节是对生猪价格波动进行预警，基准循环即为生猪价格的变动情况。

先行指标是指这类指标的变化领先于生猪价格波动的变化，即，先行指标的变化预示着生猪价格的变化趋势。同步指标是指这类指标的变化和生猪价格的变化在时间上相一致。滞后指标可用来检验生猪价格所发生的变化。

（2）时差相关分析法。时差相关分析法是利用相关系数验证经济时间序列指标之间相关程度的方法，是判断指标之间先行、一致和滞后关系的一种常用的方法。它要求用一个能敏感地反映所研究对象的变化程度的指标作为基准指标。本书以生猪价格的波动率作为基准指标，将生猪价格波动的警兆指标作为被选择指标，使被选择指标超前或滞后 N 期，计算被选择指标与基准指标之间的相关系数。

设 $y=(y_1, y_2, \cdots, y_n)$ 为基准指标，$x=(x_1, x_2, \cdots, x_n)$ 为被选择指标，r 为时差相关系数，则：

$$r = \frac{\sum_{t=l}^{n_l}(x_{t+l}-\bar{x})(y_t-\bar{y})}{\sqrt{\sum_{t=l}^{n_l}(x_{t+l}-\bar{x})^2\sum_{t=l}^{n_l}(y_t-\bar{y})^2}} \tag{8-15}$$

其中，$l=0, \pm1, \pm2, \cdots, \pm L$；($t=1$，当 $l\geqslant0$ 时；$t=1-l$，当 $l<0$ 时)

上式中 l 表示超前或滞后期。l 在取负数时表示超前，在取正数时表示滞后，l 被称为时差或延迟数。L 是最大延迟数，n_l 是数据的个数。时差相关系数中的“时差”，实际上强调，被选择指标的时间序列相对基准指标，前后移动 N 个时期，计算得出被选择指标与基准序列的相关系数。通常要计算多个时差相关系数做比较，时差相关系数绝对值最大的反映了被选指标与基准指标的相关关系，说明在这个延迟期，被选指标与基准指标的波动最接近，相应的延迟数就是超前或滞后期。

（3）生猪价格预警系统的警兆指标。根据 8.1 节的结果，选择玉米价格、仔猪价格、猪肉价格、活鸡价格、豆粕价格、生产者预期和疫情为生猪价格波动预警系统的主要指标，代表了供给、需求以及外部冲击对生猪价格的影响（表 8-8）。经济预警模型需要参照警情指标，区分出同步指标、先行性指标以及滞后指标。在此，运用 EVIEWS 软件对相应的指标进行时差相关分析，最终得到仔猪价格和生产者预期是生猪价格波动率的主要先行性指标，玉米价格、猪肉价格和活鸡价格是生猪价格波动率的主要同步指标，豆粕价格和疫情是生猪价格波动率的主要滞后指标。

表 8－8　　生猪价格波动风险预警的相关指标

预警指标	一级影响因素	二级影响因素	指标类型
生猪价格波动预警指数	供给	仔猪价格	先行性指标
		玉米价格	同步指标
		豆粕价格	滞后指标
		生产者预期	先行性指标
	需求	活鸡价格	同步指标
		猪肉价格	同步指标
	外部冲击	疫情	滞后指标

8.4.2.4　基于 BP 神经网络生猪价格波动预警模型设计

建立 BP 神经网络模型对生猪价格波动预警进行研究。如今应用最多的神经网络是采用 BP 算法的多层前馈网络，在该网络中应用最为广泛的是三层前馈网络，包含输入层、隐层和输出层（见图 8－7）。

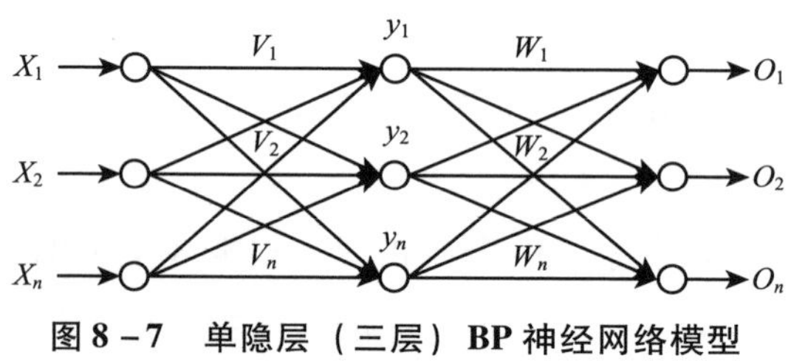

图 8－7　单隐层（三层）BP 神经网络模型

三层前馈网络中，输入向量为 $X=(x_1,\ x_2,\ \cdots,\ x_i,\ \cdots,\ x_n)^T$，隐层输出向量为 $Y=(y_1,\ y_2,\ \cdots,\ y_i,\ \cdots,\ y_n)^T$，输出层向量为 $O=(o_1,\ o_2,\ \cdots,\ o_n)^T$，期望输出向量为 $D=(d_1,\ d_2,\ \cdots,\ d_n)^T$。输入层到隐层之间的权值矩阵为 $V=(V_1,\ V_2,\ \cdots,\ V_j,\ \cdots,\ V_N)$，其中列向量 V_j 为隐层第 j 个神经元对应的权向量。隐层到输出层之间的权值矩阵用 $W=(W_1,\ W_2,\ \cdots,\ W_k,\ \cdots,\ W_N)$ 表示，其中列向量 W_k 为输出层第 k 个神经元对应的权向量。

BP是一种监督（导师）学习算法，建立的网络通过不断比较样本经过学习后实际输出的误差与网络初始设定误差之间的差异，不停调整权值以及阈值，使误差不断接近网络初始设定的误差值，以达到网络初始设定的精度。

根据选取的生猪价格风险预警的影响因素，确定网络的输入节点数为6。选取2000年1月～2015年12月的月度生猪价格作为训练数据，2016年1月～2016年12月的数据作为测试数据以检验网络性能好坏。

根据隐层节点数计算公式：

$$k < \sum_{i}^{n} C\binom{n_1}{i} \tag{8-16}$$

其中，k 为样本数，n_1 为隐节点数，n 为输入层单元数，当 $i > n_1$ 时，取 $C\binom{n_1}{i} = 0$。

$$n_1 = \sqrt{m+n} + a \tag{8-17}$$

其中，m 为输出节点数，常数 $a = 1, 2, \cdots, 10$。

取 a 为8，初始确定10个隐层节点。即初始的网络结构确定为 $6 \times 10 \times 1$，根据网络输出结果逐步调整隐层节点数量。

输出层的节点数可以根据实际要求选取，因本书所需生猪价格波动预警指数为生猪价格波动率，需建立已知生猪价格的前提之上，因此确定输出层为生猪价格，即输出节点为1。根据网络预测结果计算月度生猪价格的波动率，确定当月生猪价格警情，根据不同级别的警情做出对应的风险警报提示。

8.4.3　生猪价格波动风险预警模型结果分析

8.4.3.1　数据归一化

由于生猪价格波动影响因素数据单位不一致，本书借助Matlab软件按公式（8－18）将数据归一化至［－1，1］区间。

$$inputn = 2(I_i - I_{min})/(I_{max} - I_{min}) - 1 \qquad (8-18)$$

得到模型预测值后，将预测结果进行反归一化，得到目标值。通过下列命令实现：

BPoutput = mapminmax（'reverse'，an，outputps）；

接下来对建好的神经网络进行初始化，常用的初始化方法为两种：一种方式是使用 initwb 函数，其值一般设置为［－1，1］之间的随机数值。另一种方式则是 initnw 函数，该函数适用于当网络使用的转换函数为曲线函数时，它根据网络可变参数初始化方法（即 Nguyen－Widrow 方法）为每一层网络初始化权重和阈值，该方法可以使隐层神经元的线性区间能比较均匀地分布在输入空间。本书在使用 newff 建立网络时默认同步完成权值和阈值的初始化。

8.4.3.2 BP 神经网络的训练

在神经网络生成和初始化后，选取 2000 年 1 月～2015 年 12 月的月度生猪价格数据为训练样本。在 MATLAB 中训练已经建立的神经网络一般需要调用 train 函数。根据不同的问题在训练之前需要根据特定需求确定所需的初始化训练参数，表 8－9 列出了一些常用训练参数。

表 8－9　　常见的训练参数

训练参数	参数含义	设置值
Net. trainparam. epochs	训练次数	10000
Net. trainparam. show	显示训练结果的间隔步数	25
Net. trainparam. goal	训练目标误差	0. 01
Net. trainparam. lr	学习率	0. 1
Net. trainparam. min_grad	训练中最小允许梯度值	1×10^{-6}

train 函数调用方式为：

$$[net,\ tr] = \text{train}(net,\ P,\ T)$$

其中 P 为输入训练样本，T 为对应的输出目标样本，*net* 分别表示训练前后的神经网络对象，*tr* 存储训练过程中步数信息和误差信息。当训练结果满足预先设定的训练参数后，将会自动停止，并返回已经训练好的网络。

8.4.3.3　模型的验证

使用仿真函数（sim）训练好的网络，调用方式为：

$$a = \text{sim}(net,\ p)$$

其中，*net* 为已经训练好的网络，p 为输入向量，a 为输出向量。

取 2013 年 7 月 ~2015 年 6 月的数据作为测试数据，对建立 BP 神经网络模型进行验证，并计算出其波动率，根据所划分的警限区间，做出不同的警情提示，结果见表 8－10。为方便验证本书建立的 BP 神经网络模型的预警结果效果，列出生猪真实信息，如表 8－11 所示。

表 8－10　　2016 年 1 月 ~2016 年 12 月江西省生猪价格预测及预警结果

年/月	预测值（元/千克）	波动率（%）	警度	信号灯	状态
2016/1	16.99	5.24	正向重警	红灯	上涨过快
2016/2	18.12	6.68	正向重警	红灯	上涨过快
2016/3	19.05	5.1	正向重警	红灯	上涨过快
2016/4	19.74	3.66	正向轻警	黄灯	上涨较快
2016/5	20.12	1.91	无警	绿灯	稳定
2016/6	19.28	－4.17	负向重警	白灯	下跌过快
2016/7	18.43	－4.4	负向重警	白灯	下跌过快
2016/8	18.41	－0.11	无警	绿灯	稳定
2016/9	17.55	－4.67	负向重警	白灯	下跌过快
2016/10	16.47	－6.14	负向重警	白灯	下跌过快
2016/11	17.09	3.76	正向轻警	黄灯	上涨较快
2016/12	17.89	4.67	正向重警	红灯	上涨过快

表 8－11　2016 年 1 月～2016 年 12 月江西省生猪价格真实信息

年/月	预测值（元/千克）	波动率（%）	警度	信号灯	状态
2016/1	17.61	5.58	正向重警	红灯	上涨过快
2016/2	18.6	5.62	正向重警	红灯	上涨过快
2016/3	19.4	4.3	正向重警	红灯	上涨过快
2016/4	20.29	4.59	正向重警	红灯	上涨过快
2016/5	20.54	1.23	无警	绿灯	稳定
2016/6	19.17	－6.67	负向重警	白灯	下跌过快
2016/7	18.72	－2.35	负向轻警	蓝灯	下跌较快
2016/8	18.57	－0.8	无警	绿灯	稳定
2016/9	17.29	－6.89	负向重警	白灯	下跌过快
2016/10	16.92	－2.14	负向轻警	蓝灯	下跌较快
2016/11	17.26	2.01	正向轻警	黄灯	上涨较快
2016/12	18.16	5.21	正向重警	红灯	上涨过快

从表 8－10 和表 8－11 可知，BP 神经网络模型输出的生猪价格预警值和实际价格数据比较接近，预测警度和实际警度基本完全吻合。只有以下三个样本点的预警值和真实值出现了差异：2016 年 4 月预警结果价格的波动率为 3.66%，警度为正向轻警；真实值的波动率为 4.59%，警度为正向重警。2016 年 7 月预警结果价格的波动率为－4.4%，警度为负向重警；真实值的波动率为－2.35%，警度为负向轻警。2016 年 10 月预警结果价格的波动率为－6.14%，警度为负向重警；真实值的波动率为－2.14%，警度为负向轻警。这三个样本点预警结果和真实价格的差别甚微，有些样本点可能是处于价格上涨和下跌状态的转折处，故预测结果可能会受到影响。总体来说，除个别样本点外，2016 年 1 月～2016 年 12 月模型预警结果与真实信息非常接近，由此可见，该模型对具有非线性性的生猪价格数据具有良好的预警效果。

8.4.3.4　风险预警信号输出

为更直观地表征生猪价格的风险预警情况，根据表 8－10 的预警结果，输出 2016 年 1 月～2016 年 12 月生猪价格波动情况警报信号，得到江西生猪价格波动风险预警信号图（见图 8－8）。

风险类型	2016.1	2016.2	2016.3	2016.4	2016.5	2016.6	2016.7	2016.8	2016.9	2016.10	2016.11	2016.12
正向高度风险	红	红	红									红
正向轻度风险				黄							黄	
无风险					绿			绿				
负向轻度风险												
负向高度风险						白	白		白	白		

图 8－8　生猪价格风险预警信号

8.4.4　小结

以生猪价格波动率为基准警情指标，首先运用逐步回归法识别出 2000 年 1 月～2016 年 12 月生猪价格波动的影响因素，再借助时差相关法确定生猪价格波动预警体系指标，最后构建 BP 神经网络模型，根据模型输出结果得到江西生猪价格风险预警信号图，对比预测值和真实值发现，BP 神经网络在处理生猪价格预警方面具有良好的预测效果和应用前景。

8.5　本章结论

本章借助于逐步回归模型和灰色关联法从众多影响因素中筛选出影响生猪价格波动的显著因素，在此基础上，构建 ARIMA + BP 组合预测模型、LS－SVM 模型对江西生猪价格做出预测，最后构建 BP 人工神经网络模型对生猪价格的波动进行风险预警。具体结论如下：

（1）构建逐步回归模型和灰色关联模型甄别出玉米价格、仔猪价格、猪肉价格、生产者预期、牛肉价格和疫情6个显著影响生猪价格波动的因素，这6个因素较好地代表了生产成本、需求、预期和外部冲击对生猪价格的影响。

（2）选取2000年1月~2014年12月的生猪价格数据作为训练样本，2015年1月~2017年6月的数据作为测试样本，建立ARIMA+BP神经网络组合模型，得到真实值和预测值的平均相对误差为3.28%。

（3）LS-SVM模型在生猪价格预测方面取得了较好的拟合效果，价格的真实值和预测值非常接近，平均误差仅为3.85%，表明LS-SVM能科学地反映生猪价格和影响因素之间的复杂的、非线性的关系。

（4）梯度提升回归（GBR）模型对生猪价格的预测效果较好。将贝叶斯岭回归、普通线性回归、弹性网络回归和支持向量机模型的预测结果作为梯度提升回归模型的训练集，综合集成到梯度提升回归模型，预测得到最小相对误差为0.3432%，最大相对误差为3.495%。

（5）玉米价格、仔猪价格、猪肉价格、活鸡价格、豆粕价格、生产者预期和疫情为2000年1月~2016年12月生猪价格波动预警涉及的主要指标，其中仔猪价格和生产者预期是生猪价格波动率的主要先行性指标，玉米价格、猪肉价格和活鸡价格是生猪价格波动率的主要同步指标，豆粕价格和疫情是生猪价格波动率的主要滞后指标。

（6）BP神经网络模型输出的生猪价格预警值和实际价格数据比较接近，预测警度和实际警度基本吻合。

第 9 章

结论和展望

9.1 研究结论

本书的具体研究结论如下：

（1）构建了本书的理论逻辑框架 FFHPW。第 3 章构建了 FFHPW 理论框架，按照“波动（fluctuation）—因素（factor）—层次结构（hierarchical structure）—路径（path）—预警（warning）”这条路线详细解剖生猪价格波动的影响因素和特征，基于结构突变视角研讨价格的形成机理，最后运用人工智能方法构建合适的模型对价格波动的风险进行预警分析。

（2）运用 Census - X12、HP 滤波、ARCH 模型研究了 2000 年以来国内生猪价格的波动特征。第 4 章对 21 世纪生猪价格波动特征研究时发现，2000 年 1 月 ~2018 年 3 月生猪价格存在明显的季节性波动特征。每年生猪价格呈现 V 形变化，具体来看，每年的 1 月，生猪价格的季节因子最大，之后逐渐下降，五六月降至全年最低点，之后开始上涨，12 月至次年的 2 月均会保持较高的价格。生猪价格呈现明显的线性上涨趋势，价格和时间 t 符合四次多项式回归方程。

生猪价格的波动呈现多周期性。2000～2018 年生猪价格波动可划分为 8 个周期，从波动趋势中可以看出：生猪价格经历了相对平稳、小幅度波动、急剧波动的显著转变。价格的随机成分基本呈无规则变动，随机性因素对生猪价格波动的贡献越来越大。2006 年之后随机成分波动次数增多，疫情、自然灾害等不确定因素对我国生猪市场的影响越来越明显。

生猪价格收益率的波动性可以用 AR（2）-GARCH（1，2）模型刻画。生猪价格收益率序列有明显的波动集聚性，上一期价格波动会对当前的波动有冲击，较大的波动经常紧接着持续时间更久的波动。GARCH 项系数为正，生猪价格的波动具有较强的记忆性。系数和为 0.997 <1，说明过去的波动的冲击对下期的影响会逐渐慢慢消失。生猪市场不存在高风险高回报的特征，但存在明显的非对称性特征，相比于价格上涨信息的冲击，价格下跌信息带来的冲击要大。大米收益率序列有明显的波动集聚性，上一期价格波动会对当前的波动有冲击，较大的波动经常紧接着持续时间更久的波动。ARCH 项系数和 GARCH 项系数和为 0.419，说明过去波动的冲击对下期的影响会迅速消失。大米市场不存在高风险高回报的特征，也不存在“杠杆效应”。

大米、大豆、玉米和小麦收益率具有明显的“尖峰肥尾、非正态”的特征。玉米价格收益率不存在自相关性，而大米、大豆和小麦收益率序列有明显的自相关现象；大米价格波动具有明显的波动聚集性，但大豆、小麦和玉米市场不存在明显的 ARCH 效应。均值方程残差序列服从三种不同分布时，估计的结果有较大的差异。假设大米价格收益率均值方程的残差序列服从正态分布时的 AIC、SC 值最大，所得结论的准确性值得怀疑，而在 GED 分布条件下 AIC、SC 值最小，估计出来的 GED 参数值小于 2，验证了残差序列有典型的“尖峰肥尾”特征。

（3）运用解释结构模型厘清了农产品价格波动影响因素的层次结构。基于系统论，第 5 章研究了 21 世纪农产品价格波动的原因。借助专家咨询法和文献挖掘提取出农产品价格波动的显著影响因素，构建解释结构模型，把农产品价格波动的影响因素分为6层，包括表层因素、中间层因素和深层因素。农产品供求关系、货币供应量、通货膨胀和人民币汇率是表层因素；农业生产成本、流通成本、国际农产品价格、技术进步、农产品生产周期、耕地面积、人口、城乡居民收入、生物质能源、经济增长和城镇化是中间层因素，它们通过影响农产品供求和通货膨胀间接影响着农产品价格；国家农业政策、国际石油价格和自然灾害是深层次影响因素，国际石油价格一方面通过农业生产成本影响着农产品的供给，另一方面通过生物质能源的中介拉动农产品的需求，双重途径影响农产品价格。

（4）借助通径分析分解出因素对农产品价格的直接作用和间接作用。第6章定量测算出各因素对农产品价格的直接传导和间接传导。研究发现，国际农产品价格、国际石油价格、农业生产成本、城镇居民收入、货币供应量和通货膨胀6个因素显著影响着农产品价格，其中通货膨胀对农产品价格的直接作用和间接作用最大；货币供应量的直接作用为0.211，主要是通过通货膨胀这一中间变量传导给农产品价格；国际农产品价格的直接作用为0.121，主要是通过生产成本和货币供应量传导给国内农产品价格；国际石油价格的直接作用很小，仅为0.0845，但其间接影响很大，主要以通货膨胀、货币供应量、国际农产品价格和国内农业生产成本为中介变量传导给国内农产品价格，其间接影响分别为0.64、0.179、0.116和0.077，从定量的角度完善了陈宇峰（2012）关于国际石油价格对国内农产品价格的间接作用的研究；城镇居民收入对农产品价格的影响很小，在控制投机、自然灾害等变量的条件下，2000年以来需求不是国内农产品价格一直上涨的原因，这与农业部农村经济研究中心分析小组（2011）和张明，谢家智（2012）的结论一致。

（5）从结构突变视角研究了生猪价格波动的形成机理的异质性。2000年1月~2017年10月生猪价格数据是非线性的，在2007年5月发生了突变。Bai－Perron检验得到生猪价格在2003年3月、2007年5月、

2013 年 4 月和 2016 年 10 月发生结构突变，M－K 检验得到 2007 年 5 月是生猪价格的非参数突变点，结合两种方法，以变点 2007 年 5 月划分样本期。

2000 年 1 月～2017 年 3 月，猪肉价格和仔猪价格对生猪价格的影响较大；2000 年 1 月～2007 年 5 月，变量对生猪价格贡献度从大到小排序为：猪肉价格＞仔猪价格＞玉米价格＞疫情＞替代品价格，猪肉价格和仔猪价格的贡献度高达 97%；2007 年 5 月～2017 年 3 月，猪肉价格和替代品价格变成了生猪价格的主要影响因素，疫情对生猪价格的影响为负。

（6）从结构突变视角研究了生猪价格波动的时空特征的异质性。基于时间维度，相对于样本期 2000 年 1 月～2007 年 5 月，2007 年 6 月～2017 年 3 月价格的不规则成分影响越来越大，季节性影响越来越显著。在趋势周期成分方面，2000 年 1 月～2007 年 5 月价格经历了 2 个大周期，标准差为 1.171，2007 年 6 月～2017 年 3 月经历了 6 个周期，大周期里面含小周期，周期历经的时间变短，标准差为 2.87。2007 年 5 月之后生猪价格背后影响因素对其非线性作用更为突出。

不规则因素对生猪价格的贡献度从第一阶段的 0.004 增加到第二阶段的 0.014，季节因素对生猪价格的贡献度从 0.029 上升到 0.065，但趋势周期因素的贡献度从 0.967 下降为 0.921，传统因素对生猪价格的影响微降，不确定因素对价格的影响程度逐渐增加。

2000 年 1 月～2007 年 5 月生猪价格存在波动聚集性，不具有高风险高回报和非对称性；2007 年 6 月～2017 年 10 月生猪市场存在高风险高回报特征和杠杆效应，利空消息比等量利好消息对生猪市场的冲击要小。

基于空间维度，全国生猪价格全局上存在较为显著的空间自相关性，两个地区距离越近，则两地的生猪市场相关性越大。Morans'I 值显示生猪价格空间上呈现不稳定性；局部自相关分析显示全国生猪价格具有空间分布的异质性。无论是在价格的稳定期还是高峰期，全国生猪价格均存在明显的“高—高”聚集的特征，占总体的53.33%。一个地区生猪价格的上涨，会带动周边地区生猪价格的上涨。在价格稳定期，生猪价格存在显著的地区差异。在价格高峰期，总体聚集特征向“高—高”型与“高—低”型特征迁移，结构变点两侧价格空间分异显著。

（7）从非对称视角研究了生猪价格在不同状态下的转移概率。2000年1月～2017年6月的生猪价格波动情况可以用MSIAH（3）－VAR（2）模型描述。价格位于“价格上涨”和“价格下跌”区制的标准差远大于“价格稳定”的区制2，且区制1和区制3的标准差相近，分别为0.4497和0.4252，表明生猪价格处于上涨和下跌状态时，价格的波动程度剧烈，且上涨和下跌的波动幅度相近；仔猪价格、猪肉价格和牛肉价格显著影响着生猪价格的波动，其中生猪价格主要受自身的滞后期的影响，在不同状态下，对生猪价格的影响有异质性。猪肉价格在三种区制状态下对生猪价格均有显著影响，仔猪价格仅在“价格下跌”时对生猪价格有显著影响，而牛肉价格仅在“价格上涨”时对生猪价格有显著影响。

生猪价格位于区制2的频率最高，达到55.29%，生猪价格仍以“价格稳定”状态为主；生猪价格进入“价格下跌”“价格稳定”“价格上涨”状态时，继续维持在相同状态下的概率分别为0.678、0.7553、0.5084。区制1转移至区制3、区制3转移至区制1的概率分别为0.1046和0.06，生猪价格从“价格稳定”状态转移到“价格上涨”状态的概率为0.1079，从“价格上涨”转移到“价格稳定”的概率为0.4315，生猪价格波动具有明显的不对称性。

（8）构建了组合预测模型对生猪价格进行预测，效果较好。甄别出玉米价格、仔猪价格、猪肉价格、生产者预期、牛肉价格和疫情是影响生猪价格波动的因素；ARMA＋BP神经网络组合模型得到真实值和预测值的平均相对误差为3.28%；LS－SVM模型的真实值和预测值非常接近，平均误差为3.85%；综合集成后的梯度提升回归模型的最小相对误差为0.3432%，最大相对误差为3.495%。

（9）构建 BP 神经网络模型研究了生猪价格波动的风险预警。玉米价格、仔猪价格、猪肉价格、活鸡价格、豆粕价格、生产者预期和疫情为 2000 年 1 月～2016 年 12 月生猪价格波动预警涉及的主要指标，其中仔猪价格和生产者预期是生猪价格波动率的主要先行性指标，玉米价格、猪肉价格和活鸡价格是生猪价格波动率的主要同步指标，豆粕价格和疫情是生猪价格波动率的主要滞后指标；以 2000 年 1 月～2015 年 12 月的数据为训练样本，以 2016 年 1 月～2016 年 12 月的数据作为测试样本，建立 BP 神经网络模型，输出的生猪价格预警值和实际价格数据比较接近，预测警度和实际警度基本吻合。

9.2 政策建议

鉴于以上结论，提出下列政策建议：

（1）完善生猪价格风险预警系统的构建。第 7 章空间计量结果表明，生猪价格存在明显的空间聚集性，以“高—高”聚集为主，一个地区价格的上涨会带来相邻地区的价格上涨，故应该完善生猪市场的预警机制，加强“物联网”建设，培养生猪养殖户的信息技术和专业技术，实行生猪市场和生产信息的共享，有效地预测生猪价格，优化养殖户和政府的决策方案。MS－VAR 模型适合短期预测，对长期预测效果欠佳，故政府需对生猪存栏量、猪肉价格等数据及时更新，加强生猪预警物联网的建立，这样有利于生猪养殖户了解市场形势并及时调整生猪养殖数量，降低市场上供需关系不平衡的情况出现的概率，从而减少出生猪价格出现剧烈波动的情况，对进一步稳定生猪市场价格起到调节作用。

生猪价格的非正常变化会使消费者和养殖户的利益在一定程度遭受损害。为稳定生猪价格，政府相关部门应健全和完善生猪生产和市场的预警体系，引导和提高生猪生产者的养殖决策，减缓生猪供给的波动性。加强生猪疫病防治体系的建设，定期组织生猪疫病预防知识的培训，坚持从根源遏制生猪疫病的发生，疫病产生时要积极迅速地介入，杜绝染病猪肉进入市场，危害居民健康。在本书建立的预警模型的各个预警区域采用不同的政策，以保障生猪价格在正常范围内平稳波动。

当预警结果处于红色区域，往往表现为生猪价格急速上涨，各级政府要合理引导生猪价格的不正常上浮，避免由于生猪价格上涨引起生产者加大养猪量，导致在下一生产期结束生猪产量的剧烈增加，生猪价格大幅下降，给生猪生产者带来不必要的损失。

当预警结果处于黄色区域，生猪价格处于走高阶段。当处于该区域时，政府需要找出引起生猪价格上涨的原因，并根据不同的原因采取相应的措施。

当预警结果处于绿色区域，该区域说明生猪价格水平合理，政府可根据市场情况，进一步完善生猪市场管理机制，确保生猪价格持续平稳并处于合理范围。

当预警结果处于蓝色区域，该区域说明生猪价格走低状态，政府可根据不同原因导致的生猪价格下跌采取相应的解决措施。如果是由于短期内的生猪供给量增大，政府需加大生猪收购量，保证生猪生产者的基本利益。

当预警结果处于白色区域，往往表现为生猪价格的暴跌，生猪产业处在亏损状态。政府对整个生猪市场应该采用宽松政策，增加农场收入补贴力度，必要时可以限制生猪产品的最低价位，保证生产者基本利益，同时防止市场出现混乱。

（2）进一步降低生猪养殖成本，提高生猪市场竞争力。第 5 章的因素层次结构图显示，农业生产成本是国际农产品价格、国际石油价格和通货膨胀传导到国内农产品价格的重要中间变量。第 7 章实证结果得出仔猪价格和猪肉价格是生猪价格波动的主要原因，成本因素显著作用于生猪价格，政府稳定仔猪价格及其供应量能够起到从成本方面控制生猪价格的波动程度。同时，适当提高生猪规模化养殖水平，提高劳动生产率，从而降低养殖成本。目前我国生猪养殖的科技水平已经取得了一定进展，包括标准化规模养殖场建设、生物发酵床猪舍管理等，但总体来看，还存在大量中小型养殖户，这些养殖户饲养水平较低，抗风险能力较弱，对科学的生猪养殖技术的利用能力有限，加上其进退生猪产业的随意性很大，不利于生猪价格的稳定。而规模化养殖作为生猪产业发展的方向，从劳动力成本、厂房建设、设备折旧、饲料成本、防疫成本、仔猪成本等方面都能产生一定的规模经济效益，降低生产成本，同时由于采用科学的养殖技术，其疫病防控和抗风险能力也较强。为了促进生猪养殖的规模化发展，政府可以划分规模养殖标准，对不同的养殖数量区间给予相应的补贴。

（3）在供给侧结构性调整的基础上，要加强生猪期货市场建设。第4、第7章研究结果表明，2007年5月之前生猪市场没有风险性和杠杆效应，2007年5月之后的生猪市场有高风险高回报特征和杠杆效应，表明生猪市场化运作日趋成熟，为此，要进一步加强生猪期货市场的建设，规避市场风险。学习现有农产品期货交易模式，发挥期货市场系统对农产品的供需、风险信号的汇集功能，创新价格集成、导向、预警功能，提高政府、企业与规模农场对农产品价格掌控和预测能力，防止“跟风”效应。目前，我国期货市场上市品种涉及农产品、金属、能源化工、股票指数和国债，由于生猪生产的规模化和品质标准化程度比较低，我国生猪期货产品尚未上市。而生猪生产表现出的较长周期性和蛛网特征，使其难免出现供求脱节现象，加上以远期交易为特征的期货交易正好弥补了生猪产销脱节的不足，有利于发现价格，规避价格波动风险。因此，我国应该借鉴美国等其他国家推出生猪期货的经验，积极筹备生猪期货产品的上市，具体可以考虑在大连或郑州商品交易所开展生猪期货产品的试点，通过试点结果做出进一步的改进，来为生产者提供正确的价格指导，科学调节生猪供给，进而缓解生猪价格的异常波动。

（4）分区域调控生猪市场，重点稳定主销区和主产区生猪市场。第7章结果表明，生猪市场价格波动还与其区域性波动相关，通过寻找不同地区生猪市场价格波动的特征及其关联性，可大致了解生猪市场价格波动的地域源头。基于不同地区生猪市场价格波动及其相互影响，应该将主产区和主销区作为市场预警的重点区域，做好生产、消费和价格宏微观调控工作，建立生猪市场价格支持政策，加强市场信息的畅通性，保障市场流通环节高效性，及时发布生猪市场交易和突发事件等信息。另外，不同地区生猪市场稳定与调控机制应突出层次性。优先推进主产区和主销区生猪产业健康可持续发展，兼顾其他地区生猪产业和市场发展，确保主产区、主销区及周边生猪市场的稳定性，推动全国生猪市场及价格平稳运行。

（5）发展生猪产业“互联网+”模式。借助互联网，生猪产业各环节利益主体如兽药饲料供应商、养殖户、屠宰加工企业、产品销售中间商、消费者之间的利益关联逐步被打通，在一定程度上解决了生猪产业发展中存在的生产效率低、消息不对称、信息化程度低等问题。“互联网+”猪业发展模式同时也帮助生猪产业与其他外部机构如银行、理财、保险等金融机构以及行业协会、各级政府等社会机构等实现连接和跨界融合，打破了产业链条割裂、单一产业单打独斗的局面，将消费者的消费习惯、消费特征进行整合思考，供需对接，变外部产业链为内部生态链，形成一个“互联网+猪业”的大平台和生态圈，从源头上把控生猪价格波动的稳定性。文中第7章得到不规则成分对生猪价格的贡献度是前一阶段的1.43倍，另外，在生猪价格波动成因方面，疫情对价格的影响程度也增大了，表明疫情、突发事件等不确定因素对生猪价格的影响逐日增加，故应尽快加强生猪产业“互联网+”模式发展，全方面地建立有效的畜禽疫病防控体系，从根源上控制重大疫病对生猪价格的冲击。

（6）加强生猪疫病防控体系建设，推进生猪保险，熨平“价格周期”。第5章ISM模型分析得知自然灾害是影响农产品价格波动的重要的外部、随机因素，应给予高度的重视。针对当前重大自然灾害多发、动植物疫病防控难度加大的突出问题，中国社科院农业与农村发展研究所研究员李国祥表示，普通的商业险在2013年4月发生的H7N9禽流感面前覆盖面有限，这时候政府应逐级建立重大疫情的综合补贴和农业保险机制，尽可能地降低疫情给养殖户和农民带来的损失，增强市场信心，保障农产品的供给，从而稳定农产品价格。

生猪疫病暴发严重影响生猪生产，造成生猪价格不稳定。近年来，猪口蹄疫、蓝耳病、流行性腹泻等疫情对生猪生产造成严重损失，因此，加强生猪疫病防控对稳定生猪生产具有重要意义。一是加强对生猪生产的检疫和监管，采用科学的生猪养殖方式，包括饲料配比、受精产仔、疫苗接种等，对大型养猪企业进行定期检疫，发现检疫不合格的，立即给予处理；对于小规模养殖户，要充分发挥公共技术服务中心的作用，将生猪疫病防控服务中心落实到各个乡镇，通过定期检疫和免费指导的方式加强养殖户的防控意识。二是建立完善的疫病应急制度，加强对饲料、兽药等相关行业的监管能力，从而有效防止生猪价格的波动。第 8 章逐步回归模型和灰色关联分析表明，玉米价格和豆粕价格对生猪价格的影响最大，通过加强对饲料和兽药等行业的监管，便于稳定生猪养殖的成本，另外，通过对饲料、兽药行业的监管，从终端及其产业链的角度避免“瘦肉精”“三聚氰胺”等事件的发生。三是加大生猪免疫补贴，将免疫补贴与能繁母猪补贴区分开来，从资金上直接支持农户进行生猪疫苗的注射，避免养殖户因增加养殖成本而放弃生猪疫苗的注射。在实施免疫补贴政策的同时，也要加强对养殖户免疫补贴资金的使用监管，政府可以通过直接购买疫苗，免费分发给养殖户来防止农户违规使用生猪补贴资金。“该保的地方没保”成为养殖户调研中经常听到的比较无奈的话语，尤其是仔猪保险赔付力度不大，且该阶段生猪死亡率较高，因为赔付率较高且实施程序复杂，商业保险机构多未关注。第 8 章得到仔猪价格、玉米价格等养殖成本对生猪价格有着极为重要的作用，近期玉米价格波动已得到稳定，后续需要稳定仔猪价格，这就需要加强仔猪保险赔付金额，从根源上调控生猪价格。

（7）在价格处于下跌状态时，要进一步稳定“供给”。第 7 章实证结果测算出“价格下跌”转移到“价格平稳”的概率为 0.2169，“价格上涨”转移到“价格平稳”的概率为0.4315。相比价格下跌，价格上涨状态下更容易恢复到平稳的状态。即使没有政府干预，当价格上涨时，下一期的生猪供给也会增加。但在价格下跌时，政府对养殖户的扶持政策相对较少，又因为养殖户仍然以散养为主，价格低位时，养殖户会频繁进出生猪市场，进一步加剧了生猪价格的波动。因此，政府应在价格低位时，加大对生猪养殖产业的补贴力度，稳定供给。

（8）加大农产品价格扶持方面的政策力度。第5章ISM模型分析得知国家农业政策是我国农产品价格波动的深层次因素，因此，要继续加大农产品价格补贴等政策力度。黄季焜等（2009）定量测算出，如果国家不实施价格干预政策，2005～2008年石油价格上涨和生物质液体燃料发展将使国内玉米价格上涨54.2%，而实际国内玉米价格上涨26.5%。

2007年以来我国政府实施了抛售国有粮库的粮食储备、增加农业生产补贴、不断增加化肥出口的关税和限制生物质燃料的发展等一系列的政策，对稳定国内农产品市场价格起到了重要的作用。国内外实践证明，加强现代农业基础设施建设，推进农业关键技术创新，是提高农业生产效率，增加农产品供给的有效途径。应探索通过立法手段，保障财政支农资金稳定增长。不断优化资金投入结构，在良种、农田水利、农业技术推广、农机化、农产品大型物流仓储设施建设等方面增加政府投入强度。同时，大力推进粮食作物高产高效栽培技术、转基因粮食作物育种技术等关键技术的创新，健全农业技术服务和技术推广体系。借鉴国家经验，改变农产品补贴方法，实行差价补贴，研究将最低收购价政策与直补政策结合起来统一考虑的办法，促进农产品的生产和供应，为农产品价格的稳定奠定物质基础。

参考文献

[1] 蔡超敏等．国内猪肉市场价格的 EMD－SVM 集成预测模型 [J]．中国管理科学，2016（S1）：845－851.

[2] 蔡风景，李元，王慧敏．我国货币政策对农产品价格的传导研究 [J]．统计与决策，2009：103－105.

[3] 曹协和，黄革，石海峰．我国农产品价格的形成及当前关注的问题 [J]．武汉金融，2011（10）：46－48.

[4] 陈灿煌．我国小宗农产品价格大幅波动的原因、影响及对策 [J]．价格理论与实践，2010（9）：15－16.

[5] 陈宇峰，薛萧繁，徐振宇．国际油价波动对国内农产品价格的冲击传导机制：基于 LSTAR 模型 [J]．中国农村经济，2012（9）：74－87.

[6] 程泽宇，杨靖世．基于农产品价格上涨原因分析中国经济发展瓶颈 [J]．生产力研究，2012（4）：59－61.

[7] 戴根有．1994 年通货膨胀特点及原因分析 [J]．财贸经济，1995（6）：19－22.

[8] 董玲．我国猪肉价格波动研究 [D]．内蒙古农业大学，2010.

[9] 董晓霞．中国生猪价格与猪肉价格非对称传导效应及其原因分析——基于近 20 年的时间序列数据 [J]．中国农村观察，2015（4）：26－38.

[10] 杜放．基于 ISM 方法的业务流程优化及资源运营研究 [D]．天津大学，2010.

[11] 杜两省，周彬，段鹏飞．农产品价格上涨和通货膨胀的互动机制及共同原因 [J]．经济理论与经济管理，2012 (6)：23 -33.

[12] 方晨靓．农产品价格波动国际传导机理及效应研究 [D]．浙江大学，2012.

[13] 冯明．猪肉价格波动的非对称性及其对 CPI 的影响 [J]．统计研究，2013 (8)：63 -68.

[14] 冯永辉．生猪期货的上市将改变我国生猪市场周期 [J]．中国畜牧杂志，2006 (10)：27 -30.

[15] 付莲莲，邓群钊，周利平等．基于 ISM 的农产品价格波动的影响因素分析 [J]．软科学，2014 (4)：112 -116.

[16] 付莲莲，翁贞林，伍健．基于 BP 神经网络的江西省生猪价格波动预警分析 [J]．价格月刊，2017 (9)：19 -24.

[17] 付莲莲，翁贞林，张雅燕．江西省生猪价格波动的成因及其预警分析——基于灰色关联和 LS -SVM 模型 [J]．浙江农业学报，2016 (9)：1624 -1630.

[18] 付莲莲，朱红根，周曙东．江西省气候变化的特征及其对水稻产量的贡献——基于“气候—经济”模型 [J]．长江流域资源与环境，2016 (4)：590 -598.

[19] 付莲莲等．农业科技投入对农产品价格的动态效应——基于 VAR 模型的实证研究 [J]．广东农业科学，2013 (12)：211 -215.

[20] 付莲莲．国内农产品价格波动影响因素的结构及动态演变机制 [D]．南昌大学，2014.

[21] 高帆，龚芳．国际粮食价格的波动趋势及内在机理：1961 ~ 2010 年 [J]．经济科学，2011 (5)：5 -17.

[22] 高帆，龚芳．国际粮食价格是如何影响中国粮食价格的 [J]．财贸经济，2012 (11)：119 -126.

[23] 高齐圣，路兰．基于复杂网络视角的农产品价格波动和机理分析 [J]．复杂系统与复杂性科学，2015 (4)：90 -96.

[24] 高铁梅．计量经济分析方法和建模［M］．北京：清华大学出版社，2006.

[25] 谷秀娟，段瑞君，汪来喜．金融因素与中国粮食价格波动的实证研究［J］．经济经纬，2013（1）：144－148.

[26] 顾海兵，刘明．我国粮食生产预警系统的探讨［J］．经济理论与经济管理，1994（1）：37－42.

[27] 郭利京，刘俊杰，韩刚．养殖主体行为与生猪价格形成机制［J］．统计与信息论坛，2014（8）：79－84.

[28] 郭慷劼，徐宏源，田志宏．2006年以来本轮农产品价格变化研究综述［J］．世界农业，2008（10）：13－16.

[29] 郭永俊．农产品价格与通货膨胀率动态关系探讨［J］．价格月刊，2009（8）：54－57.

[30] 胡冰川．消费价格指数、农产品价格与货币政策——基于2001～2009年的经验数据［J］．中国农村经济，2010（12）：37－45.

[31] 黄季焜等．本轮粮食价格的大起大落：主要原因及未来走势［J］．管理世界，2009（1）：72－78.

[32] 黄文彪．中国农资价格变化成因与波及效应研究［D］．福建农林大学，2012.

[33] 纪龙，李崇光，章胜勇．中国蔬菜生产的空间分布及其对价格波动的影响［J］．经济地理，2016（1）：148－155.

[34] 纪敏．本轮国内价格波动的外部冲击因素考察［J］．金融研究，2009（6）：31－43.

[35] 姜长云，张晓敏．我国农产品价格进入震荡阶段探析［J］．宏观经济管理，2009（6）：32－33.

[36] 姜长云．我国农产品价格的变化：分析与启示［J］．经济研究参考，2011（35）：3－6.

[37] 金三林，朱贤强．我国劳动力成本上升的成因及趋势［J］．经济纵横，2013（2）：37－42.

[38] 李秉龙，何秋红．中国猪肉价格短期波动及其原因分析［J］．农业经济问题，2007（10）：18－21.

[39] 李村璞．我国农产品价格异常波动研究［J］．价格理论与实践，2012（8）：26－27.

[40] 李干琼．SV因子分析框架下的农产品市场短期预测［D］．中国农业科学院，2012.

[41] 李国华．农产品价格与通货膨胀的关系［J］．中国农资，2011（1）：54－55.

[42] 李国祥．2003年以来中国农产品价格上涨分析［J］．中国农村经济，2011（2）：11－21.

[43] 李国祥．全球农产品价格上涨及其对中国农产品价格的影响［J］．农业展望，2008（7）：32－35.

[44] 李明，杨军，徐志刚．生猪饲养模式对猪肉市场价格波动的影响研究——对中国、美国和日本的比较研究［J］．农业经济问题，2012（12）：73－78.

[45] 李平，曾勇．基于非理性行为的羊群效应分析：一个简单模型［J］．中国管理科学，2004（3）：35－38.

[46] 李威夷．生猪价格波动规律研究［D］．中国农业科学院，2011.

[47] 李正辉，路芸，何融．农产品价格周期性波动研究——基于小波分析［J］．调研世界，2013（5）：39－41.

[48] 李治国．猪肉价格政府调控的制度经济学分析［J］．价格理论与实践，2009（3）：21－22.

[49] 梁海鸥，玄永生．中国银行股票价格波动的ARCH模型分析［J］．中国证券期货，2011（10）：21－22.

[50] 廖翼等．我国生猪生产区域布局变动及其影响因素实证研究［J］．中国畜牧杂志，2017，53（4）：144－149.

[51] 林福永，吴健中．一般系统结构理论及其应用（Ⅱ）［J］．系

统工程学报，1997（4）：13－22.

［52］林光华，陈铁．国际大米价格波动的实证分析：基于 ARCH 类模型［J］．中国农村经济，2011（2）：83－92.

［53］刘芳，王琛，何忠伟．我国生猪市场价格预警体系研究［J］．农业技术经济，2013（5）：78－85.

［54］刘冠宏，张清正．国内外农产品价格波动态势、成因及对策［J］．社会科学战线，2012（8）：241－243.

［55］刘金全，范剑青．中国经济周期的非对称性和相关性研究［J］．经济研究，2001（5）：28－37.

［56］刘霖．农产品价格对通货膨胀影响的经济学分析［J］．农村经济，2009（3）：69－71.

［57］刘玫．基于解释结构模型法的绿色供应链影响因素分析［J］．科技管理研究，2011（12）：192－194.

［58］刘艺卓，吕剑．人民币汇率变动对我国农产品价格传递效应的实证分析［J］．当代经济科学，2009（3）：56－62.

［59］龙勇，苏振宇，汪於．基于季节调整和 BP 神经网络的月度负荷预测［J］．系统工程理论与实践，2018（4）：1052－1060.

［60］卢锋，彭凯翔．中国粮价与通货膨胀关系（1987—1999）［J］．经济学（季刊），2002（3）：821－836.

［61］卢福财，何文章．世界原油价格波动对我国农产品价格影响实证分析［J］．软科学，2013（4）：45－49.

［62］吕东辉，杨祚，金春雨．基于 MS－ARCH 模型的我国生猪价格波动特征检验及其与 CPI 变动关联性分析［J］．农业技术经济，2012（9）：96－103.

［63］吕杰，綦颖．生猪市场价格周期性波动的经济学分析［J］．农业经济问题，2007（7）：89－92.

［64］罗超平，翟琼，李靖文．基于时间序列数据的蔬菜价格波动特征及影响因子分析［J］．西南大学学报（自然科学版），2013（4）：

26－31.

［65］罗锋，牛宝俊．国际农产品价格波动对国内农产品价格的传递效应——基于 VAR 模型的实证研究［J］．国际贸易问题，2009（6）：16－22.

［66］罗锋．外部冲击对我国农产品价格波动的影响——基于 SVAR 模型的实证研究［J］．农业技术经济，2011（10）：4－11.

［67］罗家宏．我国货币供应量与农产品价格关系的实证分析［J］．时代金融，2010（8）：39－40.

［68］罗万纯，刘锐．中国粮食价格波动分析：基于 ARCH 类模型［J］．中国农村经济，2010（4）：30－37.

［69］罗永恒．中国农产品价格波动对经济增长影响的研究［D］．湖南农业大学，2012.

［70］马恒运．经济研究中的通径分析法［J］．统计研究，1995（2）：52－54.

［71］马敬桂，黄普．农产品价格对 CPI 和食品价格的冲击效应分析——基于 VAR 模型的实证分析［J］．长江大学学报（自然科学版），2011（9）：256－260.

［72］马晓河．当前农产品价格上涨成因分析——兼论农产品价格与通货膨胀的关系［J］．中国农村经济，1995（1）：9－13.

［73］毛学峰，曾寅初．基于时间序列分解的生猪价格周期识别［J］．中国农村经济，2008（12）：4－13.

［74］毛学峰，曾寅初．我国生猪市场价格动态变动规律研究——基于月度价格非线性模型分析［J］．农业技术经济，2009（3）：87－93.

［75］明道绪．通径分析——显著性检验［J］．四川农学院学报，1985（1）：59－66.

［76］宁攸凉，乔娟．中国生猪价格波动的影响与成因探究［J］．中国畜牧杂志，2010（2）：52－56.

[77] 农业部农村经济研究中心分析小组，等. 通货膨胀、农产品价格上涨与市场调控 [J]. 农业技术经济，2011 (3)：4－12.

[78] 潘方卉，刘丽丽，庞金波. 中国生猪价格周期波动的特征与成因分析 [J]. 农业现代化研究，2016 (1)：79－86.

[79] 裴辉儒，孙晓亮，陈领. 中国农产品价格波动对 CPI 的影响分析 [J]. 经济与管理，2011 (11)：19－22.

[80] 彭程等. 基于空间统计分析的农产品价格数据挖掘——以猪肉价格为例 [J]. 农业现代化研究，2014 (1)：29－32.

[81] 祁民. 国际视野下的农产品价格风险管理研究 [D]. 华东师范大学，2008.

[82] 乔爱玲，孟翔燕，吴秋峰. 基于变异率的中国白条猪肉批发价格波动规律分析 [J]. 价格月刊，2017 (9)：37－42.

[83] 邱书钦. 我国大蒜价格波动周期和特征分析 [J]. 统计与决策，2013 (15)：97－100.

[84] 邵威豹，崔寅生. 我国农产品价格波动因素分析——基于 VAR 模型 [J]. 福建金融管理干部学院学报，2011 (1)：25－32.

[85] 石敏俊，王妍，朱杏珍. 能源价格波动与粮食价格波动对城乡经济关系的影响——基于城乡投入产出模型 [J]. 中国农村经济，2009 (5)：4－13.

[86] 税尚楠. 世界农产品价格波动的新态势：动因和趋势探讨 [J]. 农业经济问题，2008 (6)：14－19.

[87] 宋长鸣，李崇光，向玉林. 基于通径分析的能源消费影响因素研究 [J]. 干旱区资源与环境，2012 (10)：174－179.

[88] 宋长鸣，徐娟，李剑. 蔬菜价格波动特征与货币供应量的动态影响——基于变参数模型的分析 [J]. 华中农业大学学报（社会科学版），2014 (6)：25－30.

[89] 宋长鸣，徐娟，章胜勇. 蔬菜价格波动和纵向传导机制研究——基于 VAR 和 VECH 模型的分析 [J]. 农业技术经济，2013 (2)：

10－21.

［90］宋长鸣．非线性非均衡蛛网模型框架下猪肉价格循环波动研究——基于可变参数模型的实证［J］．华中农业大学学报（社会科学版），2016（6）：1－7.

［91］谭莹，周建军，何勤英．基于区域层面猪肉价格波动的棘轮效应分析［J］．华中农业大学学报（社会科学版），2017（5）：20－27.

［92］唐江桥．中国畜产品价格预测预警研究［D］．福建农林大学，2011.

［93］汪应洛．系统工程理论、方法与应用［M］．北京：高等教育出版社，1998.

［94］王阿娜．浮动汇率制下农产品价格波动分析［J］．农业经济问题，2012（5）：95－100.

［95］王家显．探析我国农产品价格“过山车”现象［J］．价格理论与实践，2011（11）：25－26.

［96］王明利，李威夷．生猪价格的趋势周期分解和随机冲击效应测定［J］．农业技术经济，2010（12）：68－77.

［97］王明利，王济民．本轮生猪市场波动暴露的问题及启示［J］．中国畜牧杂志，2007（22）：4－7.

［98］王锐，陈倬．“十一五”期间我国农产品价格波动的影响因素分析——基于协整和向量自回归模型的实证研究［J］．财经论丛，2011（3）：8－13.

［99］王少芬，赵昕东．国际农产品价格波动对国内农产品价格的影响分析［J］．宏观经济研究，2012（9）：81－86.

［100］王文涛．我国小宗农产品价格异常波动探析［J］．价格理论与实践，2012（5）：43－44.

［101］王小宁．农产品价格上涨与通货膨胀的关系［J］．价格理论与实践，2010（10）：7－8.

［102］王孝松，谢申祥．国际农产品价格如何影响了中国农产品价

格？[J]. 经济研究，2012（3）：141－153.

[103] 王艺明. 外部金融冲击下的稳定政策与农产品价格 [J]. 厦门大学学报（哲学社会科学版），2009（2）：88－93.

[104] 魏珠清，黄建华. 多因素影响下我国生猪供应链价格传导研究 [J]. 武汉理工大学学报（信息与管理工程版），2017（5）：598－604.

[105] 温桂芳. 农业、农价与治理通货膨胀 [J]. 管理世界，1995（2）：41－48.

[106] 吴登生等. 生猪价格波动特征及影响事件的混合分析模型与实证 [J]. 系统工程理论与实践，2011（11）：2033－2042.

[107] 吴振信，万埠磊. 基于GARCH簇模型的欧盟排放权配额价格波动特征分析 [J]. 经济研究参考，2012（63）：69－72.

[108] 武拉平. 农产品地区差价和地区间价格波动规律研究——以小麦、玉米和生猪市场为例 [J]. 农业经济问题，2000（10）：54－58.

[109] 谢家智，张明. 成本驱动、外部输入与中国农产品价格上涨 [J]. 农业技术经济，2012（5）：13－19.

[110] 辛贤，谭向勇. 农产品价格的放大效应研究 [J]. 中国农村观察，2000（1）：52－57.

[111] 徐小华等. 生猪价格与玉米价格动态调整关系研究 [J]. 中国农业大学学报，2011（1）：148－152.

[112] 徐雪高. 新一轮农产品价格波动周期：特征、机理及影响 [J]. 财经研究，2008（8）：110－119.

[113] 徐雪高. 猪肉价格高位大涨的原因及对宏观经济的影响 [J]. 农业技术经济，2008（3）：4－9.

[114] 许晶，刘山云，佘廉. 基于ISM方法的群体性事件诱发因素研究 [J]. 情报杂志，2012（2）：1－5.

[115] 许世卫等. 农产品价格传导机制及其主要影响因素分析 [J]. 中国科技论坛，2012（9）：71－76.

[116] 许震宇. 生猪价格预警分析 [D]. 南京大学, 2015.

[117] 杨朝英, 徐学英. 中国生猪与猪肉价格的非对称传递研究 [J]. 农业技术经济, 2011 (9): 58 -64.

[118] 杨瑢. 基于结构方程模型的生猪价格预警研究 [J]. 中国畜牧杂志, 2011 (18): 6 -9.

[119] 姚升, 周应恒. 我国大蒜价格波动特征分析——基于 ARCH 类模型的实证分析 [J]. 价格理论与实践, 2012 (10): 54 -55.

[120] 于少东. 北京市猪肉价格波动周期分析 [J]. 农业经济问题, 2012 (2): 75 -78.

[121] 张利庠, 陈秀兰. 我国小麦价格变动特点分析 [J]. 农业技术经济, 2014 (5): 73 -80.

[122] 张利庠, 张喜才, 陈姝彤. 游资对农产品价格波动有影响吗——基于大蒜价格波动的案例研究 [J]. 农业技术经济, 2010 (12): 60 -67.

[123] 张明, 谢家智. 成本驱动、外部输入与中国农产品价格上涨 [J]. 农业技术经济, 2012 (5): 13 -19.

[124] 张培刚. 二十世纪中国粮食经济 [M]. 武汉: 华中科技大学出版社, 2002.

[125] 张琼, 赵杰强. 我国农产品价格与热钱的实证研究 [J]. 特区经济, 2011 (7): 174 -175.

[126] 张瑞娟. 国家储备政策对猪肉和食糖市场价格的影响研究——基于中美价格波动差异的对比分析 [J]. 农村经济, 2016 (12): 123 -129.

[127] 张唯婧. 中国农产品价格波动影响因素研究——基于 VAR 模型的协整分析 [J]. 价格月刊, 2011 (8): 32 -36.

[128] 张宇青, 周应恒, 易中懿. 中国生猪出栏价格波动的非线性特征分析与预测 [J]. 统计与决策, 2015 (1): 141 -143.

[129] 张跃军, 范英, 魏一鸣. 基于 GED—GARCH 模型的中国原

油价格波动特征研究［J］. 数理统计与管理，2007（3）：398－406.

［130］赵畅锦，熊涛．多尺度视角下生猪价格波动特征及调控政策的混合分析模型及实证［J］. 系统工程，2017（12）：93－104.

［131］赵瑞莹，陈会英，杨学成．生猪价格风险预警模型的建立与应用［J］. 运筹与管理，2008（4）：128－131.

［132］中国农业经济学会委托课题组，宋洪远．农产品价格波动：形成机理与市场调控［J］. 经济研究参考，2012（28）：28－37.

［133］中国人民银行课题组．我国农产品价格上涨机制研究［J］. 经济学动态，2011（3）：4－11.

［134］周敏丹，金建华．新形势下我国农产品价格上涨原因探析和对策建议［J］. 湖南社会科学，2011（4）：134－136.

［135］周姁，张建波．我国农产品价格上涨原因及农业政策分析［J］. 江西财经大学学报，2008（4）：60－63.

［136］庄岩．中国农产品价格波动特征的实证研究——基于广义误差分布的 ARCH 类模型［J］. 统计与信息论坛，2012（6）：59－65.

［137］Abao，et al. Impact of foot-and-mouth disease on pork and chicken prices in Central Luzon，Philippines［J］. Preventive Veterinary Medicine，2014，113（4）：398－406.

［138］Anderson，Nelgen. Trade barrier volatility and agricultural price stabilization［J］. World Development，2012，40（1）：36－48.

［139］Bailliu，et al. Multilateral adjustment and exchange rate dynamics：the case of three commodity currencies［R］. Bank of Canada Working Paper，2007.

［140］Banse，et al. Will EU biofuel policies affect global agricultural markets?［J］. European Review of Agricultural Economics，2008，35（2）：117－141.

［141］Bollerslev，Engle，Wooldridge. A capital asset pricing model with time-varying covariances［J］. The Journal of Political Economy，1988：

116 - 131.

[142] Bollerslev. Generalized Autoregressive Conditional Heteroskedasticity [J]. Journal of Econometrics, 1986, 3 (31): 307 - 327.

[143] Bono, et al. Dynamic production monitoring in pig herds III. Modeling and monitoring mortality rate at herd level [J]. Livestock Science, 2014, 168: 128 - 138.

[144] Byerlee, Jayne, Myers. Managing food price risks and instability in a liberalizing market environment: Overview and policy options [J]. Food Policy, 2006, 31 (4): 275 - 287.

[145] Chang, et al. Modelling the asymmetric volatility in hog prices in Taiwan: The impact of joining the WTO [J]. Mathematics and Computers in Simulation, 2011, 81 (7): 1491 - 1506.

[146] Chen, Kuo, Chen. Modeling the relationship between the oil price and global food prices [J]. Applied Energy, 2010, 87 (8): 2517 - 2525.

[147] Chen Jr, Zapata Jr. Dynamics of Price Volatility in the China - US Hog Industries [C]. The Southern Agricultural Economics Association's 2015 Annual Meeting, Atlanta, Georgia, 2015.

[148] Dawson. The UK pig cycle: a spectral analysis [J]. British Food Journal, 2009, 111 (11): 1237 - 1247.

[149] Deressa, Hassan. Economic impact of climate change on crop production in Ethiopia: Evidence from cross-section measures [J]. Journal of African Economies, 2009, 18 (4): 529 - 554.

[150] Engle, Lilien, Robins. Estimating time varying risk premia in the term structure: the ARCH - M model [J]. Econometrica: Journal of the Econometric Society, 1987 (55): 391 - 407.

[151] Engle. Autoregressive conditional heteroskedasticity with estimates of the variance of United Kingdom inflation [J]. Econometrica, 1982 (50): 987 - 1007.

[152] Esmaeili, Shokoohi. Assessing the effect of oil price on world food prices: Application of principal component analysis [J]. Energy Policy, 2011, 39 (2): 1022 - 1025.

[153] Ezekiel. The cobweb theorem [J]. The Quarterly Journal of Economics, 1938: 255 - 280.

[154] Fafchamps. Cash Crop Production, Food Price Volatility and Rural Market Integration in the Third World [J]. American Journal of Agricultural Economics, 1992, 74 (1): 90 - 99.

[155] Frankel. Expectations and Commodity Price Dynamics: The Overshooting Model [J]. American Journal of Agricultural Economics, 1986, 68 (2): 344 - 368.

[156] Futrell, Grimes. Understanding hog production and price cycles [C]. Pork Industry Handbook, Ames: Iowa State University, 1978.

[157] Futrell, Mueller, Grimes. Understanding hog production and price cycles [C]. Extension bulletin E - Cooperative Extension Service, Michigan State University (USA), 1989.

[158] Gale, Marti, Hu. China's volatile pork industry [J]. A Report from the Economic Research Service, 2012, 24 (2): 1 - 35.

[159] Glosten, Jagannathan, Runkle. On the relation between the expected value and the volatility of the nominal excess return on stocks [J]. The Journal of Finance, 1993, 48 (5): 1779 - 1801.

[160] Gohin, Chantret. The long-run impact of energy prices on world agricultural markets: the role of macro-economic linkages [J]. Energy Policy, 2010, 38 (1): 333 - 339.

[161] Guedae. Macro Effects on Agricultural Prices in Different Time Horizons [C]. American Agricultural Economics Association Meeting, Rhode Island, 2005.

[162] Hamilton. A New Approach to the Economic Analysis of Nonsta-

tionary Time Series and the Business Cycle [J]. Econometrica, 1989, 57 (2): 357 - 384.

[163] Hao, Chen, Fu. Effect of Pig Price Volatility on Sichuan Pig Farmers' Behavioral Response in China [J]. Journal of Agricultural Science, 2014, 6 (4): p55.

[164] Harlow. The hog cycle and the cobweb theorem [J]. Journal of Farm Economics, 1960, 42 (4): 842 - 853.

[165] Harri, Nalley, Hudson. The relationship between oil, exchange rates, and commodity prices [J]. Journal of Agricultural and Applied Economics, 2009, 41 (2): 501 - 510.

[166] Hodrick, Prescott. Post-war U. S. bussiness cycles: An Empirical investigation [J]. Journal of Money, Credit and Banking, 1980, 29 (1): 1 - 16.

[167] Holt, Craig. Nonlinear dynamics and structural change in the US hog—corn cycle: A time-varying STAR approach [J]. American Journal of Agricultural Economics, 2006, 88 (1): 215 - 233.

[168] Hwang, Chen, Chang. Price stabilization in the Taiwan hog and broiler industries: Evidence from a STAR approach [J]. Mathematics and Computers in Simulation, 2011, 82 (2): 213 - 219.

[169] Jordaan, et al. Measuring the price volatility of certain field crops in South Africa using the ARCH/GARCH approach [J]. Agrekon, 2007, 46 (3): 306 - 322.

[170] Kaylen. Vector autoregression forecasting models: recent developments applied to the US hog market [J]. American Journal of Agricultural Economics, 1988, 70 (3): 701 - 712.

[171] Kim, Zheng. Effects of Alternative Marketing Arrangements on Spot Market Price Distribution in the US Hog Market [C]. Agricultural and Applied Economics Association Annual Meeting, Minneapolis, Minnesota, 2014.

[172] Krugman. Pricing to Market When the Exchange Rate Changes

[R]. NBER Working Paper NO. 1926，1986.

[173] Lapp，Smith. Aggregate sources of relative price variability among agricultural commodities [J]. American Journal of Agricultural Economics，1992，74 (1)：1 -9.

[174] Larson. The hog cycle as harmonic motion [J]. Journal of Farm Economics，1964，46 (2)：375 -386.

[175] Lee，Chang，Chen. The non-linear model analysis of wholesaler price in Taiwanese hog markets [J]. J. Agric. Econ. Semiannual Publ，2006，80：59 -95.

[176] MacCarthy. Pass - Through of Exchange Rates and Import Prices to Domestic Inflation in Some Industrialized Economics [R]. Staff reports No. 111，Federal Reserve Bank of New York.，2000.

[177] Mao，Zeng，Maeda. Identification of Types and Driving Forces for China's Hog Price Cycle Based on the Hilbert - Huang Transform [J]. Journal of the Faculty of Agriculture Kyushu University，2016：61.

[178] Mathiyazhagan，et al. An ISM approach for the barrier analysis in implementing green supply chain management [J]. Journal of Cleaner Production，2013，47 (0)：283 -297.

[179] Mitra，Boussard. A simple model of endogenous agricultural commodity price fluctuations with storage [J]. Agricultural Economics，2012，43 (1)：1 -15.

[180] Mohammad，et al. The dynamic relationships between world and domestic prices of rice [J]. Journal of the Asia Pacific Economy，2012，17 (1)：113 -126.

[181] Nelson. Conditional heteroskedasticity in asset returns：A new approach [J]. Econometrica：Journal of the Econometric Society，1991，59 (2)：347 -370.

[182] Nikos. Food Price Surges：Possible Causes，Past Experiences

and Relevance for Exploring Long – Term Prospects [J]. Population and Development Review, 2008, 34 (4): 663 –697.

[183] Offutt, Blandford. Commodity market instability: Empirical techniques for analysis [J]. Resources Policy, 1986, 12 (1): 62 –72.

[184] Parcell, Mintert, Plain. An Empirical Investigation of Live Hog Demand [C]. NCR –134 Conference on Applied Commodity Price Analysis, Forecasting, and Market Risk Management, Chicago, Illinois, 2000.

[185] Parker, Shonkwiler. On the centenary of the German hog cycle: new findings [J]. European Review of Agricultural Economics, 2013: t17.

[186] Roache. What explains the rise in food price volatility? [J]. IMF Working Papers, 2010: 1 –29.

[187] Rosen, Shapouri. Rising food prices intensify food insecurity in developing countries [J]. Amber Waves, 2008, 6 (1): 16 –21.

[188] Sage, Smith. On group assessment of utility and worth attributes using interpretive structural modeling [J]. Computers & Electrical Engineering, 1977, 4 (3): 185 –198.

[189] Shavandi, Mahlooji, Nosratian. A constrained multi-product pricing and inventory control problem [J]. Applied Soft Computing, 2012, 12 (8): 2454 –2461.

[190] Shiva, Bessler, McCarl. On the Dynamics of Price Discovery: Energy and Agricultural Markets with and without the Renewable Fuels Mandate [J]. Social Science Electronic Publishing, 2014, 7 (7): 78 –88.

[191] Shively. Food price variability and economic reform: An ARCH approach for Ghana [J]. American Journal of Agricultural Economics, 1996, 78 (1): 126 –136.

[192] Swaray. Examining Volatility of Agricultural Commodity Prices: Evidence from ARCH-type models [J]. International Business and Economics Research Journal, 2005, 4 (4): 55 –60.

[193] Talpaz. Multi-frequency cobweb model: decomposition of the hog cycle [J]. American Journal of Agricultural Economics, 1974, 56 (1): 38 –49.

[194] Tan, Zapata. Hog Price Transmission in Global Markets: China, EU and US [C]. Southern Agricultural Economics Association (SAEA) Annual Meeting, Dallax, TEXAS, 2014.

[195] Tokgoz. The Impact of Energy Markets on the EU Agricultural Sector [R]. Center for Agricultural and Rural Development, Iowa State University, 2009.

[196] Trujillo – Barrera, Garcia, Mallory. Price Density Forecasts in the US Hog Market: Composite Procedures [C]. Proceedings of the NCCC – 134 Conference on Applied Commodity Price Analysis, Forecasting, and Market Risk Management. , St. Louis, MO, 2013.

[197] Ubilava. Modeling Nonlinearities in the US Soybean-to – Corn Price Ratio: A Smooth Transition Autoregression Approach [J]. Agribusiness, 2012, 28 (1): 29 –41.

[198] Westcott. US ethanol expansion driving changes throughout the agricultural sector [J]. Amber Waves, 2007, 5 (4): 10 – 15.

[199] Yu. Monetary easing policy and long-run food prices: Evidence from China [J]. Economic Modelling, 2014, 40: 175 – 183.

[200] Zakoian. Threshold heteroskedastic models [J]. Journal of Economic Dynamics and Control, 1994, 18 (5): 931 –955.

[201] Zeng, Chang, Lee. Are fruit and vegetable prices non-linear stationary? evidence from smooth transition autoregressive models [J]. Economics Bulletin, 2011, 31 (1): 189 –207.

[202] Zhang, Reed. Examining the impact of the world crude oil price on China's agricultural commodity prices: the case of corn, soybean, and pork [C]. Proceedings of the Southern Agricultural Economics Association Annual Meetings, Dallas, TX, 2008.

后　记

本书是在作者博士论文的基础上修改、扩充、完善而成的。在本书付梓之际，我要特别感谢我的博士导师南昌大学管理学院的邓群钊教授，从论文的选题、研究框架设计到数据的收集、论文撰写和修改等方面都倾注了大量心血。老师的言传身教为我以后的工作和学习指明了方向，为我开启了通往成功之门。

本书的部分内容以论文形式发表于《资源科学》《软科学》《经济经纬》《中国农业大学学报》《价格月刊》《农业现代化研究》《中国畜牧杂志》等期刊上，成果被引用累计近200次（中国知网），感谢所有参考文献的作者。

感谢南昌大学贾仁安教授、涂国平教授、刘耀彬教授、朱传喜教授、何宜庆教授对本书的完善和帮助。江西省现代农业协同中心翁贞林教授、郭锦镛教授、郑瑞强副教授、张雅燕副教授对本书的框架、内容、数据等方面提出了重要的修改意见，在此一起表示感谢！

感谢江西农业大学理学院领导和同事对我的关心、支持和帮助，感谢数学系同事对我工作上的支持。

本书的出版得到了国家自然科学基金委、江西省社科规划办、江西省现代农业协同中心的联合资助，在此，表示衷心的感谢。感谢经济科学出版社为本书的出版所给予的帮助！

感谢我的博士同学：周玲元、朱丽、何文靓、陈洋庚、胡小飞、江捷、曹文琴、徐丽媛、陈文喆、唐国华、陶春峰、刘国飞。为我提供了很多有益的资料，为本书引荐了经济科学出版社，更为我的生活带来了无法言表的快乐！

最后，谨以此书献给我最爱的家人！能让我静心工作、潜心科研都离不开家人的理解和支持。读博士以来，我的父母、公公婆婆始终在背后关心、支持我，每次疲惫的时候，总是说“女人，别太累”！我要特别感谢我的爱人黄斌先生，我取得的所有的成就都离不开他的理解、帮助和宽容，从不羁绊我前行、成长。特别要将此书献给我可爱的儿子Hans，每当我情绪低落的时候，他总是给予我前行的动力！看到他的笑脸，什么都释怀了，愿时光温柔待你，健康成长！

付莲莲

2018 年 8 月